U0905651

家庭的
伤痛与疗愈

刘丹◎著

刘丹博士的家庭咨询课

人民东方出版传媒
東方出版社

图书在版编目（CIP）数据

家庭的伤痛与疗愈：刘丹博士的家庭咨询课 / 刘丹
著 . — 北京：东方出版社，2020.8
ISBN 978-7-5207-1444-0

Ⅰ . ①家… Ⅱ . ①刘… Ⅲ . ①家庭关系—通俗读物
Ⅳ . ① C913.11-49

中国版本图书馆 CIP 数据核字 (2020) 第 002190 号

家庭的伤痛与疗愈：刘丹博士的家庭咨询课
（JIATING DE SHANGTONG YU LIAOYU:LIUDAN BOSHI DE JIATING ZIXUNKE）

作　　者： 刘　丹
策划编辑： 鲁艳芳
责任编辑： 杭　超
出　　版： 东方出版社
发　　行： 人民东方出版传媒有限公司
地　　址： 北京市西城区北三环中路6号
邮　　编： 100120
印　　刷： 三河市冠宏印刷装订有限公司
版　　次： 2020 年 8 月第 1 版
印　　次： 2020 年 11 月北京第 2 次印刷
开　　本： 700 毫米 × 1000 毫米　1/16
印　　张： 21.5
字　　数： 280 千字
书　　号： ISBN 978-7-5207-1444-0
定　　价： 59.00 元
发行电话：（010）85924663　85924644　85924641

重要声明

1. 关于心理咨询伦理

本书涉及的所有案例，都是作者根据多年的学习、工作经验编写而成，并不是真实的咨询个案。请勿对号入座。

2. 关于精神疾病

本书所讲述的家庭咨询理念和方法，不具有诊断及治疗精神疾病的功能。如果读者有涉及精神疾病方面的相关症状或者疑问，请务必及早到正规医院的精神科就诊或者咨询。

3. 关于心理咨询流派

本书所讲述的家庭咨询为整合取向的心理咨询。其理论背景包括系统家庭治疗、结构家庭治疗、社会建构主义、合作取向对话等理论。这是一种极具个人特色的咨询风格，与其他诸多流派和咨询风格共存。本人一贯认为，不同流派，没有好坏对错之分，都可以帮助到来访者。

目录

第 2 节　新婚家庭（2）

第 3 节　新婚家庭（3）

第 4 节　新婚家庭（4）

04 有儿童的家庭

第 1 节　有儿童的家庭（1）

第 2 节　有儿童的家庭（2）

推荐序1
系统、家庭与精神分析

系统论的出现，是人类思考能力发展史上的重大事件。

系统论就是整体观，是科学化了的整体观。古人也有朴素的整体观。但是，由于知识和经验的不足，他们的整体观在相当程度上是出于无奈，或者说，是对无力穷究细节的掩饰和防御。这一点可以从他们在描述整体的时候所显示出的确定感和自信心上感觉到，因为二者分别是不确定和无信心的反向形成。

举个例子。《易经》说："天下同归而殊途，一致而百虑。"寥寥十二个字，说尽了方法的多样性和目的的一致性。我们把这句高度归纳的话用在治疗疾病这个具体目标上，会发现那个年代的"途"和"虑"都很少。

有那么一个时期，我们过度地沉溺于对局部问题的深度探索，眼里只有树木而没有森林，所以经常是获得了"战役"上的胜利，而丢掉了"战略"上的主动权。现在，局部探索仍在继续，其积累的成果，已经足以让我们拥有不带防御色彩的整体观了。

当然，缺乏整体观也是一种防御，是更低级的防御。对这个防御的心理动力学理解有很多，在这里我只说两个。第一，回避整体地理解事物之后的快感，因为这个快感在潜意识层面被赋予了堕落甚至色情的意义，超我因此被激活，攻击获得整体感的自我功能。第二，与宏大的整体相对应的，是同样宏大的精神规模，如果人格被压缩，也就不能整体地映照客观。

潜意识是精神分析探索的对象。潜意识毕竟是意识的一部分，所以，系统的观点应该是，在精神分析师关注潜意识的同时，也要关注那些可以被立即觉察的情绪、想法和行为模式。遗憾的是，有不少精神分析师更愿意看到潜意识层面的阴影，而不太习惯意识层面的阳光。

系统论对近几十年的精神分析发展有重大影响。波士顿精神分析小组、科胡特的自体心理学等，都吸收了系统论的精彩思想。拉康的主体论观点，深究起来也有系统论的成分。他说："我在我不在之处思，故我在我不思之处。"翻译成容易理解的话就是："当我在你的位置思考的时候，我就确定了我自己的存在。"从哲学上讲，这个观点超越了客体关系理论，更远远地超越了"我思故我在"。

刘丹博士这本书的开篇，就讲转换角度看问题，大有拉康的主体间性的味道，当然也是系统论的味道。当你只在自己的角度看问题时，你只是个"局部"，或者只是一个具备某种功能的"装置"；而当你从自我走出来，进入别人的内心时，关系的整体感也就出来了。糟糕的关系中的无数"腥风血雨"，都来自关系中的个体无法走出自己、回避进入整体，以及羞于享受局部相加而产生的额外的快乐和利益。

一个人如果不能转换角度，可能是因为他的人格发展还不是太完整，他害怕进入他人角度之后，自我变得更加支离破碎。这看起来是精神分析的观点，但仔细想想，其实也是系统论的观点，因为这个解释涵盖了两个整体：一是超越功能缺陷，把目光投向了整体人格；二是覆盖了进入他人角度前和后两个时间段，二者合起来就有了时间轴上的整体感。

系统式家庭治疗中的积极资源取向，也是典范式的干预思路。当我们只看到症状的坏处时，可能会固化症状；而当我们“系统地”看到症状的好处时，症状就可能得到缓解甚至消失。如果把症状置于语言系统里，就可以这样理解：症状在言说，当它的言说不是被排斥而是被理解了，就不必继续言说了。

这本书还谈到了家庭中的一些具体问题，比如“啃老的孩子”。非系统论认为，这是孩子丧失了社会化功能；系统论则认为，生病的孩子只不过是满足了家庭这个系统的需要，这个理解的潜意识那部分，来自精神分析的贡献。

我认识刘丹已经有26年。她是我众多的朋友加同行中最“系统”的人，证据是她号称家庭治疗师，却经常跟一群做精神分析的人混在一起。这就叫转换视角。但我估计这样的日子不会太长久了，因为“系统”和“家庭”两个词，足以把精神分析拉入其麾下，使精神分析成为其有机的一部分。

系统的视野下，没有学派之分。这里，精神分析还要为学派的最终消亡奉献一个解释：学派本无冲突，冲突的其实是不同的人格。

一个思想实验式的提问：有没有比系统更大的概念？我个人的回答是：直觉所关照的对象，有可能比系统更大，因为它浑然天成、无边无际。

曾奇峰

精神科副主任医师

中国心理卫生协会精神分析专委会副主任委员

2020年3月9日于武汉东湖

推荐序2
一样的家庭问题，不一样的哲学观念

以前，当提到某人著作等身时，心里会不由升起一股钦佩：这个人该是孤灯相映，度过了一个个长夜，才有如此成果吧？我对出书多的人的佩服下降是当市面上开始出现畅销书推销热时，很多作者也一本接一本地在出着七拼八凑的书，看封面和销售员都是惊悚刺激的，内容却太肤浅浮华。

我与刘丹相识多年，见她一直默默地做心理咨询，默默地在大学教书，做事专注严谨，为人低调平和。所以，她写信并传来她的书稿《家庭的伤痛与疗愈》，告诉我，这是十年来她的第一本专业书时，我感到电子版的文本有了沉甸甸的重量。我认真地看了几遍，开始像读专业书籍，后来不忍释手，像读老熟人的书信，最后拿起来随手翻阅，像读经典老书，随处见黄金。

首先让我印象深刻的是开头的伦理声明。她对书中案例的处理，对医疗和咨询的界定，对方法的中立态度，呈现出受训背景深厚的治疗师的从容。刘丹接受家庭治疗训练和参与实践26年，同时，她本人也接受过精神分析训练，有10年以上的精神分析个人体验经历，她对人性的深入理解有其独到的地方。

早年学心理治疗时，我体会最深的就是分离个体化。西方深受14—16世纪文艺复兴的影响，以人为本，强调自由，这在心理治疗的基本理念中表现为：对自由的崇尚，对平等的追求。家庭治疗强调从家庭周期中看系统，当家中有青少年和父母对抗时，青少年离开家庭是西方所提倡的分化，这被视为常态。早年德国老师来中国教学，看到很多十七八岁的孩子由父母陪同而来，并由父母买单治疗时，认为这就是问题所在——这意味着这个家庭分化不够。很多中国治疗师受此影响，在治疗中促使其家庭分离，结果挑起更大的家庭冲突，治疗因此没办法进行下去。

刘丹在书里面列举了种种与中国人相关的例子并对之作了中国式的解读，这些解读虽然基于西方的理论，但从不同的视角结合中国不同的国情和文化进行了阐释。比如在处理一个家境良好、父母关爱充足，但因孩子学习不好前来就诊的例子中，刘丹了解到父母对孩子反复强调的是“我们已经给你买好了房子”“你不需要担忧自己的将来”“你学习也不需要太好”“一切事情都安排好了”“你不需要担心除学习以外的任何事情”……

看到这里，我会心一笑，因为类似的话我也对儿子说过。我说：“我最大的愿望就是你当我们楼下的保安，最大当到保安队长。”我真心这样想，因为他的未来他不用担心，我的最大愿望就是天天能看到他，享受天伦之乐。结果，我母亲夸我说因为我是心理医生，用激将法刺激了儿子，从此他努力学习，离开了我们。这真是不同的视角，母亲夸我是因为她总能看到儿子的好，而父亲总是从骨子里希望儿子和自己对抗却又拗不过自己。

刘丹对家长说：“你这样讲，我实在想不出你的儿子有什么必要好好学习，他生活中所有需要努力的部分，你都帮他解决好了，他为什么需要努力呢？……”在系统家庭治疗中，治疗师并不想当一名老师给出指导建议、试图给出新的东西，而是对家庭作为系统进行扰动，这其实非常符合中国的哲学思想。大家熟悉的《道德经》中就说道：“不尚贤，使民不争；不贵难得之货，使民不为盗；不见可欲，使民心不乱……。”孩子没有动力，和家长骨子里希望和孩子融合在一起的愿望是符合的。在精神分析中，这叫孩子对父母的道德防御；在家庭治疗中，这就导致分化不良。但分化不良是不是问题呢，或者说是不是疾病呢？

刘丹在本书中提到了格里克（P. C. Glick）说的七大事件和家庭不同阶段，其中，青春期的孩子离开家庭是一个重要事件，这意味着家庭收缩阶段的开始。在西方，如果孩子相隔年龄不大，家庭收缩很快完成，即从第一个孩子离开到最后一个孩子离开，父母可能六十多岁就成空巢老人了（因为他们普遍结婚晚）。在我国，孩子结婚生孩子后还待在父母家里的情况非常多，也就是家庭周期中的收缩阶段甚至无法最终完成。你不能据此说他们的分化出了问题，因为这就是常态，所以需要被讨论的议题就是婆媳关系、夫妻关系及隔代亲等。刘丹向我们呈现的是我们自己的例子，呈现出来的可能是问题，但不是疾病，甚至可能是资源。父母爱孩子，孩子爱父母，彼此互相挂念，所以孩子离开家之前需要仪式化一下。一种仪式化的方式就是和父母待久一点，或者干脆就待在一起。从中国文化的角度来看，融合不是问题，分化是问题；从西方的角度来看，融合是问题，分化不是问题，这几乎是完全相反的哲学观。

中国家庭中类似的问题复杂而繁乱，本书中大都有所涉猎，如陪读、厌学、不婚主义、啃老现象等。虽然这是一本专业书籍，但读起来绝不枯燥，甚至可以将其作为一本文艺专刊来阅读。大家知道，读文艺专刊有两个去处——枕边和厕所，这算是对本书最高的赞誉吧。

施琪嘉

武汉华中科技大学附属同济医学院教授

湖北省心理卫生协会理事长

德中心理治疗研究院中方主席

2020年3月8日于武汉

推荐序3
个人与家庭生命历程的系统解读

刘丹，在我心里，既是一个极有特色、思路清晰、个性鲜明、不那么容易靠近、又有独特见解和边界的家庭治疗师、督导、培训师；也是一个可以久久不见、在心里深处永远都与你同在的知心好友。每次在不同的场域相见，一起把酒言欢，总恨相聚时间太短。一起谈学习、谈教学、谈个案、谈学生、谈自己的人生和生命的历程，总是没完没了；相识于课程中，相交于生活，不知不觉成了生命里的一个重要客体！

疫情中赋闲在家，突然收到她的书稿，邀请我写序。我惊讶中带着兴奋，却也开心又担心没有能力好好把她的书介绍给朋友们。这是一本周全、缜密的个人与家庭的生命大全，是大众皆可细读的科普大作。书的章节环环紧扣，从家谱图展开人的生命序曲，一路带领你我领略生命周期的跌宕起伏，因应人生的柳暗花明。在每个过程中，我们可以觉察、反思、发现许多新的可能，选择一个真正属于自己可以掌控的不同生命历程！

本书是家庭咨询的教科书，不论资浅资深、身为或学习成为家庭谘商师的你，都是理论清晰、案例分析明确又留有独立思考的好书。虽然她一再表明本书是以系统论和系统家庭治疗的学习为主要理论基础，但各个不同流派的论述，无处不在地运用其中，结构家庭治疗、心理动力学、依恋理论、建构理论、博文（Bowen）代际理论及后现代合作取向等，细细品味，深入浅出。

这也是一本督导师们可以用来阅读、学习、拓展视野的不可或缺的资料。虽然我们都有自己的专长与限制，但能够敞开胸怀、品味其他流派的特点，对于督导者与被督导者都有裨益。

全书结构清晰、脉络周详，详细叙述了家庭生命周期的概念，并介绍了周期的每个阶段和它的重要性、生命各个周期里会出现哪些冲突、区分可以改变和难以改变的事情、从系统的视角看问题的意义，同时转换视角看问题，加入实际案例，通过分析、研讨来协助思考，提供解决的方针。

这些年来，我一直翘首企盼，总希望刘丹能把多年的临床与教学经验著作成书，以滋养普通读者和专业人士，使普通读者的读书爱好得以修身，让专业人士的专业养成可以精进；而对于任何人而言，阅读本书，不论是对自己或是原生家庭，都能多一分理解，在个人与家庭生命周期的交互体验过程中，能为自己的历程激赏，为自己的生命负责，从而过一个健康的人生！

赖杞丰

台湾心理治疗学会副秘书长

青岛大学兼职教授

2020年3月16日于台北

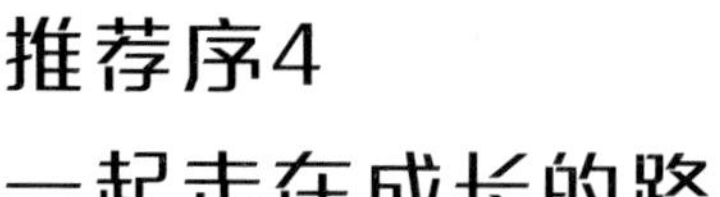

推荐序4
一起走在成长的路上

跟刘丹相遇，是在2000年，20年前的北京，全国结构式家庭治疗高级培训班，第一期。那时，她是班上两位“准妈妈”之一，刚刚结束首期“中德班”家庭治疗的三年培训，又投入“结构班”训练的新三年。留着短发的她，挺着孕肚坐在教室的前排，总是灵动地回答、探寻地提问、积极地回应、实在地反馈。看得出，确如她在书中所写：“选择家庭咨询是我的兴趣和主要工作重点。”

每个人选择什么专业方向，听从的不是意识，而是心。

第二年春天，时值结构式家庭治疗第二期培训，我在南京再次见到她，她已经是怀抱着女儿的妈妈了。她的脸上总是泛着慈爱和温情，对着孩子说笑，她是一个快乐的母亲。她带着母亲一起来学习，每隔2~3个小时，她需要为女儿哺乳。我们上课的时候，则是外婆照顾着宝宝。体会过出门在外、带小婴儿的各种不易，我特地将她们请到宾馆的房里，看着娘仨的互动，画面很温馨，没有一点点的焦虑，那情景我至今还记忆犹新。之后的很多年，我们是最亲的姐妹、最好的朋友，彼此见证、携手成长，共同度过了很多重要的阶段。

生活之路，选择与什么人同行，那是一种缘分。

转眼间，我的家庭进入了空巢期。当我把孩子送去北京，送进清华园的时候，心情是复杂的。再多的理论、再懂的道理，都抵不过将要与孩子分离的焦虑，不舍和牵挂缠绕心头。学校为新生家长安排了一场心理讲座，讲课的就是刘丹老师。我早早地跑到讲堂里，坐在第一排中间的位置，静下来，好好安顿自己，让心慢慢地摆渡。记得那次课后，我最想做的便是回去以后，也为大学的新生家长们开这一课。

事非经历不知难，唯有用心方度艰。

如今，20年过去了，刘丹的女儿也已长大成人，自己要去国外读书、深造。孩子离家的日子越来越近时，本来大好的事，刘丹却哭着对我说："怎么办呀，女儿要离开我了！我焦虑死了！"我心里窃笑——你也有今天！毕竟，孩子离家，是每个生命周期、每个家庭周期的必经过程。

个体的发展是贯穿于整个生命跨度的情感、认知、生理和人际发展，它从一个周期走向下一个周期。家庭的发展也是一样，家庭的历史、关系的模式、家庭的功能、家庭的态度、家庭的禁忌、家庭的期待、家庭的标记和伴随我们成长的家庭负载，也是从一个阶段走向另一个阶段。焦虑产生于个体及家庭发展中不同系统的相互作用，而决定其适应和转变的关键性因素，则是系统间相互的支持或阻碍。

刘丹的《家庭的伤痛与疗愈》，带我们一起转换视角、拓展空间、系统思考、寻找意义、增强弹性、拥抱改变！在成长的路上，我们一起携手同行！

孟馥
中国心理卫生协会心理治疗与心理咨询专业委员会副主任委员
中国心理学会临床心理学注册工作委员会常务委员、首批注册心理督导师
2020年2月于浦东陆家嘴

推荐序5
让事情发生

刘丹老师是国内系统式家庭咨询领域的专家。我一进入心理学领域，就听说过她的名字。但直到我2014年入职清华大学，和她共事的几年，才有机会近距离观察和学习她是如何工作的，受到她的悉心指导。这是我一生的幸运。

我对刘丹老师的第一印象，是她有一双神奇的眼睛，总是能够从不同寻常的角度看到问题的另一面。

记得跟她认识不久时，有一位刚当了妈妈的朋友，抱怨自己的老公整日负能量，每天在家都会很焦虑，不但帮不上忙，还给自己添乱。其他人听到她的抱怨，要么是共情，一起帮她“吐槽”老公；要么出主意，教她“解决”老公的焦虑。这时，刘老师不紧不慢地说：“刚生完孩子，家里总是要有一个人特别焦虑的。我觉得，也许爸爸焦虑比妈妈焦虑更好一些，因为妈妈的情绪对孩子的影响更大。”这句话说出来，大家先是愣住，然后纷纷拍手叫绝。那位新手妈妈，脸上一下有了笑容，说：“有道理！我没有产后抑郁，都是被他给气的！”

“家里总是要有一个人特别焦虑的”，这句话让我觉得特别不可思议！她是怎么想到的呢？原本是在指责单个的人，说完这么一句，这件事就跟整个家庭产生了联系。这简直就像变魔术一样，一瞬间，问题的气质仿佛都变了：从难以克服的个人缺点，变成了全家人在这个阶段共同面对的压力。这一刻，问题不再是单纯的麻烦，而成了家庭焦虑的一个出口，甚至还有了那么一点点的好处！这种点石成金的独特眼光和表达方法，实在是太神奇了。

后来我知道，这就是系统式的思维，是几十年专业训练的结果。

刘老师不只是一个拥有系统思维和方法论的专业工作者，她还经常把这种思维用到日常生活的点点滴滴。跟她合作的几年里，我随时随地可以感受到，她的一言一行都是系统式的，也许这已经变成了她的一种生存智慧，用来应对生活中的种种难题或挑战。

就在这个月，我们一起准备一个两人合作的课程。她一边拽着我沟通，一边解释："对不起，我每次上课之前都会特别焦虑。我们沟通得充分一点，我就会放松一些，你可以吗？"我对她又无奈又佩服。无奈是因为，我要"被迫"按照她的要求，为这门课程付出更多精力去做前期准备；佩服在于，即使是这么简单的一件小事，她也要放在系统的视角下解决。其实以她的资历、地位，她即使说："松蔚，我们沟通得还不够，你必须多花一点时间！"我也会毫无怨言地接受。但她把这件事说成她自己的"焦虑"。我们做的工作，就变成了"照顾"她的感受。这不但给我的压力小了，完成之后，我还会有一种"照顾"了她的成就感。

除了有一双系统式的眼睛，刘老师还长着一双系统式的手。

她对我的另一个重要影响，在于手眼结合，思想与行动统一。"光看到是没有意义的，一定要做到。"她强调操作，再深邃的想法都要落实到简单的动作上。刘老师每一次上课，都要求学生做一些看上去特别"笨"的练习。有时候她还要学生反复练一句话、一个词。这样的练习，确确实实有助于学生们掌握扎实的专业技能。

我和刘老师共事的第一年，有一件小事让我印象深刻。有人带了苹果，几个同事分着吃。刘老师拿着一个苹果，用十个指头扣住苹果的上下两端，想用手掰开。我看她咬牙用力，苹果却纹丝不动的样子，赶紧说："用手是掰不开的，我去借一把刀吧。"刘老师说："能掰开。"我说："掰不开。"她说："如果就是想掰开呢，有没有办法？"我说："还是用刀吧，掰不开！"她一边用力，一边说："有很多聪明人，在做到一件事之前，他们想的是为什么做不到。他们的聪明才智都花在证明做不到上面。除非你让他们看到事情发生了。"她一边说，一边在我面前，把苹果"啪"的一声掰成两半。她看着我说："之后，他们才会去想怎么能做到呢。"我无言以对。当然，我还是喜欢用刀切苹果。但以后再切苹果，我总是会想起这件事。我记住了，重要的是"让事情发生"。

"让事情发生"，也是刘老师做咨询的理念。在我们合作咨询、合作教学的这些年里，每次我在想法上天马行空时，就会被她拽回现实："你的想法很好。我们把它变成动作，试试让它发生。"

我第一次看她的现场工作时，一位学员介绍自己和妈妈有矛盾，刘老师建议她："你先对妈妈说出自己的想法，说完不要坐在原地，要站起身离开。否则，你就是在等待妈妈反对你。"那位学员似懂非懂地点点头。刘老师说："你试一下"，并立刻请人现场扮演那位学员的妈妈，坐到她面前，让学员说完自己的想法就起身离开。学员说："不用试了，我知道怎么做了。"刘老师还是坚持，说："试一下。"当时不要说其他学员，连我都有点儿不耐烦，觉得这么简单的动作，没必要再练了。但刘老师一再坚持，学员只好按照要求，对扮演妈妈的人讲了那句话。

出乎意料的是，讲完这句话，她并没有站起来，而是继续坐在座位上。

其他学员以为她忘了，纷纷小声提醒："站起来，走了。"但她还是坐着不动。渐渐地，大家意识到不对了。这个学员花了好几分钟才站起来，她转过身来的时候，大家看到她脸上全是泪水。她说："我现在才知道，原来是这样的感觉。"

当时我很惊讶。现在我更惊讶的是，好几年后，当我回忆这些事情时，我还可以一下回想起那些栩栩如生的画面。它们对我来说，仿佛有穿透时空的力量，直到今天还是历历在目。我很庆幸，在学习系统式家庭咨询的这几年中，刘丹老师一直为我引路。她大师级的眼光和手法，为我树立了坚定的学习方向。

《家庭的伤痛与疗愈》是刘丹老师在教学和咨询工作中多年智慧的总结。我想，把这些经验总结到书里，变成一本沉甸甸的、有分量的读物，对刘丹老师来说，也是"让事情发生"。这是她的第一本专业著作。借着这本书，她的思想和实践就不只停留在大学课堂，而是可以实实在在地影响更多人。没有机会跟她学习的读者，也可以通过阅读本书，获得系统式的思考智慧，得到咨询实践的指导。

我向同行们推荐这本书，希望它在"手"和"眼"上同步地给你们带来启发。

李松蔚

北京大学心理学系临床心理学博士

中国心理学会注册心理师

2020年3月29于望京

推荐序6
来自家人的推荐语

刘丹博士讲述了她多年来从事家庭咨询的理念、方法和经验。这些知识和智慧对于每个成年人非常关心的和需要解决的家庭问题都会有非常多的启发，特别是对于夫妻关系、婆媳关系、亲子关系及亲子教育中出现的各种问题。本书用不同哲学的理念、心理学的理论、中国传统文化和后现代哲学观念来帮助人们理解、经营、维护自己的家庭，处理好家庭成员之间的关系，同时，也能帮助心理咨询师提升自己的职业胜任力。

——刘玉植　原辽宁盘锦职业技术学院教学督导

每个人在成长过程中，都可能遇到很多难以解决的问题，怎么解决呢？解决不了的问题又该如何坦然地面对呢？看了刘丹博士的专著《家庭的伤痛与疗愈》，你可以学会用心理学中家庭生命周期的理论建设良好的心态，习得有效的方法，让人在不知不觉中、在顺其情理中自然而然地解决或者面对问题，从而不再强迫自己这样或者那样去对抗或者纠缠！家庭的痛苦会减轻，人的幸福感也会提升。

——王立无　原大连重型机器厂设计院总设计师

年少时我们享受家庭，成年后我们维系家庭，年老时我们依赖家庭。哪个家庭没有伤，谁的人生没有痛。除了勇敢前行，我们别无选择。希望本书中的理念和技术，能帮助人们更好地疗愈家庭的伤痛，继续感受生活之美。

——刘刚　辽宁盘锦职业技术学院教师

伤痛亦可无畏，
疗愈终觅宿归。
家庭周期往复，
系统展思拓维。

——黄钧陶　英国杜伦大学心理学系预科生

自序
一只眼睛看见伤痛，一只眼睛看见疗愈

1

我的好友 K，是一位人人羡慕的家庭美满同时事业成功的人士。有一次他跟我吐槽说，小时候的一个阴影，在心里几十年一直挥之不去，就是总觉得爸妈不够爱自己。那还是他只有几岁的时候，有一天半夜里醒来，不知道发生了什么事情，家里人都不在家，只剩下他一个人。他吓得要死，大哭起来，一直哭到了天亮。后来，外公回来，把他抱起来，安慰他，他才终于停止了哭泣。我好奇地问他："你真的一直哭到天亮吗？"他说，"是的。可怜的我，一直哭了一夜！"我不禁大笑起来，说："如果你能哭一夜，那说明你家人足够爱你啊！"K 不解地问我这是什么逻辑，我说："小孩子是最聪明的。你能一直哭，就是坚信有人听到哭声，一定会来照顾你。这份坚信，源自于你得到过足够的爱。"

人们记得住伤痛的感觉，却不一定记得住疗愈的资源和力量。其实，每个人在家庭中都会经历各种伤痛，也都储备了足够疗愈伤痛的力量和爱。

2

我从小到大喜欢吃螃蟹，却一直很怕它的螯，因为曾被夹住手指，疼哭过。印象中，螃蟹的外壳非常坚硬，所以前年去朋友 Y 的养殖场参观时，他拿来一只有些透明的螃蟹放在我手里时，我被惊到了。注意：不是吓到！是惊到！因为那只螃蟹的壳居然是软的。Y 告诉我，螃蟹一生要换很多次外壳。每换壳一次，身体才能长大一次。但是，在蜕掉旧壳、新壳尚未长好的时候，螃蟹却是非常柔软而脆弱的。一般人看不到软壳蟹，是因为刚刚脱壳的螃蟹，总是藏在安全隐秘的地方，等待外壳变硬了才会再出来。

家庭也是一样。每次家庭面临转折，比如孩子诞生、孩子上学，是让人喜悦的“成长”时刻，同时也是脆弱的时刻——新出生的孩子，总是让家庭面临家务重担难以分配平衡的问题；学龄期的孩子，常常最考验父母如何应对不同教育理念带来的矛盾。在这些时刻，很多夫妻常会责怪对方不能理解自己、配合自己、支持自己，却不知婚姻中很多冲突、矛盾和伤痛，主要是家庭生命周期本身带来的，而不是家人做得不好。这就好比节肢动物蜕壳的时刻，脆弱与伤痛是成长必然的代价，也可能随着生命周期的发展减弱甚至消失。而随之而来的，将是生命一段崭新的历程。

3

有一年，在巴厘岛阿勇河漂流。下水前，导游阿达指挥大家分成两组，练习用桨控制方向，并提醒说，有几处激流险滩，经过这里时大家必须集中注意力，听他的口令，齐心协力，互相配合；其他时候大家可以自由欣赏风景。在漂流的大部分时间里，阿勇河宽阔平静、温厚滋养，河边灌木茂盛、鲜花盛开。而到了几个大转弯、小瀑布处，阿达提前告诉我们，前排的人做什么，后排的人做什么，左边的人怎么用力，右边的人怎么用力。我虽然跟着认真地做了练习，出桨的时机还是掌握不好，力度也不稳定。还有的时候，用力的方向根本就是反的。在激流中，我既感到兴奋，又充满了担忧和紧张。所以听到指令时，自己常常左右不分。慌乱中人虽没有落水，可大家的鞋子还是都湿了。一个旅伴的太阳镜掉进了河里，留作了旅行纪念。

人的生命，从出生到死亡；家庭的历程，从初建到解体，就好像是阿勇河水，从山地发源，一路奔腾，汇入印度洋。河流方向已经确定，路途中却会充满各种危险和困境。即便由有经验的人指挥，旅途依然充满了挑战，也会伴随各种损失甚至牺牲。因为对于一次特定的旅途来说，每个人都是新手。为了更好地完成并享受这次旅途，能做的准备是什么呢？了解路线、配齐装备、提前练习、在关键时刻听从指挥、通力合作，都是重要的准备工作。

4

我的受训背景是临床心理学，家庭咨询一直是我的主要兴趣和工作重点。多年来，我一直在临床心理学领域学习、教学和实践。我做临床心理咨询的理论和科学基础，包括系统论、信息论、控制论、心理动力学、发展心理学、社会心理学、认知神经科学、建构主义、合作取向对话、焦点解决等不同的流派思想，这些都深深地影响了我。在这本书中，我会把不同的流派理念和技术整合起来，而整合的哲学基础，就是系统论思想。

我在多年的心理咨询实践中接待过很多个体咨询的来访者，也接待过很多家庭咨询的来访者。除了做临床咨询，我也给新手咨询师做教学和培训，还会给有经验的咨询师做督导工作。在这些工作中，我经常发现，个人在理解自己的问题时，常常太过于关注问题，而忽略了对家庭背景的理解、对系统资源的运用。我也发现咨询师们，包括有工作经验的咨询师，在处理个案时，容易聚焦在个体身上，缺乏系统的眼光。做个案概念化的时候，视角过于狭窄。经过督导后，有的咨询师反馈说："刘老师，当我学会从系统的角度看问题后，一下子就豁然开朗了！我开始能够找到有效解决问题的方法了。虽然有的时候问题还在，并没有消失。但是，我觉得自己有更多的资源和力量去应对了。这让我的焦虑减轻了很多，我和来访者的工作也更具弹性、更具效率了。"

我完成《家庭的伤痛与疗愈》这本书，就是诚挚地邀请大家一起，以系统论的眼光，从家庭生命周期的角度，学会运用广阔的视角来系统式地理解问题、应对困境。让我们一起看看人生旅程的漂流线路上，可能有哪些激流险滩，可以做一些什么样的准备工作，又可以怎样和家人、同行通力合作解决困难。

人都有两只眼睛。我希望，不论是带着伤痛的个人，还是处理伤痛的咨询师，都可以用一只眼睛，看见人生旅途中的危机、困难、挑战和伤痛；也可以用另一只眼睛，看见家庭应对伤痛的资源和能力，看见生命奔涌向前、个人虽无法改变却可以利用的宏大力量。

2020年5月13日于北京双清苑

01

家庭咨询哲学及科学基础

学着转换视角看问题

有一个35岁的男人，跟妻子结婚已经有7年了，他一直不愿意要孩子，为此父母非常着急。这个男人说："我还是个宝宝呢，我并不想为一个孩子负责，我不想过辛苦的生活。"

有一次，这个男人参与了家谱图的制作，之后他有了很多感想。他说："我看到众多我认识和不认识的亲戚被画在同一张纸上，其中有一个家族分支到某个地方就断掉了，我问父亲这个家族分支怎么突然就断掉了呢？父亲说，因为他们的后代没有生孩子，所以这一个家族分支就断掉了。"

这个男人听了父亲的回答后，赶快看了看自己的那个家族。他发现，他的爸爸两代单传，如果自己不生孩子，接下来父亲和他这一支也会在家谱中断掉，这给了他很大的视觉冲击。他非常感慨地说："生孩子的确不是我个人的事，是整个家族的事情啊！原来生孩子对整个家族的延续有这么重大的意义。"

当家谱图非常生动而形象地摆在他面前时，他重新思考了自己的想法，并决定半年后要孩子，开始承担起家族的责任。

这是个转换视角的故事，转换视角看问题会给人们带来巨大的变化。比如一对夫妻认为要不要孩子是自己可以决定的事情，父母催促小夫妻赶快生小孩时，他们往往会觉得很烦。但如果转换视角，从父母的角度来看待生孩子这件事，那他们就会有不同的想法和感受。

我们在生活中常常会从个人角度看问题，有时候咨询师也会如此。虽然咨询师受过很多训练，包括心理学训练、心理咨询治疗训练等，但是一个人从个体角度、从个人人生发展角度来看待问题是很常见的，也是很占主流的现象。

但是当我们面对个案的一些家庭问题时，从个体角度着手工作就会遇到障碍。比如，夫妻两个人吵架，妻子对丈夫说："你为什么总是待在家里不愿意出去交际？你难道不能做出一点儿改变吗？"丈夫觉得很委屈，他不习惯出去应酬，妻子却总是这样要求他，埋怨他不愿意跟别人建立关系。这对夫妻因为这个冲突对彼此有了很大的怨气。我想不管是丈夫还是妻子，他们对出门应酬这件事的态度，都是从个人角度出发的。有的咨询师也会从个人角度去解决这个冲突，作出常规的处理方式，比如促进妻子改善表达方式，或促进丈夫提升社交能力等。

这样的处理方式存在着风险，这个风险就是来访者（家庭）或咨询师有无意识的自恋性幻觉，他们认为个人能够决定一切，个人对事情要负全责。如果问题没有好转的话，那么个人需要反思，个人需要作出调整来承担责任。但是在影响事情的所有因素中，也许有一些是我们不容易想到、不容易看到的，这就需要我们在实际临床工作中（尤其是遇到困难的时候）更深刻去反思、更深入去学习，从不同的视角看待问题。

比如这对夫妻，丈夫不愿意参加社交活动，妻子对此不接受，认为这是丈夫个人能决定的，她希望丈夫可以把精力放在社交上，放在增加社会影响力和社会资源上，这样可以帮助孩子找到更好的学校。

当我们在临床工作中邀请这对夫妻画出家谱图，并且讲出家庭和生命故事时，我们可以看到：丈夫家三代都生活在贫困山区里，教育和其他资源非常缺乏，他是家族中唯一从山里走出来的人。他对家族的看法是，家族需要他不断学习来改变命运，其他所有的事不需要他做。如果经常跟村子里的人交流，他也是能学习交往能力的，但是这样的话，他通过学习改善家族命运的能力就会受损。在15岁之前，他一直被父母与亲戚鼓励要减少跟人交流，他带着大家的梦想争取做一个聪明的人，做一个通过学习知识改变命运的人。因此，当他成功考取大学后，他的模式帮助他离开了原有的生存环境，进入了更好的生存环境，也使得家族通过他的成功得到了经济支持。

因此，再重新看待这个男人不想社交的行为时，我们就可以理解为，他的行为不是由个人决定的，而是整个家族的策略和资源。这对夫妻看到各自的家庭历史故事带来的影响后，就会对“是否社交”这个问题有不同的看法。当他们回到家庭生活中，妻子再一次觉得丈夫应该出去社交的时候，她就更能够理解丈夫，她对丈夫的要求也会变得更柔软。妻子的态度发生了转变，丈夫从中感受到被支持、被理解，他们的冲突和争执被软化，行为便有了弹性。

区分可以改变和难以改变的事情

美国神学家雷茵霍尔德·尼布尔（Reinhold Niebuhr）写过这么一段祈祷文，其中有一句话给我留下了很深的印象：

上帝啊，请赐予我平静去接受我无法改变的，赐予我勇气去改变我能够改变的，赐予我智慧去分辨这两者的区别。[①]

---

① 祈祷文原文：God, grant me the serenity, to accept the things I can’t change, courage to change the things I can, and the wisdom to know the difference.

在生活和咨询中遇到问题时，我们会花很多力量去寻求改变，但是有些时候，我们会发现无论多么努力，事情还是难以改变，甚至往相反的方向恶化。比如，一对不断争吵的夫妻努力想解决问题，最后却面临了更大的问题，原因是他们虽然在努力改变，可是有些事情要改变真的很困难。

所以，我们怎么去区分哪些因素是更容易改变的，哪些因素是不容易改变的呢？要做到这点很困难，可是当我们尝试并能够用更广阔的视角看问题时，我们就会有相对高的区分力了。我们可以看到个人生活中有一些更大的因素在影响着我们。而且，如果我们收回那个不断努力去改变的力量，把力量投注在容易发生改变的地方，改变就能更有效地发生。

我们应该怎么看待那些不容易改变的事呢？比如肤色，我们的肤色是遗传的，我们最多能让自己晒得稍微黑一点儿，或者涂粉涂得更白一点儿，但是我们没有办法把一个黄种人变成白种人。我相信我们大部分人不会去做这样的努力。但是，如果我们知道哪些是可以改变的，哪些是难以改变的，我们就能收回自己投放在难以改变部分上的力量，从而更有效率地在人际中交流。

生命周期有哪些冲突

有一个美国咨询师跟墨西哥咨询师求助说："我最近遇到一对墨西哥裔父子，每次他俩来做咨询，都会在我的咨询室里吵得不可开交，我用了认知行为疗法，还用了催眠术，可是收效甚微。我的努力变得毫无意义。我觉得很挫败，想转介给你，我猜你可能有办法，因为你跟他们来自同一个国家，你会比我更懂他们。”墨西哥咨询师同意了。

一个月之后，墨西哥咨询师跟美国咨询师反馈说：“我见过那对父子两次了，他们已经结束咨询。他们告诉我，他们之间没有问题了，他们对咨询很满意。”

美国咨询师说：“我特别好奇，你是怎么做到的？”

墨西哥咨询师说：“其实我没有做什么。在我们墨西哥，通常男孩子18岁离开家之前会跟父亲大吵一架，这是我们文化里常见的现象，我们不觉得这是个问题。这对墨西哥父子来到美国生活一段时间后入乡随俗了，周围的人看到他们吵架都觉得不可思议，他们开始怀疑自己是不是没有很好地融入美国文化。我跟他们交流后，他们感到释然，儿子在一个月后便离家去工作了。”

这是一个关于家庭生命周期的故事。一个家庭会有不同的发展阶段，其中有一个孩子离家出走谋生的阶段，有的家庭是孩子18岁高中毕业后，有的家庭是孩子22岁大学毕业后，孩子离开后的家庭会处在一个变化的阶段。对于孩子来讲，第一次离开父母独闯江湖是非常大的挑战；对于父母来讲，养育了18年或者22年的孩子要离开熟悉的家去迎接社会的各种机会和挑战，他们内心自然会产生焦虑，这也是很常见的。

父母和孩子之间的争吵，反映了他们在这个转折阶段的焦虑。从另一个角度来看，他们彼此通过争吵可促进分化和分离，同时彼此（尤其是孩子）也是在训练如何应对挑战。当墨西哥咨询师对这对父子表达了理解和支持后，这对父子对他们的冲突有了新的认识和解读，他们不再为自己的状态焦虑，问题也就迎刃而解了。

家庭生命周期的概念

发展心理学认为，家庭每个阶段都有一些问题有待解决，有一些重要的工作需要完成。如果家庭想要顺利通过家庭生命周期的各个阶段，家庭成员就需要尽力负担起各自在各个阶段中的责任。**家庭生命周期如同一个人的生命周期，从家庭的诞生、发展到消亡，这是一种变化的过程。家庭从形成到解体，有各种各样的变化规律，家庭会随着家庭组织者年龄的增长而表现出明显的阶段性，最后随着家庭组织者寿命的终止而消亡。这是一个家庭从生到死的过程**。

家庭如人一样有生命周期，最初提出这个概念的是美国人类学学者P.C. 格里克（P.C.Glick）。1947年，P.C. 格里克率先提出家庭周期（family life cycle）的理念[①]，把看似复杂无序的家庭转化成有周期性的阶段，每个阶段有独特的特点，这个理论帮助我们更清晰地认识生活，也帮助咨询师从阶段性的角度看待家庭所面临的问题。家庭由婚姻、血缘关系（包括收养关系）组成，家庭具有非常重要的功能，比如经济功能，帮助家庭成员在共同生活中抵御经济风险、减少经济的支出。家庭还有生育功能、性的功能、教育功能、抚养与赡养功能等。家庭的功能从家庭形成到消解呈现出很多变化。

---

① P. C.Glick,“The Family Cycle”, *American Sociological Review*,Vol.12,No.2（1947）, pp. 164-174.

家庭生命周期的七个重要事件

一个家庭的形成以结婚为标志，这是第一个重要事件；第二个重要事件是第一个子女的出生；第三个重要事件是最后一个子女的出生；第四个重要事件是第一个子女离开家庭；第五个重要事件是最后一个子女离开家庭；[①] 第六个重要事件是配偶一方的死亡；第七个重要事件是配偶另一方死亡，这象征着家庭的解体。

家庭生命周期的六个阶段

根据这七个重要事件，家庭生命周期可以划分为六个阶段。第一个阶段是家庭的形成期，结婚就代表了一个家庭的形成；第二个阶段是第一个子女的出生，这代表了家庭从二人世界扩展为三人世界；第三个阶段是最后一个子女的出生，意味着家庭扩展的完成与结束；第四个阶段开始于第一个子女离开家庭，这代表家庭进入收缩阶段；第五个阶段开始于最后一个子女离开家庭，这代表了收缩的完成，家庭重新回到二人世界；第六个阶段是配偶的消亡，这代表家庭的解体。

家庭生命周期的六个阶段，包括形成阶段、扩展阶段、完成阶段、收缩阶段、收缩完成阶段和解体阶段，基本对应为：成人及恋爱阶段、新婚家庭

① 以上关于家庭生命周期重要事件的划分，是以假设一个家庭有两个及以上孩子为前提。如果家庭中只有一个孩子，则第二和第三个重要事件合并为一个重要事件，第四和第五个重要事件合并为一个重要事件。如果家庭为丁克家庭，则不在我们此讨论范围内。

阶段、有儿童的阶段、有青少年的阶段、孩子离家及成家阶段、生命晚期的家庭阶段。如同树有年轮、竹子有竹节，家庭也有不同的阶段，家庭在每一阶段发展之后都会面临着转折。一个人从独立生活，到跟另外一个人组建家庭，这是一个重大的转折。在这个转折中，人们可能会出现各种各样的情绪，获得各种各样的资源，也面临着各种各样的挑战和困难，甚至可能因为难以处理的挑战和困难而无法持续下去。

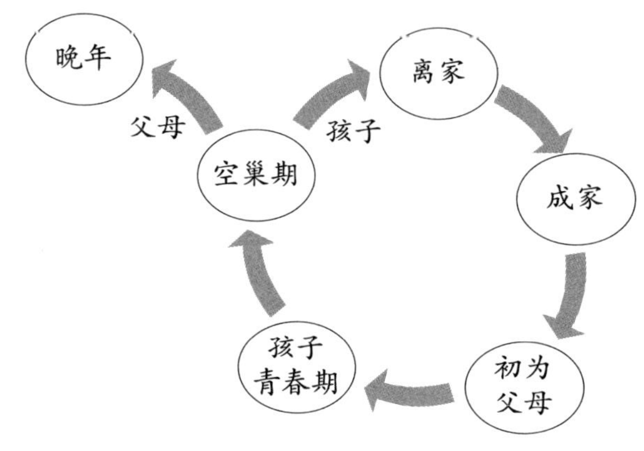

家庭生命周期发展图

从个体生命周期发展来看，出生是人的一个重要转变，意味着人的生命周期第一阶段的开始。开始上幼儿园后，我们就迈入了小社会，很多人上幼儿园会不适应，去过一两周后，就想放弃，这是在生命周期第一阶段里难以应对挑战的结果。家庭也跟个体的逐渐发展阶段一样，我们要以自己的方式来应对各种各样的挑战，比如应对孩子出生或者孩子离开家所带来的挑战。

一个家庭应对这些挑战的方式之一就是找咨询师。大学生在难以适应社会环境的时候，他可能会求助校园的咨询师；一个新婚家庭对要不要孩子有争执时，夫妻可能会求助于亲戚朋友给自己各种建议，也可能会寻找咨询师；一个有孩子的家庭在谁照顾孩子、哪种教育理念更好等方面出现冲突时，夫妻可能找亲戚朋友调解，也可能找咨询师来处理纷争。

在现今的中国，很多社会现象因被媒体曝光而成为热议焦点，比如不婚族、丁克家庭、当妈式择偶、宫斗式婆媳、保姆式妻子、丧偶式育儿、虎妈式教育等，这些词汇吸引大家的眼球，引起众人的争议。人们常常会加入这种论战，有人说当妈式择偶是男性不成熟和不想负责的表现，也有人说不负责任代表社会在进步。不同的观点此起彼伏，人们在讨论的过程中，更多的是从个人角度去看待这些现象。

系统式视角看问题的意义

从个人角度看待问题的确很常见，也是可以理解的。可是，如果家庭和咨询师能够从更多的角度、更广的历史范围去思考问题，就会产生不同的感受，也许能找到解决问题的不同方法，也会给我们的生活带来更好的改变。

在临床实践中，我惯用广阔的视角看问题，这的确给来咨询的个人和家庭带来了巨大的影响。因此，我们需要学习从家庭生命周期的角度去看待家庭变化的议题，这是很重要的。

在我的工作当中，除了用宏观的时间线、发展的家庭生命周期理念探讨家庭咨询，我也会用心理动力学，尤其是依恋理论、发展心理学、社会心理学，还有认知神经科学等不同的理念和方法去跟家庭进行沟通。所以，我希望大家有机会可以去找相关的书阅读，增加知识的积累，促进专业的成长。

家庭生命周期的第一个阶段是形成阶段，也就是一个人独立成人、发展恋爱关系的阶段。第二个阶段是扩展阶段，也就是形成新婚家庭的阶段。第三个阶段是完成阶段，也就是有一个或者多个儿童的家庭阶段，这个家庭阶段的孩子年龄还比较小，是新婚家庭形成后面临的一个变化，养育难题使大多数中国家庭处于育儿焦虑的状态中。第四个阶段是收缩阶段，孩子陆续上中学、大学，很多家庭为孩子的升学问题投入了很多精力和财力，感受到的冲击明显又强烈。第五个阶段是收缩完成阶段，也是家庭中孩子离家的阶段，这时父母进入空巢期，面临着退休、家庭生活重新回到二人世界的挑战。第六个阶段是解体阶段，这也是现在社会的焦虑点，很多人在这个阶段会做生前预嘱，或选择集体养老、合作养老。

每个人都会面临家庭生命周期加诸在个人生存上的问题，有时候家庭会给我们支持、资源和力量，有时候家庭会给我们压力和焦虑，因此，无论是家庭咨询还是个人咨询，能够回顾家庭生命周期的总体脉络，并且能够细微识别出家庭生命周期阶段性的特点及影响，就是我们需要训练的技术。

系统式咨询理念的难点与突破

基于家庭生命周期的家庭咨询理念跟其他的咨询理念不一样，它来自我所受的系统家庭治疗训练。在这样的咨询过程当中，我们的聚焦点并不放在一次性彻底解决所面临的所有问题上。这门家庭治疗的整合理念技术、咨询风格和工作方式基于我在临床中遇到的很多复杂和挑战性的个案（包括个人和家庭的个案），他们在一段时间内通过各种努力都难以快速有效地解决问题。因此，我跟大家分享的这些工作理念和方式，适用于处理复杂、困难的处境和个案。

有些学生和受我督导的咨询师会问我："刘老师，可不可以不搞这么复杂，用简单的方式去处理问题啊？"我完全同意和支持用简单的方式去处理问题，而且我跟大家分享的方法不是全能的，也不是立刻就能够解决所有的问题，甚至我们改变视角后会发现问题依然存在。但是同简单的方式或技术相比，这种训练会带给当事人或咨询师新的理解和角度，这是很有启发性的。

我希望大家学会这些理念之后，能试图在生活中做一点点探索和联想。如果你发现所有的问题不能立刻解决，那么恭喜你，这就对了，因为系统式咨询理念强调每次有一点儿新收获，而不是一次性解决所有问题。如果我的这些理念不能给你的生活带来一些新的体验或想法，也是有可能的，说明这样的理念可能跟你不是非常匹配。那我建议大家多去学习其他不同的流派。

还有一种常见的情况，我发现有些学生和受督导的咨询师在最开始学习这些理念和技术时，觉得非常具有挑战性甚至颠覆性，这也是正常的。因为系统式咨询理念在整体的工作方向上跟其他流派有很大的不同，它会在最初带给你思维上的不舒服和挑战，有些人觉得非常艰难，甚至想放弃，这都是常见的。我建议大家再坚持一段时间，浸泡在这样的学习当中，就一定会从中体会到巨大的乐趣。有时候，一两句话或者一个理念的转变会给我们的生活和工作带来意想不到的突破，甚至会改变我们看待人生的态度，这也是一些学生乐此不疲坚持跟我学习的原因。

02

成人及恋爱

第1节　成人及恋爱（1）

从现在的国情看，结婚之前的成人阶段是很重要的，社会上有不少现象都出现在成人阶段，我在临床咨询工作中也遇到过很多成人阶段的问题。这些现象和问题带给我很多思考，如果我们能从不同角度理解这个阶段面临的问题，那么个人和家庭将会得到更多帮助。

成人阶段

定义

成人阶段指的是个体进入家庭前的准备阶段。法律规定年满18岁就是成人了，这个阶段离个体进入婚姻还有一段时间。世界各国对结婚年龄的规定不同，有的国家要求年满18岁，有的国家则规定年满16岁就可以[①]；不同历史时期的法定结婚年龄也不同。人们的结婚年龄不是固定的，有可能

① 截至2019年，不同地区的法定结婚年龄分别如下：中国大陆为男性22岁，女性20岁；俄罗斯为14岁；英国为16岁；法国为男性18岁，女性15岁；意大利为男性16岁，女性14岁；伊朗为男性15岁，女性13岁。

会推后，有可能会提前。但不管什么时候，所有的成人在结婚前都需要一定的准备时间来承担结婚责任和义务。

成人阶段是婚姻的准备时期。从心理发展角度来讲，这是个体从依赖转向独立的过渡阶段；从社会角度来讲，这是个体从稚嫩、缺少经验、精力旺盛转向承担家庭和社会责任的阶段；从心理动力学角度来讲，这是个体从原生家庭分离，去适应新世界、应对新挑战的阶段，这个过程充满着焦虑和不确定性，甚至面临着一些风险。因此，这个阶段的一个重要问题是如何处理分离焦虑。

成人阶段是第二次出生期

从心理学上说，人的一生一共有两次出生，**第一次出生是指胎儿成熟后从母体分娩到客观的现实世界中，开始作为一个独立的人而存在；第二次出生是指一个人的身体与精神发育到一定程度后，从原生家庭中分离出来，作为一个精神独立的个体走向社会**。

人的第一次出生是婴儿从母体分离来到原生家庭中，他们需要依赖父母或其他家庭成员的精心照顾才能继续成长。人的第二次出生是18岁成年后离开父母外出求学或工作，与原生家庭分离并踏入成人世界。

实际上，人的第二次出生并不比第一次容易，因为很多人没有独立能力，他们从来没有独自旅行过，没有与人密切合作过，也没有赚钱的经历，在各方面会遇到很大的挑战。他们的年龄已经超过18岁，父母和亲戚朋友也都认为成年人应该有能力应对外面的世界，这就导致处于第二次出生期的人们常常不被家人、朋友理解。

进入成年世界的准备

一个人要进入成人世界需要有充分的准备。第一个准备是身体的发育。成人世界意味着个体能够跟人建立亲密关系，那么性能力是否足够成熟？是否能够发展有责任的性关系？这是很重要的判断标准。第二个准备是精神世界的发展。个体能不能理解别人？能不能更好地跟别人交流和合作？在遇到冲突时是否可以跟别人商讨、妥协或争取利益？这些同样很重要。第三个准备是经济能力。个体是否能在社会上获得保障自己生存和地位的经济能力？

现代社会中的人们身体普遍发育、成熟得较早。对于很多人来说，生理上的挑战变得比较小了，但是精神世界的挑战比以前变得更大了，人和人之间对精神交流的需求变得更高。在经济方面，由于近些年来中国经济发展迅速，人们的生活水平有所提高，越发膨胀的消费需求对很多人的经济能力提出了挑战。所以，当一个年满18岁的成年人离开原生家庭进入社会时，他所面临的挑战会非常大，非常需要支持和理解。

推迟结婚的现象

个体进入家庭的一个标志就是结婚。过去的人们结婚比较早，而现代社会的人们结婚越来越迟。换一个角度说，这种推迟结婚的现象意味着现代人的成人阶段比以前要长。也就是说，在以前一个成年人可能只需要两三年的时间就可以准备好进入婚姻，但是现在可能需要10年，甚至更长。

从1990年至2017年，我国育龄妇女平均初婚年龄推迟4岁多，从21.4岁提高到25.7岁，并有继续走高趋势；平均初育年龄也从23.4岁提高到26.8岁。[①]

当下中国的大龄未婚青年越来越多，很多年轻人过春节不敢回家，怕被催婚、被逼相亲。

经济越发达的地区，人们结婚的年龄越晚，这意味着我们从18岁成人到结婚会有一个漫长的阶段。晚婚的现象代表了整个社会的发展和变迁，也就是说，当我们跟一个未婚青年工作的时候，我们需要看到的是：这不是由一个人决定的，而是由整个社会各个方面的因素造成的。

尽管媒体、政府担心单身潮会给社会和家庭带来影响，但是人口学家通过调查研究认为，单身潮在未来会成为一种趋势，在中国将愈演愈烈。家庭生命周期中的成人阶段（婚姻的准备阶段）变长了，原来一个成年人进入婚姻只需要2~3年的准备时间，现在也许是10年，甚至更长，而且不婚族越来越庞大。

这些现象给你带来了什么样的感觉？在以前，我们认为大龄青年是一个问题，如果在咨询中遇到大龄青年，我们会帮助他们找到配偶；甚至现在不少电视节目仍旧在不遗余力地帮助未婚成年人相亲。也许我们在咨询时会碰到一些人，他们有这样的困扰——未婚，但总体生活质量并不低，幸福指数也不低，虽然有些矛盾，但是总体上还是倾向不婚的生存状态。对于这点，我想我们应该予以尊重。

① 《统筹人口发展战略　实现人口均衡发展——改革开放40年经济社会发展成就系列报告之二十一》，国家统计局网站2018年9月18日。

晚婚、不婚的原因

2017年，百合网进行了中国人婚恋状况调查，结果如下图表所示。

人们恐惧婚姻的原因调查情况

选项	女性	男性	全体
害怕失去自由	39.6%	43.4%	41.7%
没有房子	23.0%	36.7%	30.6%
付不起结婚费用	5.6%	18.3%	12.6%
害怕承担家庭责任	42.1%	33.7%	37.5%
没钱养家	27.0%	35.9%	31.9%
有心理阴影	27.5%	23.8%	25.4%
离婚率太高	55.1%	36.4%	44.8%
小三盛行	26.6%	9.0%	16.9%
害怕会有家庭暴力	14.5%	5.8%	9.7%

（个体最多可选择三项）

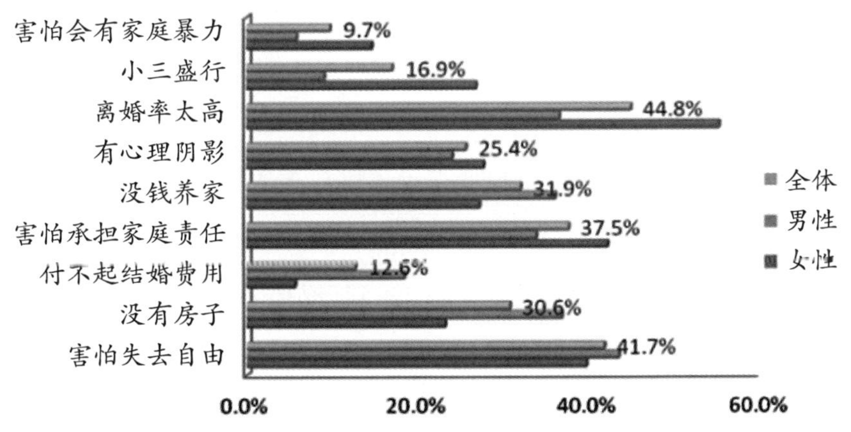

人们恐惧婚姻的原因调查情况

（数据来自：《2017中国人婚恋调查报告》，百合网调查收集有效问卷50384份，覆盖全国31个省、自治区、直辖市，包括大中型城市及部分农村人口。）

教育年限变长

关于国人晚婚、不婚的原因，教育年限是第一个原因。以前，人的寿命比较短，成熟期也比较短；现代人们的学业期在拉长，所以成熟期也在拉长。现在的家庭规模比以前小，独生子女政策使得很多家庭只有一个孩子，有些家庭还会选择丁克。由于总体家庭成员数量减少，父母就会将更多精力和金钱投入孩子的教育中，孩子的成长期就会变长。

分离困难

个体成长过程拉长导致的一个明显效应是分离困难。以前人们离开家外出独立生活是比较容易的，过去有一句说“穷人的孩子早当家”，家庭经济不好的孩子会很早独立。现在人们的经济条件普遍好了，家庭需要孩子早早独立的愿望降低，孩子的独立动力小了，分离困难自然比以前明显。

由于之前独生子女政策的实施和人们观念的转变，很多家庭会少生孩子，甚至不生孩子，核心家庭数量增加，使得家庭规模变小，家庭成员相互依赖的可能性增加，于是分离变得更困难。很多独生子女离开家庭后，父母的生活就失去了重心，变得无趣、孤独。还有一些人在思考未来发展时，更渴望回到原生家庭所在地，就是为了离父母更近。这些都增大了分离的困难。

性成熟比较早

现代人们的生理成熟比过去早，这意味着性的发育更早。现在更多的人在婚前就有性行为。2007年杜蕾斯在中国做了相关调查，发现80后初次性行为的平均年龄是22.1岁[①]；2015年北京大学的一项调查发现95后初次性行为的平均年龄是17岁[②]。这是一个巨大的变化，初次性行为年龄从原来的22.1岁降到17岁，这意味着很多年轻人在结婚前就有了频繁的性生活，性需求和性满足并不只跟婚姻有紧密联结。因此，为了合法的性关系而结婚的愿望减弱了。

李银河认为，传统女性会依赖家庭，尤其是没有收入的女性，她们需要依赖婚姻、依赖丈夫的经济支持[③]。而在现代社会，更多女性有独立的工作，有经济来源，甚至收入比男性更高，这样的状况使得女性对男性的依赖变少，因而有些女性会在对婚姻不满意时选择离婚，也有些人会选择不婚，过更有品质的生活。

系统分析晚婚或不婚的原因，使得我们能够重新看待家庭生命周期中的成人阶段和这个阶段面临的任务与挑战。也就是说，现代的我们可以在这个阶段发展出更多的能力，但是社会带给我们的压力跟以前不同，家庭对孩子的期待也不同，这在整体上造成了现代人们的成年阶段跟以前的巨大差别。

与大龄女青年工作的思路

从个人视角看大龄女青年现象，人们会认为到了35岁还不结婚，是由个人因素造成的。调查和研究能让我们从更广阔的视角来看待这个问题。我们会发现整个社会的发展、经济的发展、文化的发展，影响了当下女性

① 《性情中国》，见 https://www.durex.com.cn/happiness-china/.

② 莫兰：《仅一成人离婚时寻求专业咨询》，《中国妇女报》2016年1月12日。

③ 李银河：《中国女性地位问题》，搜狐网2019年2月11日。

的晚婚与不婚行为。从家庭生命周期的角度做咨询，意味着我们在最初的阶段要带领来访者（个人、家庭）用更广的视野看问题。

来访者S，女，长相乖巧，名牌大学毕业，毕业后为了男友放弃出国深造，留在北京打拼。男友一表人才，双方工作都很不错。S与男友认识不到半年，该发生的事情都发生了，他们彼此见过双方家长。后来S有一段时间情绪不好，大家一问才知道S跟男友分手了，分手原因是男友受不了S。

S有时候说自己过得很好，有时候也不知道为什么找不到适合结婚的对象。S与男友分手4年后，男友已经结婚生子，S还在过精彩的单身生活。S偶尔会想起前男友，也会在某些时候咬牙切齿地说前男友是个渣男。为什么他愿意跟别人过日子，而不愿意跟自己结婚?

大家都觉得S是一个漂亮、受过高等教育、生活质量很高的女性，常被称为女神，但为什么还是单身呢？S因心情不好来找咨询师，她想知道自己怎么了，虽然家里人并没有像传统家庭那样催婚，但是她很好奇，为什么自己会陷入这种状态。S想知道自己未来会不会有一个好归宿，将来会不会也一直单身。虽然她现在的生活并不差，但是未来一直单身的话，那会是一个好的选择吗？

去问题化

面对这样的来访者，咨询师要做的第一件事就是不要施以同情。咨询师不要认为这是社会不能接受的状态，更不要认为来访者再这样下去会很悲惨。从家庭生命周期的角度看，我们在咨询的最初阶段是要跟来访者或家庭（有时候是父母陪着孩子来到咨询室的）一起用更广阔的视角看待他们面临的处境，而不是立刻把这个处境定义为一个问题。

我们要注意到来访者的外在条件：S长相不错，名牌大学毕业，有很好的工作，也曾经有过出国深造的机会，自己为了一段关系留在北京。从这些方面来看，S是一个发展正常、社会功能良好的人，虽然她有时候会想起前男友，有时候会对自己的单身状态存在疑惑，对未来生活的不确定性存有困惑，甚至有一些焦虑，但并不代表这是一个巨大的问题，所以不要急着把它定义为一个问题而撸起袖子开始想着怎么解决。

请注意，在这个个案中，我并没有把来访者谈及的事情定义为一个问题，我强调的是一种处境或是一种状况。这是我咨询理念中的一个重要部分：我们怎么看待所谓的“问题”，看待这个打着双引号的问题，是把它定义为一种疾病、一个困难、一个问题，还是状况？定义不同，产生的效果截然不同。

当我们把事情说成是一种状况、一种处境或一种情形时，事情就更容易发生变化，这是从建构主义的角度看待问题。来访者说“我有一件痛苦的事”，或者说“我有一个麻烦”，其实这是他给自己贴的一个标签，我们要做的第一件事情就是把这个标签置换成更容易改变的一种说法：“你觉得这是一个问题？你是从什么时候、遇到哪些情况后开始觉得这是一个问题的？”

工作思路

首先关注和支持S最初讨论的处境，以及在这种处境下她希望获得的支持，然后在这个基础上开始进行工作。这个工作从五个方面进行。

第一个方面是探讨S的处境。比如从文化水平来看，S受过高等教育。从整个世界的数据来看，受教育水平高的人比受教育水平低的人结婚普遍较晚，另外，前者的结婚稳定率更高，不婚比例也更高。

第二个方面是了解S的经济状况。通常情况下，不婚和晚婚的女性经济状况比较好，我们可以跟S探讨她现在的经济水平是怎样的，她的收入和消费结构是怎样的。

第三个方面是探讨S的家庭传统。对有些家庭来讲，一个人到了22岁是一定要结婚的；而有些家庭则认为30岁以前结婚都太早了，应该把精力更多地放在学习和事业上，所以30岁以后结婚是正常的。这是两种完全不同的家庭观念。

第四个方面是探讨S与父母的亲密关系。有些人与父母的关系适中，父母有自己的工作，孩子也有自己的学习生活，他们只会在某些方面有所交流。在这样的家庭中，孩子离开父母的时间是比较早的，结婚年龄也会相对比较早。而在那些亲子关系特别密切的家庭中，他们的情感联结紧密，彼此需要对方的支持，这种家庭的孩子离开父母的时间就晚一些。他们在结婚的时候可能会有一个条件：婚后跟父母住在一起。

第五个方面是探讨关于性的可获得性。有些女性获得性关系比较早，她们有自己的性享受方式，包括跟异性发展性关系、通过自慰等手段满足自己的性需求。如果一个女性在性方面有一定的健康满足渠道，她通过婚姻来满足性的概率就会降低。

如果咨询师从这些角度跟S一起探讨她的处境和问题，S对自己的整体状况可能会有全新的认识。对S来讲，也许她处于一个比较开放的中产阶级家庭里，她的文化水平比较高，经济独立，跟父母的关系距离是比较适当的，没有过多的担心和焦虑，而且她的性观点开放，有自己的性伴侣和性满足的途径。

有人会问，是不是探讨完这些，S就不再焦虑，不用结婚了？通常来讲，在回顾了自己生活的更多方面和更多潜在影响因素后，来访者都会用更广阔的视野来看待自己的问题。来访者不再认为自己是有问题的，能够用更弹性、更轻松的态度面对自己的状况。

比如，咨询师在跟S探讨了不同的因素之后，咨询师询问S："你现在看到了这么多不同的方面，你对自己的状况有什么新的理解吗？"S说："原来我在某些方面是不需要男性的，比如说经济和亲密关系方面，而且我跟我父母的关系不错，我并没有那么渴望投入新的亲密关系当中去。也许我真正需要的是一个心心相印、有共同语言的人。"

当有了这样一种思考之后，S再考虑恋爱关系的时候，就会更注重两人的专业兴趣和生活情趣。这样一种策略变化，使得S更容易找到自己需求的对象，她的焦虑状态也减轻了。

有一种女性是不容易离开家庭的，她们有自己的工作，也有恋爱关系，但是很难进入婚姻当中，她们会跟自己的原生家庭保持密切的关系。咨询师要帮助这样的来访者形成新的建构，这个建构就是建构主义心理学在咨询当中的应用，指的是个体对同一件事情从不同的角度给出解释。如果来访者觉得这个解释可以帮到她的话，那么在新的解释下，她就会产生新的感觉、新的想法，并发展出新的行动。

S是独生子女，她比较担心父母的身体状况，所以不能够更早、更快地建立婚姻关系，咨询师可以在这个方面对S做一个积极的建构。也就是说，由于S处在跟父母分离中的成人阶段，她对父母承担了更多的责任，因此她推迟了自己作为独立成人走入新家庭的节奏。这样的一种建构帮S从"我哪里不对"转向"这是我的责任和使命"，解决问题的方案也就有了新的方向。

新方向就是，咨询师对 S 说："我知道你放不下父母，那假如有一天你走进婚姻了，你对父母的担心有什么代替性的解决办法吗？"被这样一问，S 突然有了新思考，她说："我经常担心父母的身体，但是我发现父母有自己的生活，他们的状态就能变得更好，所以，如果我结婚了，我就定期资助他们去旅行。"

有一位和 S 情况很相似的女性说："我放不下父母，尤其是放不下妈妈，她退休得很早，如果我很早离开家又不打算生孩子的话，妈妈会过得很闷、很不开心。想到这里，我就想帮妈妈养一只宠物，妈妈很擅长照顾人，如果养了宠物，也许她的孤独感会降低。"后来她给妈妈选了一条狗，妈妈的生活变得丰富起来，与其他人的接触也变多了。

因此，基于我们从整个家庭发展周期对个体所处困境的分析和讨论，最终得到了不同的结果。上面我提到的是站在家庭周期里看待个人的婚姻问题，帮助来访者发展出新的角度和眼光，从而减轻焦虑，在处理问题时更具弹性，解决问题的可能性也增加。这就是家庭咨询的思路。

第2节　成人及恋爱（2）

家庭咨询的理念与技术风格

基于家庭生命周期的家庭咨询理念和技术风格可以用“大处着眼，小处着手”这八个字来高度概括。我们知道，咨询师会遇到很多个案，需要把眼光从个人角度转向系统角度来理解个人的行为。如果咨询师能跳出个人视角来理解家庭或个人面临的问题，就可以给出不同的解决方法。

当我们能够看到更大的系统、更多的影响因素时，也就更容易理解哪些因素对生命有着更大的影响力，更能明白要在哪些因素上加以努力。正是因为看到了更广阔方面的不同因素，我们才有了更多不同的理念来应对问题，才可以收回对难以改变因素所付出的努力，转而把更多的精力投放在可以改变的因素上。

家庭咨询的落脚点常常是比较小的细节和因素，家庭咨询的过程好比是摄影镜头的转换。在最初阶段，咨询师带领家庭成员从个人视角看待问题，把视角转向生命中更具影响力的因素（比如文化、经济、历史、家族规则等）。当我们都学会用宏大的视角看问题时，来访者和咨询师对原有问题就会产生不同的体验和建构，认知和情感也会发生相应改变，有些人会在这个过程中产生不同的内驱力和行动力。

成人阶段的困难

人们在成人阶段会遇到一些困难，我们可以从五个方面来分析：1. 教育年限变长；2. 分离困难；3. 性成熟比较早；4. 家庭规模变小；5. 啃老。其中，前三个困难已经在第一节“晚婚、不婚的原因”中讲了，这里着重分析最后两个困难。

家庭规模变小

现代生活跟以前相比有了很大的变化，其中一个重要变化是核心家庭变得越来越多，家庭规模变得越来越小①，大部分年轻人的成长经历跟前几代人相比，也有了很大的不同，而且现在的年轻人对独立空间的渴求是很强烈的。

在现代社会，家庭育儿的一个常见问题是什么时候与孩子分床、分房。

---

① 参见周福林：《我国家庭结构变迁的社会影响与政策建议》，《中州学刊》2014年第9期。

全国人口普查数据显示：1982年第三次人口普查时我国平均家庭规模为 4.41人，1990年第四次人口普查时降至 3.96 人，2000年第五次人口普查时再次下降为 3.44 人，2010年第六次人口普查时我国平均家庭规模已经降至 3.10 人。

很多家长认为与孩子分床、分房是很困难的事。在几十年前的中国，这种问题几乎是不存在的，因为那时候大部分家庭没有能力给孩子提供很多独立空间，常常是全家住在一个房子里，几个孩子挤在一个房间里，所以大部分人没有享受过独立空间。而现在的大部分孩子从小就拥有独立的空间，这也是造成现在很多年轻人不婚、晚婚的一个因素。

我们都知道，中国近些年的独生子女政策使得生育数量减少，父母们有了更多的时间关注独生子女，因而孩子的心理独立空间比以往更小。这是一个非常有趣的现象。我用有趣来形容，可能会让那些陷入痛苦的年轻人觉得冷酷，因为这对他们来讲并不是有趣的。虽然大多数“90后”“00后”的孩子自出生便有自己独立的床、独立的房间，甚至有独立的洗手间，生活的独立空间很大，可同时长辈对他们有了更多的期待和更高的要求。

比如一个孩子要上大学，全家人包括亲戚、朋友都会发表指导意见，大家对孩子报哪个专业、上哪个大学都会各抒己见，甚至还会给予金钱帮助等。可是在心理上，这个已经18岁的孩子很难独立地对自己要报哪个专业、上哪个大学作出决定。全家人对孩子生活的过度参与，使他们虽然有了自己独立的生活空间，但是决定自己生活的概率反而降低了。

有位大学生说：“我最讨厌的事情就是每天要跟父母打电话汇报生活，我已经18岁了，我不想每天都汇报，可是如果我不打电话给父母，他们就会睡不着觉，我妈妈会发疯的。”这个18岁的男生即便离开父母，去了其他城市上大学，仍然要每天跟父母视频通话，他觉得自己很难有独立的生活空间。

从社会形态上来讲，过去的人际关系显得非常紧密，家人共处同一生活空间，缺乏独立空间的概念和经验。而现在的中国年轻人有机会独立生活，甚至会从大学时就开始租房子，享受一个人的生活空间。但是，年轻人在很多事情上却没有办法独立决定自己的生活。因此，回到不婚、不育、晚婚的问题上，有一个重要的原因是：他们独立生活的时间越久，可以自己独立作决定的可能性越小。

有人说："我才不想结婚呢，我不要跟别人一起生活，我想一个人生活，自由自在，想不理谁就不理谁，想怎么过就怎么过，这样的生活太舒服了。"

有一个大学生经常玩失踪，每隔一段时间就会消失不见，这让父母和老师非常抓狂，有几次父母和老师因为找不到他而报了警。咨询师问他："为什么你会隔一段时间就消失呢？"（当然这排除了他有精神疾病的可能）他说："我实在受不了所有的事情都被安排好的感觉，每当我觉得自己快受不了的时候，我就会消失，否则我会发疯的。"这个男生谈过一次恋爱，但很快就分手了，分手的原因很简单，他说："我发现这个女生跟我妈妈一样，每天都要检查我在哪里、在做什么、有没有什么情绪上的变化，她说她是关心我、爱我，可是我实在受不了啦，我想要有独立的心理世界。"

他的前女友感到很委屈，她认为自己做的这一切都是因为爱他，可是她并不知道自己踩了这个男生的雷区。这个男生有被过度关注的经历，他对被过度关注有窒息的感觉，当别人频繁关注他的时候，他的糟糕记忆就会被唤起。为了避免痛苦，他选择分手。

中国有不少家长会选择给孩子当陪读，这成为一种特别的现象。事实上，很多孩子都感觉很痛苦，他很想拥有自由，可是因为处在某种困境中，他不能自己作决定，不知道如何应对困难。父母觉得孩子无法处理自己的生活，仍把他们当成小孩看待。因此，家长陪读会给孩子造成更严重的问题。[①]

不知道有多少人能意识到年轻人缺少心理独立空间是一个大的问题。我们的年轻一代确实拥有广阔的物理独立空间，就拿看电影来说，过去人们看电影都是上百人聚在广场上，而现在的电影院只能容纳几十个人，这说明现代社会更注重个人空间。现在的商场也会有很大的公共空间，住宅的私密空间更是越来越多。虽然年轻一代的物理空间早早就独立了，但心理空间却不独立。

啃老

第五个影响不婚不育的原因是啃老。有些年轻人跟父母共住，这样就有更多机会花父母的钱，而不再需要花费时间和精力去独立学习和工作。中国台湾地区把啃老族称作尼克族，意思是没有接受教育、没有工作、不是学生或实习生、不是工作人员、不升学、不进修、不就业、无所事事的族群，他们的衣食住行都依靠父母，而且花销很大，甚至超出父母的承受能力。这个群体的年龄集中在22~40岁，被称为新失业群体。不是因为他们找不到工作，也不是因为经济不好，而是他们不愿意工作。这个现象在中国大陆出现得比较晚一些，但在很多地方也已经备受人们关注了。有很多媒体报道过这样的啃老例子，甚至有一些年轻人还被父母告上了法庭。

英国某保险公司通过调查发现，到2025年，英国将会有380万年龄在21~34岁的年轻人和父母同住，这将比目前的数字增加超过1/3。[②]

---

① 参见宋健：《陪读现象背后的当代中国家庭》，《人民论坛》2017年第30期。

② 参见《英国：未来10年“啃老族”将增加上百万》，人民网2016年5月30日。

啃老族之所以能够存在，是孩子和父母双方导致的结果。也就是说，只有啃老的人，没有愿意被啃的人，是不可能发生这种现象的。在经济不发达的20世纪80年代，社会上几乎不存在啃老现象，那时候社会上流传的话是“穷人的孩子早当家”，13岁左右不上学出去捡煤球、上山打柴补贴家用的孩子比比皆是。所以说，当代的啃老族之所以能够存在，是双方导致的结果。

这不是在批评父母，而是要求我们看得更远一点儿，从社会发展的角度来看这个现象。啃老族之所以能够诞生，其中一个原因是我们的社会经济在高速发展，很多父母比上一辈有了更多的积蓄，有能力养育孩子更久的时间。

有一个家长来做咨询，他的问题是孩子学习成绩不好，几乎所有科目都不及格，他担心孩子再这样下去很快会被学校开除。他说：“我苦苦相劝，要儿子好好学习，我实在弄不明白为什么他不愿意好好学习，我从他上大学开始就跟他讲‘你不需要有任何生活的压力，你学习也不需要太好，尽力就行。我会把其他一切事情安排好，你不需要担忧除学习外的任何事’。”

我问这个家长：“你说的不用担忧，具体指什么呢？”他说：“我跟儿子讲‘我已经给你买好房子了，你不需要担忧自己的将来，哪怕没有找到一份特别好的工作，也没有关系，爸爸公司的状况还不错，你可以来公司。钱挣多挣少没关系，我们的养老问题，你也不用担心，我们已经买了相关保险，即便将来我们身体出了问题，也有高额的医疗保险用以支付治疗费用’。我们在他这个年龄承担了很多压力，不想再让他跟当时的我们一样。他只需要好好珍惜，好好学习就可以了。但是我不明白为什么儿子就是不愿意学习，其实他并不笨，可是每门考试成绩都不及格。”

我对这位家长说："听你这样讲，我实在想不出你的儿子有什么必要好好学习。他生活中所有需要努力的部分，你都帮他解决好了。他为什么还需要努力呢？他为什么要做自己不喜欢的事呢？他完全可以轻松地过日子，不用学习的。换作是我，我也不想考试及格，我就想去做一个快乐的人，做好自己想做的事就好了，因为我的父母已经帮我把未来的事情都安排好了。对于一个18岁的年轻人来说，他是需要在大学生涯里对未来有一个追求的。所以你可以告诉他'我可以养你到22岁大学毕业，到时你就需要自己去赚生活费了，你需要为你自己的未来规划，你需要自己努力，我可以在你遇到困难的时候帮助你，但都不是义务和无偿的了。比如，你可以继续住在家里，但是你大学毕业之后便需要交房租给我'。"

我举这个例子是想说明，有一些人的啃老行为是父母在无意识中造成的。父母在无意识中给孩子的啃老做好了一切准备。案例中的家长便是用他的行动来告诉孩子——你不需要为自己的未来努力，房子、票子、工作这些事情我都帮你搞定了，你完全不需要操心，只需要学习就好了。

需要强调的是，我并不是在责备这对父母，他们的做法自有道理。他们是20世纪80年代的大学生，从小就背负着家庭的各种压力和期望，家人需要靠他们上学来改变命运，家庭甚至完全不知道如果生病有什么办法可以得到充分的救治，也不知道孩子的未来是怎么样的，更不知道孩子以后结婚了可以去哪里住。为了过上自己和家庭想要的生活，他们承担着各种焦虑。

当自己的孩子上大学后，他们每次面对孩子分享经验时，还是会重新回到自己上大学的焦虑中，因此他们愿意为孩子提前做好所有的准备，避免孩子体会到自己当年的痛苦。实际上，孩子跟他们是不一样的，孩子并没有体验过贫苦和高度紧张的生活；而父母买房子、买保险，其实是自我缓解心理压力。

啃老行为不是由年轻人一方造成的，而是个体与家庭互相影响所促成的。家长希望孩子对未来没有任何压力和焦虑，于是为孩子准备好了一切，所以，啃老行为是家长与孩子双方导致的结果。年轻人缺少社会经验，他们对未来的焦虑和恐惧在无意识中受到父母的影响，如果他们感受到的是父母不希望他们过高压力的生活，不希望他们对未来有不确定感，那么在潜意识中，二者一拍即合，孩子不愿意离开家，父母也在无意识中提供了经济支持。当然，父母在意识层面常常会劝孩子好好学习、出去找工作。而事实上，啃老现象如果能持续多年，就一定不再是孩子一方的责任，一定是父母提供了足够的经济支持。[1]

来访者，Z，家中独生女，36岁，曾在旅游局工作过，后来又换了几份工作，现在没有上班，没有结婚，没有恋爱，也没有生育。

Z高中毕业后离开家，在别的城市读书，通常只在过春节的时候回家。有一年，Z生家人的气没回家过年。Z认为自己是比较恋家的人，现在却独自一人在二线城市生活。Z没有恋爱经历，读书的时候收到过不少情书，但她一概不回。读高中的时候，她对班上的一个男生有好感，后来知道这个男生恋爱了，她也不觉得难过。因为父母催婚，Z相了10多次亲，基本上都只是见了男方一面，如果男方再约的话，Z一概拒绝。在Z的内心深处，她认为自己还小，可是一想到都36岁了，Z会有些焦虑。

① 参见刘汶蓉:《转型期的家庭代际情感与团结——基于上海两类“啃老”家庭的比较》,《社会学研究》2016年第4期。

Z认为自己是一个传统的人，没有想过要独身一辈子，但不接受姐弟恋，觉得应该找年纪大一些的来照顾自己。因为一直被父母催婚，尤其是父亲，所以Z跟父亲的关系很紧张。在日常生活中，Z性格开朗，与人沟通完全没有障碍，也有自己的闺蜜。尽管在与人交往中稍微偏被动一些，但她平时也参加很多社群活动，并没有什么不适的感觉，和异性的相处一般也没有什么问题，但是一旦关系深入，她就不知道怎么相处了。

咨询师在了解Z的个人情况时，仔细问过Z的既往史，发现Z并没有遭遇过性侵或暗恋受伤这一类型的创伤。Z提到过她一个人独处的时候也从未觉得寂寞，她喜欢听音乐、看电影，还经常做运动。

Z说，她初三的时候听母亲说父亲出轨，当时觉得母亲受委屈了，对父亲很生气。母亲说她跟Z说出来后心里舒服多了，Z很庆幸自己可以帮助到母亲，可以成为母亲的宣泄对象。父亲可能至今都不知道Z知道他出轨这件事。Z曾经很希望父母离婚，但是最终不知道为什么，父母关系反而相处得很好，他们也并没有离婚。

Z在咨询当中提到自己已经36岁了，也没有结婚的意愿，她不想跟很多人交往，尤其是男性，她对自己有一些怀疑，但是这些怀疑并不会让她痛苦。她会考虑自己为什么会是这样子，应该做些什么来改变这种状况。

谈到自己状况的时候，Z说，她一直单身，而且她觉得单身生活比较无拘无束，不需要考虑别人的想法，能更自由地安排自己的生活。比如说自己春节不想回家，可以跟团旅游，或到闺蜜家乡游玩。但是Z也能感受到现实带给生活方面的压力。因为自己没有上班，也没有工作能力的提升，这让她有一些自卑感；她会对父母存有愧疚；相亲的时候也曾经想过是不是自己能力不太行，因而对方对自己有一些挑剔。

对于这样的个案，我们可以从更宏观的角度来分析她的处境。在进行家庭咨询时，我们首先要注意避免偏见，也就是要保持中立。系统咨询最重要的立场是中立[①]，即不带偏见地看待事情，虽然很多时候不带偏见不太容易，但是我们要知道中立的立场对于系统式工作是很重要的。

对于“什么年龄结婚、跟谁结婚、结不结婚”的事情，咨询师需要反省一下自己是否有偏见。因为我们每个人都会不知不觉地在某些方面存有一些偏见。比如，有些咨询师认为某个地方的人不好相处；有些咨询师无法与有同性恋倾向的人一起工作。对于结不结婚这个问题，有些人秉持什么时间干什么事，年纪大了就一定要结婚；而有些人则持有“不结婚很好，这样很独立，很自由”的态度。这两者其实都带有偏见。

我们要做到对一切事情都不带偏见是不太可能的。我在训练咨询师的时候，并不会要求大家做到绝对没有偏见，而只是要求咨询师首先要了解自己的偏见，比如地域偏见、性别偏见。了解自己的偏见后，要做的第二件事情就是接受自己有偏见。我们如果在咨询中持有偏见，是很难进行工作的。所以第三个事情就是要学会在咨询中表达偏见，以一种诚实且中立的态度来表达。

这段话包含了两层意思，第一层意思是表达偏见，即“**我很公正、坦诚地告诉你，我并不像你想象中那样能够接受一切，但是我能够接受我自己有偏见，并且意识到我有偏见，但我愿意在这个基础上更好地了解你**”。

---

① M.P.Selvini, L.Boscolo, G.Cecchin & G.Prata, “ Hypothesizing - Circularity-Neutrality: Three Guidelines for the Conductor of the Session”, *Family Process*,Vol.19,No.1（1980）,pp.3-12.

第二层意思是在表达偏见后，我们要继续表达对对方的好奇，并愿意跟对方一起深入探索。

在系统咨询中，确保自己保持中立的态度和立场后，接下来就要对个案进行全面了解。以Z为例，我们不仅要了解Z从小到大的情感发展历程，还要更广泛地了解她生活各方面的情况，比如经济状况。

所以问题来了，一个36岁的女性，换了几种不同的工作，没有积蓄，却可以在二线城市独自居住，这个生活成本还是挺高的，而且她还能找咨询师，这花费也是不小的。那么Z的经济来源是什么？难道是她的父母在为她支付房租？甚至在为她支付心理咨询费？Z还有业余爱好，会去听音乐会、看画展、看电影，这些消费在二线城市并不低。另外，她还会跟闺蜜去旅行。所以，有没有可能是父母在给予她经济支持？因此，经济问题是咨询师需要了解的，这是作为了解Z现实功能的一个重要参考，也就是我们需要对Z进行现实性评估。

Z是在自己有足够经济能力时积攒了一大笔钱？在无业期间投资股市或做其他投资来维持自己的生活呢？还是跟父母有一个默契，即便她不工作，父母也可以支持她的花销，维持她的生活？这里体现的就是家庭咨询的关系角度。Z已经36岁了，虽然不跟父母在同一座城市生活，但她仍然有可能是隐性啃老，这样她才可以在父母的支持下不用工作。

在全面了解Z的生活之后，我会给出不同的建构[①]。Z和其他有类似情况的年轻人相比，智力情况比较好，能胜任不同类型的工作，人际关系也还可以，有不少闺蜜，也有过跟异性相处的经历。Z没有明显的创伤，在

① 有关建构的内容推荐阅读美国作者肯尼斯·J. 格根于2011年出版的《语境中的社会建构》。

跟人交往和咨询的时候，她都能够保持良好的交流，维持正常的咨询关系，这些表明她的一般社会功能是良好的。那么在这样的状态下，如果她觉得对自己不了解、存有困惑，而且想作出改变的话，可以从两个方向进行建构。

第一个建构的方向：有可能Z从小到大在家族中承受了很多期待。父母的原生家庭比较亲密，母亲的兄弟姐妹会介入Z父亲出轨这件事。Z上学后，父亲家族的人会给Z家一些经济支持，父母两边家族的人都对Z有很多期待。这种成长经历会使长大的Z更愿意远离这种传统文化，避免家族人员过于亲密的生活形态，而选择独自生活。

从家族的角度来讲，Z远离自己的原生家庭和故乡，独自在异乡生活，并且没有生活焦虑，这有可能因为Z代表了整个家族的内在需求。家族需要一部分独立性，需要一部分远距离的空间，让家庭呈现出不同的形态，而不是所有的家庭成员都紧密联结在一起。也就是说，Z一定程度上在完成父母没有完成过的独立，完成父母对于独立生活的追求、对心灵空间的追求、对自由的追求。

孩子会在无意识里完成父母的期待，比如小说《家》《春》《秋》里写到的，老大告诉自己：“我是家里的老大，我要承担家庭的责任。”他对弟弟们却说：“你们可以去外面打拼，去看看世界的精彩。”**家族里不同的孩子在承担不同的责任、履行不同的使命，这在家庭治疗里被称为派遣。**[①]

Z在远离父母的城市里独自居住，不急于找工作、也不急于结婚，这有一种象征的意义，似乎是Z在替父母实现他们未曾实现的对自由的追求。

第二个建构的方向：Z的父母那一代人从小有过多的经济压力，每一

① 参见傅文青、岳文浩：《家庭关系与个体心理行为障碍：家庭的派遣偏异》，《精神医学杂志》2000年第4期。

个孩子都在为家庭承担很多的责任，要拼命打拼，努力赚钱以确保以后生活衣食无忧。父母在40~50岁积攒了足够的财富后，Z 作为孩子就可以替他们过衣食无忧的生活了。这体现在：Z 不需要着急找工作，也不需要着急结婚，更不用着急跟别人生活在一起，Z 可以独自富足地生活。

我们这里对于 Z 的建构，是从代际关系和家庭发展的角度来看的。一般家庭会把培养孩子当成主要的目标，那么父母就会把自己的期待、未完成的情结，甚至终生感到遗憾的一些愿望投注在孩子身上，孩子会有意或无意地来承接这一部分。比如有些人说，“我必须学医，因为我家人很需要医生照顾”。这就是家庭的一个派遣。孩子承接家庭的派遣是一个有意思的状态，而且有时候一些家庭的派遣使命是无意识的，这更需要我们通过建构将其揭示出来。

请注意，**这样的建构用的不是缺陷取向，而是资源取向，这是家庭咨询很重要的原则之一**。Z 没有能力出去工作、没有办法找到伴侣结婚，这就是缺陷取向；而没有去工作是在承接父母没有完成的愿望，Z 是在帮父母实现某部分的愿望；Z 的父母在青年时无法衣食无忧地生活，而 Z 实现了，这就是资源取向[①]。

资源取向在这个个案咨询中还有另一个应用。原本 Z 所呈现出的困难处境似乎是难以解决的问题，当我们从资源取向来进行多元建构时，建构出来的是个案和家庭成员双方的主动选择（可能是有意识的，也可能是无意识的），是当事人可以选择的部分，这是赋能的过程。Z 其实也可以去工作，但她选择了代表父母在家族中实现自由和不纠缠的部分。

---

① 参见赵旭东、宣煦：《“资源取向”家庭治疗的操作技术》，《中国临床心理学杂志》1999年第2期。

在分析这个案例时还要注意一点，咨询师会担心Z不婚是不是受了父母关系的影响，因为父亲出轨使得Z对婚姻失去了信心，这里就涉及对创伤的评估。的确，有些人会受到父母婚姻关系带来的不好影响，但是到底会带来多大的影响呢？我们从整体来看Z的个人生活、工作和社会关系，通过对Z进行评估，会发现她基本适应良好，因此即便是父亲的出轨对她有所影响，也是在Z能够处理的范围之内。

有些咨询师会问，我们做多元建构后要怎么办呢？系统式家庭咨询更强调我们帮助个案建立多元建构、多角度的认知后，进一步询问当事人会产生哪些新的想法和感受，甚至要直接问当事人："你回去后会有哪些行动上的倾向呢？你愿意做些什么吗？"

咨询师要给予个案更多的时间思考自己产生改变的意愿和动力，然后在接下来的咨询中交流有什么样的变化会产生，而不是立刻帮助个案改变自己。

第3节　成人及恋爱（3）

成人阶段的特点

在整个中国的现代社会中，从成人迈向婚姻这条路比以前更长。现代社会有更多的人选择晚婚晚育，甚至不婚不育。我在前文中提到，成人阶段的延长原因有五点：1. 教育年限变长；2. 分离困难；3. 性成熟比较早；4. 家庭规模变小；5. 啃老。

这五个原因主要针对一般家庭。随着现代城市化进程的加快，在城市生活的人越来越多，咨询师在做咨询工作、面对家庭时，可以尝试结合上述五大原因进行思考和分析。但也有的咨询师遇到的家庭咨询情况非常复杂，除以上五个影响因素外，还有其他更多复杂因素。所以，如何在复杂困难家庭中开展咨询工作，是接下来我要讨论的问题。

复杂困难家庭的类型

离婚家庭

现代社会的变迁导致家庭形态的多样性。一个简单数据显示，中国现代的离婚率上升说明离婚家庭变多[①]，这种家庭的子女在生活、成长方面会面临很多难以预料的困难。

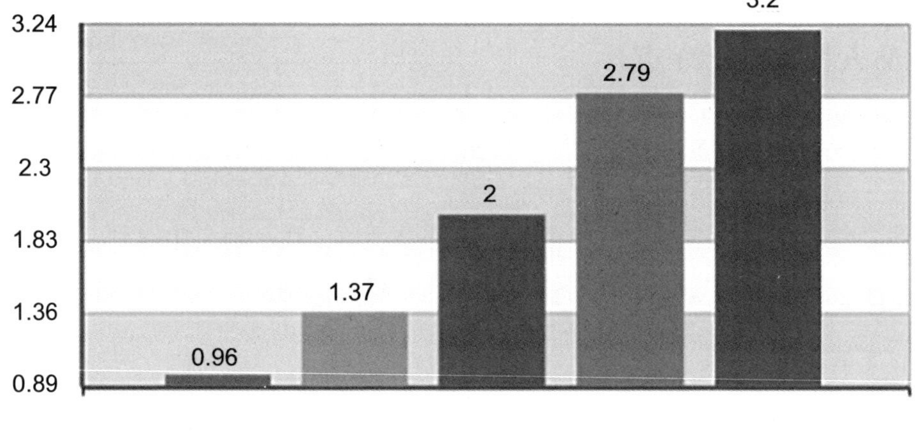

2000、2005、2010、2015、2018年粗离婚率

（数据来自：中华人民共和国国家统计局。粗离婚率：指某地区当年离婚对数占该地区年平均人口的比重。计算公式为：粗离婚率 = 当年离婚对数 / 年平均人口数 ×1000‰。）

---

① 参见程忠：《中国离婚率攀升的影响因素研究——基于中国284个地级市离婚率数据的空间计量实证分析》，《制度经济学研究》2018年第2期。

再婚家庭

在再婚家庭里，关系也许更复杂，这种家庭往往存在双方带来原家庭子女、双方无原家庭子女、再婚之后新子女的适应等情况。还有一种再婚家庭更加复杂：既有从原婚姻中带来的子女，又有新婚姻中的子女共处的情况。

分居

有一些人并没有离婚，而是分居。分居的情况也不同，有夫妻二人同住一个房子的分居，也有二人住在不同地方的分居。对于住在同一个房子里的分居父母，他们的孩子面临着大家都没有谈破的关系问题；对住在不同地方的分居父母而言，他们的孩子面临着要探望住在另一个地方的父亲（母亲）这个问题。

冷战

父母没有分居，但是处于冷战的状态。这时，孩子要面对的是父母生活在同一个房间和同一张床上，但空气是冷冰的，像是有一堵墙隔在他们当中。

失联

比分居还糟糕的是失联。有的家庭中是父母一方失去了联系，1个月、1年，甚至10年、20年。有一个来访者自出生后，父亲就失联了，在20岁的某天，他接到电话说父亲病重，要他去继承遗产。像这样的情况，来访者从来不知道自己的父亲在哪里，突然有一天知道父亲在哪里了，又要卷入一场法律官司中，这对来访者的成长是非常有挑战性的，因为他需要面对由至亲失联到关联所产生的一系列难题。

入狱

指父母一方在监狱，甚至是双方都在监狱。有的刑期短，有的刑期长。有的孩子有探望机会，有的孩子从来没有探望机会。在这样的家庭里，孩子在成长当中也会遇到非常多的困难。

失亲

指丧父或丧母，甚至是极端情况——父母双双去世。在这样的家庭里，孩子的成长变得很困难，孩子的后续成长可能有近亲属抚养，但父母去世的伤痛给孩子留下了难以抚平的创伤。

说到这些情况，我心里是很难过的。作为咨询师，我常常会遇到各种复杂困难家庭里成长的人，他们的原生家庭里有各种各样的问题。面对这些情况，我们需要有比理解一般家庭更大的耐心、更多的技巧训练和理论支持。

以上是个体在成长过程中会出现的复杂困难家庭的类型。在这种复杂困难的家庭里，来访者必然会面临很多困难。

复杂困难家庭的困难

复杂困难家庭的困难像一个魔咒，叫“历史会重演”，精神动力学称之为**强迫性重复**（repetition compulsion）。

我们可以通过著名小说《雷雨》来看这个“历史会重演”的现象。《雷雨》中的鲁妈在年轻的时候爱上了公馆的少爷，她害怕女儿长大后会走跟自己同样的道路，但是有一天，她惊讶地发现女儿像她当年一样爱上了少爷，鲁妈凄惨地叫道：“天哪，这不公平的命！”鲁妈看到自己的命运在女儿身上重演了。

复杂困难家庭里似乎有一个魔咒，世代怎么也绕不过去。这就好比民间说的鬼打墙，你无论怎么走都会撞到那堵墙。对复杂困难家庭来讲，这个魔咒似乎是：“我们家有这样那样的困难，为什么我们就走不出来，也许是有人下了咒，也许是命不好。”在这样的家庭里，家庭成员像是被诅咒过了，常常感到无能为力。

强迫性重复除了受心理的影响，更主要的原因其实来自于困难的环境，也就是说复杂困难家庭成员的那种成长经历。我们要充分考虑现实因素，而不是心理因素。在系统式咨询工作中，我们要把眼光抬高，从来访者个人身上放眼看去，去看他的现实困难、他的生存环境。在困难环境中成长的人所遇到的困难，一部分来自于客观，还有一部分来自于主观。

举个例子，我们如何看待《雷雨》中鲁妈的情况？首先我们要看到她所处的困难环境，这是客观部分。鲁妈有现实性的困难，她没有办法做更好的工作，只能在公馆里服侍主人；她没有受过更好的教育；没有钱去投资。这些客观现实因素妨碍了鲁妈更好地去生活。鲁妈不可能给女儿提供好的住宿条件和教育条件；在对待孩子方面，鲁妈无论在现实上还是心理上都有困难。比如说，她没有更高的眼光来看待自己的命运，没有办法对孩子所遇到的困难从不同的视角加以解释，她相信这是命。每当这个时候，她就更容易选择屈从。这是她的主观世界带给女儿的困难。鲁妈没有办法给女儿提供一个主观现实，这个主观现实表现为有弹性、多角度看问题，积极乐观的态度等，这个属于环境部分。

我们谈到复杂困难家庭中成长的部分时，一方面要用动力学去探讨强迫性重复的心理现象，同时一定要训练自己把更多的眼光投到现实环境中的困难部分。这个困难既包括客观的物质条件，也包括主观的心理世界。这个训练很难，却非常重要。我们回到那个祈祷文：

> 上帝啊，
> 请赐予我平静去接受我无法改变的，
> 赐予我勇气去改变我能够改变的，
> 赐予我智慧去分辨这两者的区别。

鲁妈到底能不能改变命运？一个人在困境中能不能找到一条新的道路？这受诸多因素的影响。如果咨询师只探讨心理上的强迫性重复，而不去看待现实困境的话，可能没有办法帮助来访者及其家庭，无法让他们学会努力面对困难，并停止把精力耗费在无法改变的事情上，也会使得他们没有办法和耐心寻找可以改变的部分，最终错过了改变的机会。

面对复杂困难家庭，我们要从大处着眼，要看到很多客观的困难和主观的现实是个人难以在短时间内改变的。这样，我们就会从抱怨、责备和无谓的努力中解脱出来，去做努力一点儿即可见效的改变。

那么，我们应该怎么去做建构，从而促使来访者做这个小的改变呢？以鲁妈为例，她说命运是不公平的，这个时候她的建构就是命运主宰了她。我们可以问她："假如这不是命，是否可能有不同的结果？"假如我们可以教会鲁妈和她的女儿一起用稍微轻松一点儿的状态对问题产生不同的建构，那么也许她们在未来跟主人相处时就会有小的与以往不同的改变。

这就是复杂困难家庭所面临的困难。对于咨询师来说，要带领家庭成员了解可能性影响因素——包括重大因素，也包括小因素——目的是区分哪些改变容易发生，哪些改变不容易发生。我们要增加的是区别这二者的智慧。

复杂困难家庭的成长

家庭是一个小的集体，每个人在集体当中都有自己的位置。从功能上来讲，家庭中的每个人在集体中可能扮演了不同的角色。那么，在这样的复杂状况里，来访者可能会承担什么样的角色呢？

调节者

如果父母充满矛盾，或者在离婚之前有很多争吵，离婚之后有很多纠纷，那么孩子很可能会成为调解者。有些人在咨询中说："我父母经常吵架，吵得不可开交，我必须出手安抚一方，再遏制另一方。如果我不出手，他们可能会离婚。每当我出手把两边分别安抚好，他们就可以太平一段时间。"在这种情况下，来访者就是父母婚姻的调节者。有些来访者不仅在冲突现场充当调节者，还经常在其他的事情上充当调节者，比如当父亲离开的时候，他会负责做安抚母亲的工作，让母亲消气，帮助母亲责骂父亲等，也可能在父亲离家之后劝父亲回家。

回避者

有人说："从小我父母就常吵得非常激烈，每次看到他们吵架，我都非常害怕，我总觉得是灾难来临，根本无法面对。只要他们吵架，我就会立刻回到自己的房间，把房门锁上，躲在床下面用被子捂住头，直到他们没了动静我才会出来。有一次，他们吵了4个小时，我又饿又冷地在床下面睡着了，醒来的时候家里一片安静。"这种人就是回避者。

照顾者

有一种孩子在父母吵架的时候，会在旁边负责照顾他们。比如，父母打破了头，孩子就负责找纱布包伤口；父母摔碎了碗，孩子负责把碎片打扫干净；父母一方哭得很厉害，孩子会拿纸巾递水。这样的孩子在困难处境当中就充当照顾者的角色。

替代者

还有一种来访者的父母离婚或一方消失不在，他会替代不在的一方行使功能。比如，父亲不在的时候，孩子会充当保护母亲的角色，孩子可能会帮助母亲做饭、洗衣服。这样的孩子就是在充当替代者的角色。

攻击者

有时候，在父母有冲突或冷战的情况下，孩子会成为一方的代言人，替一方攻击另一方。比如，孩子回到家会对不干活的父亲大吼："妈妈那么辛苦，难道你不能多做一点儿事情照顾她吗？"这是孩子在扮演攻击、指责的角色。比如，母亲经常出去玩而不照顾父亲，孩子会攻击母亲："你哪里像个妻子，你分明就只顾自己。"甚至有的孩子会骂自己的母亲不守妇道。

替罪羊

当夫妻有冲突或者离婚时，他们常会把罪责归到孩子身上，有时候母亲会对孩子说"如果不是因为你，我早就跟你爸爸离婚了""为了你，我才含辛茹苦""为了给你要钱，我才经常跟你爸爸吵架""没有你的时候，我们过得还不错"……在这种环境下长大的孩子，可能从小就会把自己当作是父母不幸福的罪魁祸首。

复杂困难家庭孩子的认同

所有的角色只是表面的一个标签，有时候一个人会充当其中的一个角色，有时候一个人可能会充当其中的两个甚至三四个角色。来访者有时能给自己贴上角色标签，如"我是他们的替罪羊"；有时则是咨询师帮助来访者发现他在家庭中所充当的角色、所发挥的功能。回到建构主义，来访者身上的这些角色其实是建构的产物。从这个角度来讲，如果来访者给自己贴一个标签，我们可以给他贴更多标签，这也意味着帮助他做更多的建构，从而帮助他从一个僵化的自我认同中走出来，这会给他带来一种改变。

在复杂困难家庭中成长的个体，有一个核心的问题就是认同的困难。一个人之所以能够成长，一定是有认同的对象，并不断地把认同对象内化，最后变成成熟的自我。在成长过程中，我们在意识层面和无意识层面都会认同抚养者，认同的过程中也会有一些问题，如不顺利、冲突和挣扎，其中最主要的困难就是同时认同一对互相冲突的父母。尤其是父母在孩子面前互相冲突，当他们在冲突的时候，还要同时把脸转向孩子：你愿意支持谁？假如我们离婚，你要跟谁？在这样困难的家庭里，孩子有时候很想快点长大离开家。但是，孩子有时候也会想千万不要长大，因为父母说了“当你18岁的时候，我们就离婚”。因此，在复杂困难家庭里成长的孩子会面临诸多挑战。

认同包括个体对父母一方或者双方表面上的认同，以及内心深处无意识的认同。比如，在家暴的家庭里，父亲酒后打母亲。表面上，孩子可能支持母亲，也会非常愤怒地阻止父亲，甚至是痛恨父亲。可是在内心深处，孩子也许对母亲并不认同，甚至会想“你为什么那么软弱，为什么还要跟他在一起，为什么每次都要说刺激他的话”。而且在孩子的内心深处对父亲也有不同的认同，比如会觉得暴力的父亲打母亲是不对的，但是看到他在外面用拳头吓退邻居时，内心深处又暗暗地佩服父亲。

有时候，势均力敌的父母逼迫孩子选择双认同。比如，“你们都对，我觉得你们都对，你们不要吵了”。这是双认同。有的孩子会说：“你们都不对，你们从来都不对，你们把家里搞得乌烟瘴气，我再也不想待在这里了。”这是双重的否认拒绝。那么在家庭咨询过程中，我自己最喜欢用的一个概念叫作“分裂的忠诚”。无论表面还是内在，每一个孩子都有来自父亲的经验和来自母亲的基因，从生理上和心理上，他都需要认同父母双方，所以，在复杂困难家庭当中认同父母双方就需要把自己分裂。“分裂的忠诚”总是让我感觉到心酸，同时也佩服孩子具有奇迹般生长的力量。

当我们面对复杂困难家庭的来访者，应该用什么样的概念和策略工作呢？

丽丽，29岁，微商，有时候通过陪酒来增加收入，父亲在她12岁时去世，母亲强势，对人豪爽，对家人脾气非常大。丽丽有一个弟弟，曾经吸过毒。丽丽以前靠陪酒年收入达到20万，认识了前男友后就减少陪酒工作，收入也随之减少。

前男友家庭很复杂，父亲在8岁的时候去世，母亲改嫁后跟继父生活。前男友也吸毒，而且几乎没有收入。二人分手以后，前男友找到了新女友，新女友也是陪酒的，性格温柔，可以负担前男友的经济开支。丽丽希望跟前男友复合，可是前男友不愿意。为了避免丽丽的纠缠，前男友假装跟现女友领了结婚证，但丽丽为了挽回前男友，主动要求发生性关系，而且动不动打电话给前男友。

在咨询的过程中，丽丽会制订计划，想好什么时候见面，见面的时候要达成什么样的目标，但是第二天就忘了，然后又会拼命打电话给前男友。她感觉自己对前男友感情很深，每次咨询之后她觉得内心会有力量去挽回，挽回不顺利就会想放弃，然后又重新回到咨询中。

咨询师觉得丽丽情绪化严重，她有时候想放弃，有时候又充满信心，一直处在这种循环当中，甚至对咨询师的态度也有很多变化，有时很理想化，有时有攻击性，从而使得咨询师的处境变得艰难。我们应怎样来处理这样的个案呢？

共情

咨询师要全面了解并支持个案的家庭背景情况。不仅需要了解丽丽、丽丽的前男友，还需要了解丽丽自己的家庭、前男友的家庭、前男友的女友等。在了解诸多信息的过程当中，咨询师需要支持来访者，一个简单的支持办法就是共情。比如，丽丽生长在一个处境困难的家庭中：父亲早年去世，母亲脾气大，弟弟吸毒，前男友也吸毒，前男友父亲早逝，母亲改嫁等。这些因素放在一起，给来访者营造了一个非常困难的家庭和生存环境，其中的人物关系也非常复杂。

看到这些之后，共情就变得很容易。咨询师可以告诉来访者："我听到你的故事，甚至要花很大的精力仔细去听才能够听得出人物之间的关系，才能够厘清事情的发展顺序，生活在这样的家庭里的确很不容易。"这就是对来访者处境的理解，对来访者情感的支持，"在这样的家庭背景当中出现什么样的困难都是可以理解的，换任何人也都很难在一朝一夕间发生改变。"

支持

当来访者不断地强调自己的痛苦决定和计划时，咨询师要给予充分的关注。很多时候，咨询师因为不熟悉这样的家庭，或者接待经验比较少，对于这样的家庭和生活方式会非常不耐受，会立刻想要去改变来访者。比如，咨询师可能会给出"你前男友来找你的时候，你能不能不答应他""你既然已经跟他分手了，就不要再联系了"等建议。这主要是因为咨询师不耐受这样的状况，想要从这样的状态里解脱出来。咨询师能够陪来访者处在这个状况里，本身就具有支持的作用，会让来访者觉得“你是跟我在一起的，你可以理解我，你将会支持我”。这种做法对咨访关系非常有好处。

找角色

咨询师要帮助来访者在这样的家庭互动中寻找自己的角色。在系统式的咨询工作里找角色，意味着咨询师不要找到单一的角色就停止，而应该发现至少两种以上的角色，这就是多元建构。比如，丽丽生活在这样一个家庭里，之前她的年收入高达20万，她是家庭的顶梁柱、主心骨和主要经济来源，当她跟前男友的关系疏远时，她努力想解决问题——想拉回。在这个过程中，我们看到她的角色是一个解决问题者，而不是一个被动的等待者。丽丽在放弃和挽回之间不断地变换，这也可以让我们看到来访者具有多面性，也具有多种解决问题的方式。她所扮演的角色类似于变色龙，有时候是红的，有时候是绿的，在复杂的关系中不断变化着。

聚焦资源

在探讨过程中，咨询师除了帮助来访者发现角色外，还要聚焦在资源上——她每次用什么资源解决问题。一方面，来访者做了很多努力；另一方面，她又愿意学心理学，并且愿意寻求咨询师和医生的帮助，说明她对于外界的求助具有开放性。所以从这个方面我们可以看出，她善于利用多种资源。很多次来访者对问题的解决都是暂时性的，但没有关系，暂时的解决也是解决。比如，一方面，丽丽看心理学方面的书，这些书帮助她对自己有了更好的理解，那么心理学方面的书就是丽丽的资源；另一方面，丽丽会去看心理医生，当被诊断为焦虑症的时候，她积极吃抗焦虑的药，这说明她是善于利用医学资源的。

开始建构

咨询师可以跟丽丽一起建构，比如说："你在家庭里是一个积极主动解决问题的人，假如你不做积极主动的那个人，你跟男友的关系会有什么不同吗？你会用什么方式解决问题？在别人解决问题之后，你会做什么不同的行为吗？"

关于事后的建构，丽丽不停地想跟前男友复合，那么咨询师可以对丽丽的复合之事进行建构："当你跟前男友复合之后，你们的生活会有什么样的不同？请谈三点可能的生活形态。"当丽丽越过复合这件事去考虑未来的时候，也许会让她对现在的努力产生怀疑，甚至动摇。这时候，丽丽可能会想："我跟他复合之后，也许过不了三天，我们又会回到从前的那个状态里。我们又会彼此厌倦。"

当丽丽做了这样的建构之后，她的复合动力有可能就被减弱了，对未来的建构可以影响现在的认知和行动倾向。当丽丽有了这样的想法、完成了不同的建构时，我们回到系统家庭咨询里，并不急于让她立刻有巨大的改变，我们会跟她说："请你回去想一想，我们下次再谈。你也可以观察自己的生活是否会有一点点不同。"所以，请不要急着把故事翻到最后一章，看故事的人要按耐住急切的心情。

这就是系统家庭咨询里的一个重要训练——**关注过程，而不是结果**。

03

新婚家庭

第1节　新婚家庭（1）

新婚家庭面临的变化

本章将进入家庭生命周期的第二个阶段——新婚阶段，主要探讨形成家庭阶段所面临的复杂处境。

我们在前面用了四章的内容探讨了基于家庭生命周期——从成人到死亡的第一个阶段，也就是成人及恋爱阶段。第一个阶段是为后续家庭做准备的阶段，无论是从身体上还是精神上，这都是一个很重要的准备时期，准备好之后就要进入家庭。也就是说，一个人从最初的原生家庭独立出来，经过一段时间，他将最终作出一个重要的决定——恋爱、结婚、成立新的家庭，对于他将来的孩子来讲，他的婚姻就是孩子的原生家庭。

现在社会上有很多热点问题和现象，比如说保姆式妻子、守寡式婚姻、婆媳大战、两地婚姻等，还有一些夫妻决定不要孩子，他们一直处在家庭的形成阶段，没有进入扩展阶段，这些现象吸引了很多人的注意。我想说，在家庭的形成过程里，新婚家庭阶段对于所有家庭来说都是一个非常具有挑战性的阶段。

在第一个阶段里，成人不断探索，尝试跟外部世界不同的人进行信息交流和学习，尝试建立亲密关系，但这个阶段充满了挑战，有很多困难是难以预料的，复杂程度是难以估计的，当他们来求助的时候，咨询师有可能会严重低估其面临挑战的严重性，因此这个阶段的咨询也充满了挑战。

一个人在原生家庭生长20多年，之后参加工作，在社会上独立生活一个阶段，他从原生家庭的一种文化进入独立生活的一种新文化，这中间大概有几年的时间。之后，他进入形成新家庭的阶段，需要再次从两种不同的文化里走出来——一个是原生家庭以父母为主的家庭文化，一个是独自在社会上打拼的文化。

当两个人最终决定结婚形成新婚家庭的时候，实际上是两个年轻人从两个不同的原生家庭里生活20多年，然后又经过5年或10年的独立生活后才结合到一起，这样的情景本身就足够复杂。以前有个电影画面，两个人结婚，婚床上躺着的并不只是新郎、新娘，还有各自的父母，所以婚床上一共躺着的是6个人。但实际上这幅图还是简化了其中的矛盾。如果我们单独来分析新郎、新娘，这两个人其实各自还有两个部分，一部分是原生家庭中作为孩子成长的20多年经验，另一部分是作为独立的成人成长的5年或10年经验，这两部分的经验可能会差别很大。所以在这张床上躺着的除了两边的父母之外，新婚夫妻两个人的身上至少有两种重要的不同经验在影响着他们。

之所以谈到这些，是因为我们在面对困难时，很多时候容易把事情想得过于简单，我们也常常在日常的谈话里听到有些人在提建议时说："这个事情还不简单，这样做就可以了。"当然，我想对于很多人来讲，生存的一个基本策略就是化繁为简——也有些人处理事情会比较细腻——这个在心理学上也是可以理解的。人们应对外界的复杂情况时需要的是分类简化的能力，这样才能更好地处理事情。

可能有些人听说过，在新婚家庭里，妻子对丈夫说："袜子就在你脚前，为什么不能捡起来放进洗衣机？"而丈夫可能对妻子说："袜子这个事情这么小，你已经跟我讲100遍了。你难道不爱我吗？你只是在乎一只袜子的存在。"大家在处理这些事情时，会采取一种觉得它很简单、很容易解决的态度，而事实上，常常是这样的态度会激怒对方，让本来想解决问题的双方进入对抗、焦灼的状况。

以上就是从原生家庭到独立再到形成新的核心家庭的变化。

新婚家庭面临的复杂局面

新婚家庭面临着很复杂的局面，主要分为三个方面。第一个是新婚夫妻双方的角色，第二个是新婚夫妻双方的责任，第三个是新婚夫妻面临的挑战。

新婚夫妻双方的角色

人们在新婚家庭里的角色跟以往不一样，最初在原生家庭中是孩子的角色；走向社会是独立的成人角色，回到家里又转变为孩子的角色；结婚后又从儿子或女儿的角色转变为丈夫或妻子、女婿或儿媳妇的新角色；当他们各自回到自己的原生家庭时，又从婚姻中的夫妻角色转变为原生家庭中孩子的角色。也就是说，和原来孩子的角色相比，他们多了两个非常重要的角色。

夫妻的角色和以前在原生家庭里的孩子的角色不一样，夫妻对方是同龄人，在家务和经济上是平等的。而作为女婿和儿媳妇到了对方家里，这个角色又跟自己在原生家庭里的角色很不一样。所以新婚夫妻是以一个陌生人的身份进入一个不熟悉的环境，同时又需要承担晚辈对长辈的照顾责任，这个角色具有不同的意义，也具有挑战性。

沟通分析技术创始人艾瑞克·伯恩（Eric Berne）曾经提到自我状态包括三种：父母的角色、成人的角色和孩子的角色，每个人都有这三个部分的角色，这三个部分在不同时候表现得不一样，有的时候是父母的角色占主导地位，有的时候是成人的角色占主导地位，有的时候是孩子的角色占主导地位。

丈夫和妻子在新婚家庭中扮演的是自我状态中的成人角色。通常夫妻关系是两个成人的合作，但是在有的关系中，比如说保姆式妻子，妻子可能更多地承担了母亲的角色；也有的新婚妻子像小女孩儿一样，需要丈夫像父亲般细心照料自己。在这样的夫妻关系里，成人的角色会略少一些，父母的角色和孩子的角色也许会在两个人身上同时出现，彼此配合。

当新婚夫妻回到各自的父母身边时，他们会重新变得像孩子一样，比如说去女方父母家，男方要听从岳父、岳母的安排，回到原生家庭中儿子的角色；另外还有一种情况，因为对方父母工作忙，或者是身体不好，那么新婚夫妻可能又要承担起对父母的照顾责任，这就像回到原生家庭里充当父母的角色。角色是多重的，也是可能发生变化的。

例如，一对夫妻结婚10年，妻子逢人晒恩爱，说丈夫是如何体贴入微地照顾自己，她可以随时撒娇，能得到无微不至的照顾。但是10年后，一个非常意外的事情出现了，丈夫跟她提出了离婚，她完全无法理解，也无法接受。丈夫对咨询师说："我提离婚的原因是我实在做够她的爸爸了。"在新婚阶段里，看似只有两个年轻人生活在一起，但生活并不像看到的那么简单，每个人身上会有多重角色。在不同的时间段，不同的角色之间会有转变。两个人的角色之间会互相呼应、配合、吸引，甚至是勾引。其中一个人可能会无意识地以某种方式勾引对方把自己当成女儿或儿子，因此两个人在组建新家庭的决策层面是很复杂的。

有咨询师问我："刘老师，那怎么处理才是对的，才是更好的？"我反复强调，在系统式咨询里，在以家庭生命周期为视角看待家庭咨询时，我们从来都不会急于去做干预。我们首先要花很长时间耐心地了解和理解来访者的家庭，做很多建构，之后才谈到怎么样去做，而且没有所谓怎么样做才是好的，我们并不看重标准答案，而是看中在探讨的过程中能得到哪些新的收获。

新婚夫妻双方的责任

在新婚家庭当中，不同的角色会带来很多变数，两个人各自会承担起不同的责任。

承担日常生活的责任。两个人建立新的家庭之后，要承担起日常生活的责任，比如居家的打扫、做饭、购物等，这样的日常生活，是两个人的责任。

承担处理关系的责任。在新婚家庭中，夫妻不可避免地要处理各种各样的关系。首先要和对方的原生家庭打交道，其次要和对方的亲属朋友打交道，再次要和街坊邻里打交道，最后要和各自的单位或者工作环境打交道。处理关系是家庭中两个人的责任。

承担经济方面的责任。新婚家庭中的两个人（尤其是在现代大城市里的两个人）都需要有经济来源，当然也有少数家庭会在结婚前商量好一方不工作（比如说女方）。但据统计，现代中国双职工的家庭居多[①]，也就是说大部分家庭都需要双方承担经济压力，为更好的生活负担起责任。

承担性方面的责任。婚姻是合法提供性满足的一种关系，夫妻双方为对方提供性满足是婚姻家庭里很重要的责任。有一些夫妻会因为其中一方拒绝承担性方面的责任而出现关系破裂，甚至走向离婚。性的方面是必然的需要，是享受。在新婚关系当中，有来访者做婚姻咨询的时候投诉对方在性生活中像死人一样。虽然双方也是在进行性生活，但是都没有享受其中。所以性方面的责任，是新婚家庭中一个很重要的内容。

承担娱乐的责任。两个人结婚之后，除了赚钱养家、做家务等，还有一个娱乐的内容。也就是说，两个人结婚后，双方都有义务为整个家庭营造轻松、愉快的氛围。也许双方并没有明确地指出这个责任，但没有完成这部分责任的人会带给对方非常多的挫败感。有些婚姻会因此出现很大的冲突，甚至解体。

---

① 参见佟新、刘爱玉:《城镇双职工家庭夫妻合作型家务劳动模式——基于2010年中国第三期妇女地位调查》,《中国社会科学》2015年第6期。

新婚夫妻面临的挑战

新婚家庭作为只有两个人的核心家庭，除了角色和责任之外，还有挑战。

在处理关系上缺少经验。新婚夫妻对如何成立一个家庭，怎样应对社会和生活，都是没有经验的。现在的年轻人在结婚方面比以前拥有更多的自由，很多人会选择婚前同居，这是一个解决办法。在同居阶段，双方会了解彼此的习惯，开始培养自己的一些新能力，比如合作能力等。总体来讲，新婚阶段的夫妻缺少各方面的经验，会面临非常大的挑战。

体力与精力的旺盛加剧冲突。新婚夫妻常处于20~30岁的年纪，所以新婚阶段实际上是双方一生当中体力最好、精力最旺盛的阶段，这对生命个体的成长发展是有好处的。但是对于一对没有经验的夫妻来说，两个人体力好、精力旺盛，却很容易发生冲突，并且冲突会很快升级，甚至变得持久。

对婚姻的全能想象。年轻的时候，人们对婚姻可能会有全能的想象，除此之外，对自己、对社会也都存在着这种想象。在25~35岁的生命阶段里，度过青春期的个体开始走向社会，尝试着建立自己的关系圈，发展自己的能力，获得一些工作上的成就，所有这些都可能使得他们在这个阶段里对自己、对关系有非常美好的期待，他们也常常把这种美好的期待当成真实的生活。

在婚姻当中，这种全能想象会演变成对对方的想象。“我爱的人是有能力的”“他应该可以满足我的期待”“他能够了解我没有表达出来的期待”“他爱我，所以他应该知道我的想法”……这些都属于全能想象。

在两个人的关系中，双方对对方、对生活都可能有很多的想象，但他们对处理这些关系缺少经验，当两个人观念不同、出现矛盾时，个体会期待对方能够更快调整自己、更快理解自己，认为对方爱自己就要想出更好的解决办法，这些都可能成为新婚夫妻的重大挑战。

有退路可选。有退路既有好处也有挑战。在新婚阶段，人们更容易有退路，因为新婚夫妻跟自己的原生家庭还有很多密切的联系。比如说，房子没装修好，去父母家吃饭；今天没米了，去父母家吃饭；工作太累不想做饭，去父母家吃饭。他们刚刚从自己的原生家庭离开，与父母分开的时间不长。父母也是非常欢迎他们回家的。所以当新婚夫妻遇到问题时，他们容易回到自己的父母家。

我们都是在独立之后从原生家庭迈出来的，独立之后再迈进原生家庭。新婚夫妻回到父母家可以有效缓解焦虑，但也可能使得双方在独立处理婚姻的挑战和困境时不愿意去面对。他们可以逃避，因为他们有逃避的地方。另外，在非常年轻的夫妻当中，离婚也是常见的一个选择。因为没有孩子，彼此的关系还不深入，离婚是很容易选择的一个方式。可见，对新婚夫妻来讲，他们关系的稳定性比较差。如果是背水一战，没有退路，反倒会让双方更愿意去面对问题。因为新婚夫妻没有更多的经济和孩子等的牵扯，有退路成了新婚家庭充满挑战的一个原因。

新的支持体系还没有建立起来。在新婚阶段，个体要面对各种各样的问题，如买房子、买车、新家离单位的距离变化、新的邻居等，还要跟配偶的原生家庭产生更多的交集。所以这个阶段的应激是非常多的，但实际上新的支持体系还没有建立或成熟。比如，搬了新家，与周围的邻居可能不熟；新家离单位更远，在单位获得支持的可能性会降低。而对于这些问题，他们本来是可以在原生家庭里获得很多支持的。

在新婚阶段，夫妻双方的原生家庭实际上也面临着新的应激，孩子的离开使父母面临着新的生活，父母要适应空巢带来的心理焦虑，以及因担忧孩子能否适应新生活而产生的焦虑。另外，父母作为原生家庭的代表，对于孩子的婚姻也有很多期待，如育儿的期待，这都会加剧两代人的冲突①。因此，原有的知识体系可能在新婚阶段没有办法很快到位，而新的知识体系也许还没有建立起来。

面对和克服困难时可利用的资源变少。现在的经济比以前发展更快，总体的经济水平和生活水平比以前好，所以现在的年轻人承受低质量生活的能力下降（事实上也没有必要去承受特别痛苦的生活）。对于新婚夫妻来说，当他们遇到很多生活、关系等方面的挑战时，没有受过太多委屈的年轻人放弃的概率就会增加，而面对困难、克服困难、战胜困难的力量和资源相对就会少一些。

对多元文化的适应。这一点非常重要，也是我经常强调的。在同一个家庭里，我们常常觉得因为有爱情，彼此就会接纳对方，很多事情就容易解决，但实际上我们低估了不同文化给我们带来的挑战。为什么在一个家庭里还需要适应多元文化？在中国传统的农牧社会中，人们以土地为家，常年生活在同一个地方，街坊邻居和自己的亲人之间非常熟悉，在这个文化里，大家相通性更多，彼此要认同更多文化的挑战是比较少见的。

首先是地域文化的差异。当今中国高铁的数量在世界名列第一位，人们的出行比例也在全世界高居前位，这意味着整个中国都处在流动的状态，外出旅行成为人们日常生活的一部分。人们在不同的城市间流动已

① 参见张思嘉：《婚姻早期的适应过程：新婚夫妻之质性研究》，《本土心理学研究》2001年第16期。

是很普遍的事。

流动的中国带来的一个现象是不同文化的人有机会聚集在同一个地方。春节的时候，北京的大街小巷空了，人们都去了哪里？在北京生活、工作的大部分人不是北京的原住民，他们来自不同的地方却聚集在北京。婚姻也一样，我们面对的是来自于不同文化的人，这给相处带来了很多挑战和困难，给婚姻带来了很大的冲突。

网络上经常会有评论南方人和北方人差异的帖子，有的人会在网络上分享自己作为一个南方人跟一个北方人结婚有多么不习惯，或者作为一个北方人到南方配偶的家里发现了非常多不可思议的事情。那些帖子反映出的其实是文化差异的问题。所以，流动的中国给我们每一个人的生活都带来了很大的冲击。试想一下，如果两个来自不同文化的人长期生活在同一个屋檐下，文化的冲击会给他们带来多么持久的影响。

其次是教育文化的差异。在多元文化视野中，教育程度和教育内容的不同也会给新婚夫妻带来非常多的冲击。受高等教育的人抽象逻辑思维能力更强，而受中等或较少教育的人也许具象思维能力更强，这使得不同教育背景的人在沟通方面会出现很多问题。

另外，文科和理科的不同思维也会带来一些问题。比如，大家在网上常常讲的程序员思维、理工男思维，真实地反映出理工科专业背景的人的独特思维方式，他们甚至会被说成直男癌。学文科、学艺术的人的思维和学理工科的人的思维存在着差异。如果他们结婚，日常生活中会有很多理念不一致、逻辑不一样，交流上也会出现很多困难。

最后是生活文化的差异。在现代中国，人们既受传统生活方式的影响，也受西方生活方式的影响。比如，在装修新房时，就有很多夫妻因为装修风格的不同理念而争吵。

对错之争。在形成新家庭的阶段，夫妻双方面临新的空间，在这个空间里，两个人面对一种全新的生活方式，他们既对对方有浓厚的情感、美好的期待，也会在现实面前渴望有更多的能力处理好生活问题。每个人都在努力地去适应，但是适应的方式常常会显得很不一样，比如南方人和北方人在生活上就有很大的差别。

两个有着不同的文化或习惯的人在处理同样的问题时，思路和手法常常各有不同，结果也会变得不一样。新婚夫妻在新婚的焦虑过程中特别希望解决好问题，双方存在全能想象，希望自己的婚姻是美好且没有冲突的，哪怕有冲突也能够立刻解决。这样的话，双方就特别希望能在面对冲突和当彼此态度不一样、解决方法不一样、结果不一样时能够解决得更好，因此，对错之争是新婚阶段的夫妻面临的非常重要的一个挑战。

新婚阶段的争吵常常是："明明我是对的，为什么你不听我的？"另一方会说："你简直不可理喻，你是在强词夺理，我是对的，为什么你偏偏要把对的说成是错的，把黑的说成是白的呢？"在对错之争上，大家花了特别多的力气，常常是各执一词，拼尽全力，甚至会请亲人朋友来当裁判，最后弄得彼此伤痕累累。

在咨询当中，夫妻两人常常谈着谈着就起了冲突，他们会请咨询师当裁判。举一个经典的例子，由布拉德·皮特和安吉丽娜·朱莉主演的电影《史密斯夫妇》，电影的开头就是两人去见家庭咨询师，他们对到底结婚几年的说法不一，彼此都认为对方很荒唐。就连这样的小事，双方都会坚持自己的意见而无法达成统一。他们之间的关系就处在一种高度的紧张状态。实际上，我们在日常生活里会发现双方常常会为类似的事情发生无数的争吵。

有一对夫妻在新婚的头一年里为床与柜子的摆放、进门后钥匙的摆放争论不断，其中一位说“床靠着窗，光线强，空气流动比较好”；另一位说“这样我们容易受风着凉，对身体不好”。他们经常吵到最后都没有任何结果，其中一位会趁另一位上班时把床搬到自己觉得合适的地方，一段时间后，另一位觉得不舒服，也会在对方不在家的时候把位置改过来。像这样的事情就把双方折磨得要死要活，这些就是对错之争的挑战。

你对还是我对，这是停留在理论探讨层面上的问题。很多时候，在咨询室里，夫妻两个争吵不休，他们并不在意事情到底该怎么解决，而特别在意到底谁对谁错。两个人争吵的事情早已经过去了，但是两个人仍然停留在事发当初的时候，争执到底谁当时说得对、谁做的决定对，停留在自认为追求真理而誓死捍卫的感觉里。

改变对方。这个挑战比对错之争更进一步。我们大部分人不是希望改变自己，而是希望改变对方，这就是冲突的原因，或者是婚姻当中挑战的来源。

一个刚刚结婚的人来做咨询，当咨询师问他“你的目标是什么”时，来访者也许会说“我希望你把我的配偶改变成什么样子”“我希望你劝我的丈夫戒烟或者早点回家”“我希望你能让我的老婆不乱花钱或脾气不要那么大”。

大家都知道，要想改变一个人是很困难的，所以大家都不太愿意改变自己，即使三番五次立下目标要改变自己，最后也常常会落空。改变自己不如期待改变别人来得容易。于是在婚姻中，你决定对那个和你生活在同一个屋檐下、信誓旦旦说爱你、不论贫困还是富有都要和你相守在一起的人下手。

作为咨询师，面对这个情况时，我们应该怎么处理？假如夫妻一方来做咨询，说："希望你能够帮助我的配偶改变。"我会非常诚恳且温和地告诉来访者："对不起，我真的做不到。那个人不在这里，我根本不知道他/她会怎么想，我也不知道用什么样的方式让他/她理解我的想法，所以谈不上怎么样去改变他/她，如果你要咨询的话，我们唯一能做的就是看看能不能改变你自己，而不是那个没有来的配偶。"

来访者接下来会说："错在他/她，为什么我要改变？"这句话听起来好像挺有逻辑的，但世界上有很多错误的逻辑。如果你认为错在对方，你希望对方改变，这是你的权利，并且你也有如此希望和期待的权利，但是你到底能不能达到目的呢？我们不看广告看疗效，当我们希望别人改变的时候，会发现这常常是达不到目的的，往往再努力也没有任何效果。

所以，我在做咨询之前，会先跟独自前来做咨询的来访者达成一致："如果你希望改变对方，对不起，我们的咨询恐怕没有办法进行，除非你愿意自己作出调整，这样也许我们就可以开始工作了。"实际上，这种情况常常发生，所以我想跟大家分享的是，一方总是试图改变另一方，这是新婚家庭里最常见的一个挑战。

婚礼时，两个人会海誓山盟，立下"海枯石烂心不变""你是我的唯一"等誓言。这会让婚后夫妻将对对方的改变合理化。天大的誓言都立下了，为什么袜子在你脚前，你就不能捡起来放进洗衣机里呢？为什么瓶子倒了你不扶？你为什么一定要去看那个足球赛？他们想改变对方的愿望很强，而且觉得改变对方应该是很容易的，但不明白为什么改变起来却那么困难。

怎么应对新婚阶段的挑战

有一对新婚夫妻来做咨询，他们刚刚结婚两个月，可是这两个月以来，他们没过过一天好日子，两个人非常痛苦，甚至已经谈到离婚这个话题。在咨询里首先要弄清楚，这种矛盾是从什么时候凸显出来的。

事情回到了双方家庭非常高兴地谈论结婚的时刻，双方父母都接受过不错的教育，工作也很体面，曾经见过几次面。女方家在一线城市，男方家在三线城市，结婚前双方父母见过面之后对彼此印象都很好。谈到办婚礼的时候，双方第一次出现了不可调和的矛盾。在男方的父母看来，男方读到了博士学历，在家族里是很重要的、令家庭感到荣耀的人物，因此他们希望婚礼能够办得热闹，能请更多的人来参加，能借这个机会让更多的人了解家族出了这么一个有学识、有修养的人，而且还娶到了一个漂亮老婆。男方长辈在提出这个意见后，女方母亲的第一反应是惊吓。

准岳母的反应让准女婿感到非常吃惊，他想："这难道不是很正常的事吗？我父母的想法难道不是在全中国都很常见吗？我好不容易读到博士学历，娶到一个漂亮的老婆，在家乡办隆重的酒席，然后在大城市再办一场，这样还可以收回过去送出去的礼金，这是非常容易被理解的。为什么那么通情达理的岳母会觉得非常奇怪呢？"

女方母亲深呼吸几次后平静下来，把自己的想法说了出来，她说："我女儿将来会跟你一起出国留学，将来会过更好的生活。我们从小一直培养她知书达理，对她各个方面的教育投资也很大，我们很希望她能够用西式的方式来办自己的婚礼，因为毕竟未来你们是要走向社会，有着更国际化的视野，甚至以后会在国外定居。所以一个西式的婚礼是很正常的。”博士女婿听了准岳母的话后很礼貌地说：“那可不可以请您具体说一下这个婚礼要怎么办呢？”

准岳母的计划让来自三线城市的男方父母无法接受，因为她希望举办的婚礼是西式的冷餐会，男方父母完全不能理解为什么婚礼要请双方的亲朋好友吃冷的食物。准岳母说他们只准备请少部分亲友，让结婚变得简单，格调高雅一些。因为自己的亲戚以前也有办过高格调的西式婚礼仪式。甚至有的朋友直接去欧洲旅行一趟，不会举办具体的婚礼仪式。这个在他们的家族里是很常见的现象。

接下来，两个家庭为要如何举办婚礼的事开始了反复持久的冲突和争吵，双方甚至想放弃结婚，但又几度重新鼓起勇气去面对、调节。为了顺利举办婚礼，双方进行了多次讨论。

最终，婚礼按照女方家庭的要求办了西式的，真的吃了冷餐，只不过宴请的宾客比他们预想的多了一些。男方只好接受了这样的安排，但是男方在度蜜月时便开始考虑这个婚姻是不是自己想要的，他在考虑什么时候结束这个婚姻。因为这个婚姻带给自己和父母很大的屈辱。所以，婚礼的不愉快在双方的感情里种下了一颗不愉快的种子，也许也是未来关系破裂的种子。

在咨询中，如何面对新婚家庭呈现出的这样一种极大的冲突和对彼此的挑战，对咨询师来讲是非常困难的，也是需要耐心和技术的。

和这样的新婚家庭工作的第一件事情就是回到我们说的挑战上。因为夫妻双方，包括双方的原生家庭都可能对婚姻带有很多幻想，对未来生活有美好的期待，这当然是积极的一面。但是，在遇到矛盾的时候，我们对婚姻和对方的过度欣赏、过高幻想都会使我们对对方的容忍度下降。跟这样的家庭工作，需要注意四个方面。

打破幻象

咨询师和新婚夫妻双方都要打破幻象，更多地看到新婚阶段适应的困难，尤其是个体对不同文化的适应困难——既有适应的难度，又需要适应的时间。我们往往认为读过博士的人就更应该通情达理，受过西化教育的人会更有修养。当我们过多地看重这个部分的时候，我们就会对对方有更高的期待，进而希望对方能够更灵活、更有能力地处理好新婚关系中所面临的挑战。而事实上，博士或受西化教育的人并不一定具有更高的能力去理解新婚阶段所面临的困难和挑战，也不代表他们能够通过不同的努力想出更好的解决方案。

要促进双方的合作

在现代社会，人们普遍认为的个人发展就是具有更高的个人能力，比如比以前有更多的谋生能力，比以前赚更多的钱。甚至一个人坐在家里靠投资获得收入，或者没有受过教育的人通过送外卖在大城市里谋生，都被看作是个人能力提高的一种表现。但是，在现代社会中，人和人之间缺乏合作的能力却被忽视了。

我经常跟我的学生说，现在的英雄都要搞一个英雄联盟才能够出去打江山、混江湖，更何况普通人。大家可以去看一看漫威（Marvel）的系列电影，无论是美队、雷神还是钢铁侠，他们都要结伴出行，合作做事。普通人面对困难的时候更需要学会与人合作，在合作中训练自己可以对对方提出明确要求的能力。

传统的中国文化非常强调“你不讲，我也会努力地理解你，主动地为你服务”的理念，我们认为这才是关系的最高境界。当然，我也同意这是一个非常值得追求的境界，但是在现代社会里，由于多元文化的融合、社会的流动，我们面临太多跟我们不一样的人，我们若想了解不同文化的人的生活习惯与价值观需要很多时间，可是我们每个人的时间是有限和宝贵的，那就需要在合作的基础上彼此明确地提出自己的需求，而不是像传统社会中那样缓慢地去了解对方。

所以在新婚关系中，夫妻要学会提出自己的需求。你可以拿一张纸、一支笔或一部手机，把这些需求明确地写出来：我希望你每天拿出20分钟时间陪我聊聊天；我希望我们每周有一次机会去彼此喜欢的餐馆吃饭；我需要自己每个月有零花钱可以购买服装……有人会说过日子要过得这么详细吗？我觉得最主要的是个体要跟家庭或咨询师一起训练表达的能力。传统社会和理念认为人不需要表达得那么清楚[①]，爱自己的人就应该能够理解自己。在现代社会，人们也许有这种能力，但已经没有精力这样去思考、理解对方了。

有一对夫妻，妻子对丈夫非常抱怨，说丈夫下班后还在“努力地工作”，完全不理她，她说到“努力地工作”时用了讽刺的口吻。丈夫很委屈地说：“我的确是在工作。”妻子说：“你明明一直拿着手机不放。”丈夫说：“我的很多工作就是在手机上完成的。”

---

① 关于中国人“关系”模糊性推荐阅读陈午晴于1997年发表的文章《中国人关系的游戏意涵》。

这样的事情其实比较常见，这样的争执对彼此的关系也没有什么益处。妻子更应该明确地告诉丈夫："吃饭前，我需要你跟我谈15分钟；吃饭后，我们出去散步20分钟。"而不是责怪对方一直拿着手机，这才是一种合作的方式。责怪对方只会让对方产生更强烈的远离反应。

学会妥协

新婚生活看起来简单，实际上两个人都是刚刚获得自由，觉得终于可以掌控自己的生活了，那么现在又进入二人世界里，做什么事情都要征求对方的意见，考虑对方的感受，这是充满挑战的。所以两个人为了能够在同一屋檐下生活得更好，就必须学会妥协。

有的新婚夫妻会对对方说"你既然爱我，就应该对我怎么样"的话，这同样是全能想象。我们希望有这样的婚姻，但实际上大部分人都得不到。我们能做的事就是在妥协的时候亮出自己的底线，合作的时候明确提出自己的要求。如果双方都有自己的坚持，一个要去吃中餐，一个要去吃西餐，这是没办法合作的，所以合作的策略或技术就是：双方都要学会妥协。而妥协的具体操作就是：亮出自己的底线。

比如，妻子要求丈夫陪自己说话而不是一直看手机，那么丈夫就可以亮出自己的底线："我可以跟你谈15分钟，但15分钟之后，我必须用我的手机继续工作。"不少人在妥协的时候没有底线，在对方触到自己底线的时候又会对对方表达出抱怨，甚至是攻击，这样双方的合作便是无法进行的。

延迟作决定的时间

新婚夫妻对生活没有太多经验，并且处在人生生理上的能量高点，所以情绪会来得很快，很容易处在焦虑当中，想要解决问题又缺乏合作基础。因此，无论是咨询师还是新婚夫妻，一个最简单的原则就是：想要快速解决问题，首先要让自己平静下来。

电影《飘》里有句话说："当明天来临的时候，也许我就会有新的想法。"对于新婚夫妻来说，也许不需要等到明天，过了1个小时，或者过了半个小时，甚至过了10分钟都有可能有新的变化。因为新婚夫妻处在人生的一个重要阶段，这个阶段的个体精力旺盛，可以不断学习新的不同文化，不断学习怎样跟人相处，同时也不断学习新的东西，这是人生学习能力最强的一个阶段。虽然快速作决定是我们所渴望的，但我们解决问题的更好方式是延缓作决定的时间，给自己也给对方一点儿空间，让彼此可以思考得更多、更全面。

第2节　新婚家庭（2）

本章继续解析家庭生命周期的第二个阶段——结婚阶段，也就是新婚阶段。在前一章，我们主要讲了新婚夫妻面临的挑战，新婚夫妻的角色比在原生家庭和独立成人阶段的角色更多、更复杂，双方的责任也变得更具多元性，并着重谈到了改变对方的这一挑战。

有意思的是，你越要改变，对方就越不改变，这让人无法理解。“我如此努力，你也应该努力才对呀，可是为什么结果会是不好的呢，甚至会比原来的结果更糟糕，越努力越糟糕。”从系统的角度来看，人性包括两个部分，一个部分是稳定性；另一个部分是可变化性，也叫弹性。

改变的解析——稳定性VS弹性

稳定性小的事物，弹性会大

相比青少年时期，一个人在进入成年阶段后稳定性增加，弹性减少，比如呼吸、心跳、体温这些方面比之前稳定。如果以25~35岁的结婚年龄为基准的话，人们在这个阶段进入婚姻之后，稳定性逐渐增加而弹性会变少。

稳定性越大的事物，弹性相对会越小；稳定性越小的事物，弹性会越大。比如，钢铁的稳定性很强但弹性很弱，木头的弹性大但容易腐烂，稳定性小。从宏观角度来看，人整体上究竟是稳定性大一些，还是弹性更大一些？人，兼有稳定性与弹性这两个部分，但是在年龄小的时候，人的稳定性会小一些，而弹性会大一些，也就是说可塑性很强。

就成人来讲，稳定性会大一些，弹性会小一些。比如睡眠周期相对稳定，有的人每天睡8个小时，有的人睡5个小时就够了，但每个人的入睡和起床时间、睡眠过程中的节奏变化，这些都是比较稳定的。再比如饮食，每个人的饮食习惯大体上也是稳定的，有的人喜欢酸的口味，有的人喜欢辣的口味，有的人喜欢吃得清淡，有的人喜欢重口味。

反应模式的稳定

天文学家最初发现，不同的人观察同一颗星星，观察结果也会有差别。最初天文学家发现自己跟助手之间有这个差别，以为是他不认真，后来发现人们是有不一样反应的，**反应时**的概念就是因此而被发现的[①]。面对同一个要回答的问题，有的人立刻就举手，有的人三思后举手，还有的人绝对不举手，这个反应的快慢体现了个体不同的反应稳定性。

当然，这其中也有弹性的部分。比如，今天朋友来了，大家吃饭的时间变长，吃的东西多，聚会一高兴喝的酒也会比平时多，大家会一起聊天到很晚才睡，第二天要早起送朋友去机场，原本7小时的睡眠变成3小时。

① 请参考“人差方程”概念，参见林崇德、杨治良 、黄希庭于2003年出版的《心理学大辞典》。

这种弹性是暂时的。等把朋友送走，聚会结束，你吃的东西就会变少，也不再喝酒，失去的睡眠也会被补回来。

结婚，意味着两个人互相厮守，稳定性大大增加，弹性减少，或者说弹性并没有我们期待的那么大。因此，我们希望我们的改变有一个客观生理的极限，人是不可能有非常大的变化的。有的来访者会对咨询师说："平时她还是很好的，可是常常会突然发起脾气来，情绪特别不稳定。"

有的咨询师会说："来访者很愿意改变，他也在付出努力，这是不是代表他的弹性就变大了？"我同意这句话，但需要注意的是，当我们期待改变的时候，期待改变的幅度比实际可以改变的幅度要大很多。

比如，母亲通常会管孩子的学习（我用母亲做例子并不是说父亲不管孩子的学习），孩子平日里学习不努力、不认真，写作业很慢，但在母亲的监管下会写得快一些。如果考试成绩提高了5分，孩子非常高兴地回家跟母亲说："我的成绩从75分提高到80分了。"大家能想象这个时候母亲会怎么回答吗？我相信大部分人都能猜到："很好，你有进步，不过我希望你下次考试能有更大的进步。"

再如，丈夫在咨询室里抱怨："我希望她不要老是买那么多化妆品和衣服，好多化妆品都放坏了还没用，很多衣服也没穿过，浪费了很多钱。"经过一段时间之后，咨询师问："你觉得你的妻子有改变吗？"他想了想说："没有什么大的改变。"咨询师接着问："有小的改变吗？"他说："好像最近是买得少了点，不过她还在买啊。"

当对方发生改变的时候，我们会说好像是改变了，可是却期待他有更多、更大的改变。这就已经触及一个极限性，即人的弹性到底有多大。我们其实不大了解人到底有多大的改变的可能性。如何才能够让人产生一些改变，并且将这个改变稳固持续下去？

神经系统与改变的关系

发生改变的前提

人都是有稳定性和弹性的。人到成年，尤其是进入婚姻后，稳定性会更大，弹性会更小，所以我们要降低自己对对方改变的期待。对方也许可以改变，但可能只是小的甚至是暂时的改变，这是我第一个要强调的。另外，改变是有前提条件的，而很多时候在新婚阶段，这个前提条件常常没有出现或者是出现之后又快速地消失了。那么这个前提条件是什么？

前提条件是神经系统的一个状态，这个状态是神经系统处于系统二的位置，而不是系统一的位置。什么是系统一，什么是系统二？① 神经系统会处在两种非常不同的状态，当外界的环境充满危险时，人的整个身体进入到系统一的状态。这时肌肉变得紧张，呼吸会加快或变慢。肌肉紧张，可能是为了随时逃跑，也可能是为了保持静止。② 你可以想象一下，当你走在路上，有老虎或豹子向你走来，你没有防身武器，这时你的状态会是什么？

举个例子，2017年在美国拉斯维加斯发生了一起恐怖袭击事件，有人拿着枪射击在音乐广场上聚会的人。那个时候，人们会立刻进入系统一，紧张惊恐，瞳孔放大，尖叫，有些人四散而逃，有些人躲在角落里浑身颤抖。这就是系统一的表现。

---

① 有关系统一、系统二的内容推荐阅读美国作者丹尼尔·卡尼曼于2012年出版的《思考，快与慢》。

② 研究人员从进化论的角度提出生物在受到压力状况下的详细反应，包括静止、逃跑、战斗、投降、惊恐和昏厥。参见 H. S.Bracha, “Freeze, Flight, Fight, Fright, Faint: Adaptationist Perspectives on the Acute Stress Response Spectrum” ,*CNS Spectrums*, Vol.9,No.9（2004）,pp. 679-685.

人的神经系统处在系统二的状态常是个体非常安全的时候，比如在恐怖袭击的枪声响起之前。那时，人们非常放松，有的席地而坐，有的随着音乐声摇摆，有的正对旁边的陌生人露出微笑……这种状态下，人的听觉、视觉都非常敏感，彼此可能会交流很多内容，也可以看到或听到很多不同的信息。

简单来说，神经系统会处在两种非常不同的状态，一种是危险状态（系统一），一种是安全状态（系统二）。在危险状态，也就是系统一的时候，又分两种情况：一种情况是战斗或逃跑状态，这时候，肌肉紧张，呼吸加速[①]，血液流动得更快。比如遇到枪战，有的人会想着上去跟枪手搏斗，夺下他的武器，这个举动就是战斗；遭遇到敌人或是感觉到有危险时，有的人会逃跑到安全的地方。另外一种情况是僵死状态。在遇到敌人的时候，有的人会突然像死掉了一样，就像小虫子僵死的状态，即使把它翻过来，它的四肢和小爪也都不再动了，这个时候就进入僵死的状态。

在危险期经历的这两种状态是不一样的，区别就是要评估危险是否可以靠做些事来应对。如果可以应付，机体应会进入战斗或逃跑状态；如果什么都做不了，无法改变当前的局面，机体就可能进入僵死状态。[②]

系统一的这两种状态有一个共同特点：视野狭窄，注意力高度集中。大家在电影或文学作品里可以看到人们处于惊慌时的状态，这时如果有人喊“请你往这边走”，奔跑的人可能会听不见。甚至有人拉他过来说“请从

① 参见曹鹏、王倩：《引发“战斗－逃跑”反应的神经环路机制》，《生物化学与生物物理进展》2016年第4期。

② 心理学家拉扎勒斯研究发现，人们的情绪是通过不断对情境中刺激的评价和所引起的身体反应冲动产生的。参见 R.S.Lazarus, “Progress on a Cognitive-Motivational-Relational Theory of Emotion”, *American Psychologist*, Vol.46,No.8（1991）,p. 819.

这边走"，这些人也会像完全没有听到一样自顾自地奔跑。在这个状态里的人们了解不同信息的能力陡然下降，因为他们的血液都集中在肌肉，而不是大脑皮层，他们最重要的任务是保命。

系统二下的人处在放松的状态，个体经过评估后发现：我现在的处境是安全的；我的血液在身体内流淌；我可以思考更多新的东西；我对不同的事物感兴趣；我会展示出自己的好奇和探索的精神；我整个身体是开放的，是可以随时接受新东西的；我更容易进入一个改变的状态。

通过对神经系统知识的了解，我们可以知道人们的弹性或可塑性本身是有一定限度的。当人的神经系统觉察到危险时，人会启动系统一，这时身体处于紧张状态，不可能接受新东西，只能战斗或者逃跑。只有在评估到环境是安全的，周围没有敌情、没有致命危险的时候，人才会处于系统二状态，才会放松，并愿意接受新的信息，从而有可能带来改变。

如何促进改变的发生

当我们试图改变对方的时候，为什么常常越吵越厉害？我们越吵，离期待的方向——希望对方爱自己——越远。这里一个关键的因素是，当我们非常努力地想改变对方的时候，反而在无意当中启动了对方的系统一，而当对方进入系统一状态之后，视觉、听觉等各方面的注意力变得狭窄，身体僵硬封闭，整个人处在准备逃跑和对抗的状态①，因此改变的可能性骤然下降。

想要通过改变对方来调整关系，实际上是需要学会怎样启动对方，使对方进入系统二的安全状态，这样对方才能够有学习的潜能和改变的可能性。

---

① 参加朱熊兆，唐秋萍，姚树桥：《健康心理学》，南开大学出版社2006年版，第130–131页。

有一对新婚夫妻来咨询。女方丽丽说：“我的父母待人都很亲切，照顾周到，我努力为老公做各种各样的事情，但是老公完全不近人情，我也不知道他为什么会这样。他以前对我很好，可是现在我希望他能够变得更有亲和力一点儿，不知道为什么，他就只知道看手机，我希望他放下手机，他根本达不到我的期望，只会一直看手机。”

轮到丽丽的老公大伟讲话的时候，他把头从手机上抬起来，说：“我也做了很多努力，可是她总是不满意。我不喜欢去她父母家，可是为了让她高兴，我还是会去，但是她仍然会挑剔我。她说我不应该在她父母家里什么都不干，不应该只是坐在沙发上看手机。她说她父母对我这么好，我居然一点儿都不礼貌。实际上，我已经很努力了，我并不习惯家庭成员彼此那么亲密，我这么努力去迎合她，她却一味抱怨我，实在是无法忍受。”

大伟这样说的时候，丽丽会打断他，说：“我什么时候说很难听的话了，我不过就是劝你跟我爸妈多讲话嘛，这么简单的事情，你居然都做不到，你非常无理，就一直在沙发上看手机，连去厨房拿筷子这样的小事，你都不做。”丽丽说完，大伟立刻拿起手机继续看，不再听丽丽讲话了。

如果你看过婚姻咨询的一些个案，你会发现这种类似的交流是很常见的。双方都有很多委屈和痛苦，也都在试图努力去调整和改变，但是每次都以不欢而散来结束谈话，一个非常冷漠，一个非常委屈。

那么要如何看待他们之间的交流呢？经过一段时间之后，这个丈夫和妻子可能就变成了社会现象里提到的守寡式婚姻[①]。丈夫每次看起来都很努力，但是没有结果，说话也会被妻子打断，最后丈夫可能不再愿意去妻子父母家了，甚至连家也不回了，或者像某些影视作品中提到的，到小区楼下坐1个小时也不愿意上楼。那么妻子呢，一个人在家里独守空房，吃饭也没有乐趣，干脆回父母家。这样的状态越来越频繁，二人的关系就变成一种守寡式婚姻。

丽丽很希望丈夫发生改变，实际上大伟已经在努力改变了。大伟原本是不愿意去岳父岳母家的，因为对方的家庭过于亲密，吃饭总是要等人齐了一起吃，吃完饭要一起出去散步，大家要坐在一起看电视等。大伟觉得他自己的家庭成员之间没有这么亲密，彼此个人空间更大，更喜欢自己看电视或玩手机。尽管大伟不喜欢，但他还是为对方付出努力了。对于丽丽来讲，大伟的改变并没有达到自己的期待，她不仅希望丈夫能够和自己回到原生家庭里一起吃饭，还希望大伟吃饭的时候跟父母交流，帮父母做家务，但大伟并没有做这些事情。当大伟没有达到丽丽的期待时，丽丽开始抱怨，她认为这些小事情只要努力就可以做得到。

我们对于稳定性和弹性的部分有一些全能想象，我们认为既然一个人有弹性，就会幻想着他可以做非常多的改变。但实际上，我们每个人都不可能做大面积的改变，即使改变，也常常是暂时的。让一个人持久发生一些大的改变几乎是不可能的。对于丽丽来讲，她期待大伟能够经常回她父母家，像她原生家庭里的人一样热情互动，这是不现实的。

在这里，我们要注意的一个细节是，也许大伟最初到丽丽父母家时是尝试做了努力的，只是当丽丽发现他没有像自己原生家庭里的人那样热情时，她

① 守寡式婚姻是社会现象热词，指男人对待妻子冷漠无情，女人每天忍受着这样的家庭冷暴力，而为了孩子又不得不过着守活寡的日子。

开始急切提醒，甚至是抱怨。这样大伟的系统一被启动，大伟会在丽丽的原生家庭里嗅到危险的气息，这个危险就是——“我是不符合这个家庭的期待的，当我做不到的时候，他们会批评我，会不高兴”。因为丽丽已经不再把他拉到卫生间去抱怨，而是直接在父母面前抱怨。被当众批评的时候，大伟开始变得紧张，系统一会让他判断自己目前到底有多危险。在这种危险的情况下，他能做什么呢？可以逃掉吗？不能，因为他要陪老婆吃完这顿饭。可以抗争吗？不能，当出现矛盾的时候，大家就变得不太讲话，慢慢等着时间来消化这一切。所以他的反应是没有逃跑，也没有抗争，而是僵死。

他回到沙发上，重新看自己的手机，这一套行为非常孤独。他没有哄丽丽或是给岳父岳母讲个笑话，而是进入一个单一模式的行为，一种僵死的状态，一种固着的状态。在他既不能逃，也不能打，同时又感觉到危险，面子被损害、尊严被损伤的时候，他只能选择僵死状态。一个生命在僵死的状态下是不可能学到新东西的，也就是说他失去了改变的前提。因此，每当大伟到丽丽家的时候，他的系统一都很容易被激活，时间长了，他就更多处于僵死状态了。

咨询师如何应对不同的状态

不争对错之分

其实在婚姻过了很久之后，老夫老妻吵都懒得吵了，而最能花力气争吵的正是新婚阶段。所以在新婚阶段，夫妻的第一个要点就是把注意力从

“对错”转向“你我各自有怎样的特点”。在咨询室中，咨询师面临的挑战常是，丈夫说：“嗯，我觉得我是对的，我不跟她吵，那我就选择看手机来避免争吵，你看我这样是对的吧？”这就是要让咨询师评判谁对谁错。咨询师要抵抗住这种诱惑，把注意力从谁对谁错转向双方各自有怎样的特点上。

如果用一句话来反馈丈夫的话，咨询师可以对夫妻两个这样说：“我看到丈夫是喜欢跟人保持一点儿距离的，那么在对方争吵的时候，丈夫为了避免争吵而选择闭嘴不讲话，保持沉默或看手机。我看到妻子是为了能够让婚姻更和谐，为了彼此解决冲突才会不断找丈夫交流，不断地向他表示自己的愿望，妻子做事的方式是往离得更近的方向去努力。我看到你们两个本身的喜好是不一样的。”

把对方当外国人

事实上，婚姻当中的两个人来自不同的文化，所以彼此应把对方当作外国人，尊重对方的文化。如果夫妻中的一个人说“我现在想要喝水，我想要加一点冰”，另一方可能就会说“喝冰水对身体不好”。但是，如果对方是个外国人，他要往饮料里加点冰，我们可能就会想：还有这样的习惯呀。我们对待外国人的态度好像有更大的弹性，我们会觉得他们跟我们不一样是理所应当的。而事实上，在婚姻当中，两个人也许一个来自南方，一个来自北方；一个来自大家庭，一个来自小家庭；一个来自更传统的家庭，一个来自受西方影响的家庭，彼此的文化差异也是很大的。

有人开玩笑地说我们中国那么大，其实我跟他也确实是来自两个不同的“国家”，他是齐国人，我是赵国人。当我们把对方当成外国人的时候，我们就比较容易尊重对方的文化，并且会带着好奇问："你们那里是怎么样的呢？"就好像我们会问一个外国人："地铁用英语怎么说呢？"因为我们都知道，在不同的国家，地铁这一叫法是完全不同的。当我们对对方好奇的时候，我们容易处在系统二的状态，我们都很放松，会想要学习和改变。

找到放松的方法

放松是需要在婚姻中培养的一种能力。当我们在激烈争吵时，是根本没有办法放松的。如果你在婚姻中经常争吵的话，你就要把它当成一个功课来做。放松跟身体有关，所以有一些方法直接针对身体就可以帮助人放松，比如美食，一起出去吃好吃的东西就会帮助身体放松，或者在家里做几个喜欢吃的菜，喝点好喝的酒，美食和美酒会让人放松；其次是音乐，很多音乐可以帮助人的神经立刻放松下来；接下来是运动，运动时产生的内啡肽会让人处在愉快的状态里，身体、思维和情感也会变得放松。那么，这种放松会反馈到大脑，促使人处于一个更轻松的状态。此外，读书、看电影等活动也能帮助人处在一个放松的状态。还有一种方法，就是当双方处在情绪非常激烈的状态时，身体的接触可以帮助对方放松。但是，如果这种方法使用不当是有危险的，因为对方会以为你在攻击他。所以，身体接触时要注意两点。

第一，身体接触不要在非常紧张的状况下进行。身体接触要提早一些，当对方状态开始有一点儿不好的时候，就要有身体接触，通常是抓住手、肩膀或是搂住对方的后背，这些是能让对方放松下来的部位。如果正面面对着对方做动作，有可能让对方误以为是攻击，可以从侧面接近。

第二，接触的时间要长，并且要稳定。也就是说，抓住对方的手最少要坚持30秒钟。在最初有身体接触的时候，对方可能会有想摆脱或甩掉对方的手的动作，但只要稳定坚持，对方的情绪就会缓和下来，从紧张状态进入放松状态，也就是从系统一进入系统二。

讲意愿而不是承诺

我们常常会在有冲突或是觉得对方不高兴的时候给出一些承诺，如“我下次会改”。我们给出了承诺，就仿佛埋下了一个炸弹，如果我们做不到的话，对方会变得更生气、更激动。“你答应我过生日要给我买礼物，但是你忘了”，所以承诺在当下是可以起到一些效果的，可是也会埋下伏笔，导致日后的危机。我建议咨询师教来访者更多地学会讲意愿，而不是讲承诺。

意愿和承诺两者有什么区别呢？德国学者专门研究过这个问题。当我们表达意愿的时候，效果会非常好，对双方的关系也会有非常好的促进作用，甚至有时候比行动更有效果。意愿的表达方式不是指“下次在你过生日的时候，我一定会给你买一个钻戒”，而是“我愿意在你过生日的时候为你买礼物”。注意，后者强调的是意愿。承诺是说明具体会做什么，而意愿是持久的意向性态度。对关系来讲，持久性的意向性表达更具影响性。

多讲自己的期待

在应对关系冲突时，我们更多的要讲自己的期待，如“我期待你做什么，而不是要求你达到我的期待”。我们要问：“我们在过生日的时候能出去玩一次吗？”而不是说：“下次过生日的时候，你一定要跟我去玩儿。”这两者是不一样的。

第3节　新婚家庭（3）

新婚夫妻的亲密关系类型

最近这些年，在心理学的应用领域里，人们谈到亲密关系时常常会谈到一个理论：鲍尔比（Bowlby）的依恋理论[①]。

什么是依恋理论

依恋理论指的是在婴儿时期，人们对主要的养育者（通常是母亲，有的时候是外婆、奶奶或保姆）表现出某种依赖。最早提出这个理论的是心理学家鲍尔比，他发现依恋可以划分为三种类型。从大部分人身上都可以看到这三种不同的类型，当然绝对属于某种单一类型的人也不多。为了更容易说明问题，我们先把依恋分成三种类型。

① 关于依恋的更多内容推荐阅读鲍尔比于2018年出版的《依恋》。

依恋类型

第一种是安全型依恋。安全型依恋的人很享受跟别人的关系，特别喜欢和陌生人玩耍，当听到别人叫他的名字，对他发出一些声音时，他都会很高兴，会咯咯地笑起来。这样的孩子很享受跟别人的相处，他会觉得别人是安全的、值得信赖的。所以当他与别人在一起的时候，他会很享受这种关系，愿意跟别人交往，也容易发展出信任的关系。

第二种是回避型依恋。回避型依恋的人很容易对人产生猜忌，容易心生怀疑，会怀疑别人不可靠，很不容易信任别人，每当遇到陌生人的时候，他会选择远离、躲开。

前面两种依恋类型的人在生活中是容易跟别人打交道的。因为对于安全型的人，你跟他打交道时，你们都会很享受；而对于回避型的人，他直接回避了，你也不会跟他有太多的接触。

第三种是焦虑矛盾型依恋。焦虑矛盾型依恋的人在跟别人打交道的时候会让人有不舒服的感觉，他会表现得过分紧张，很容易依赖别人，会对人有过分的需求，会对别人的照顾表现出各种不适应和不舒服，但是当照顾者离开他的时候，他又会紧紧抓住不放。他跟照顾者的关系充满了矛盾：照顾者靠近他的时候，他会感觉到不舒服；但要离开他的时候，他又会很黏人，这就是焦虑矛盾型依恋。在生活中，你跟某些人相处一段时间后会觉得很累，不知道怎么样对待他才好，这样的人很可能具有焦虑矛盾型依恋的特点。

如何区分不同的依恋类型

通常我们不太容易区分这三种不同的依恋类型，只有在一些特殊的环境，尤其是在危险的环境里才能较容易分辨出来。比如，一位母亲抱着小宝宝到公园玩时碰到一只小狗（孩子第一次见到小狗），小狗正在汪汪叫，这个时候不同的孩子就会表现出不同的依恋类型。

安全型依恋的孩子会很快扑向母亲的怀里，母亲安慰和安抚宝宝的时候会说："不要怕，妈妈帮你看看，如果小狗欺负你的话，妈妈会保护你。"母亲可能跟小狗有一点儿互动之后，跟孩子说："这只小狗很可爱，看起来也不会咬人，很安全，你要不要试着摸摸小狗？"如果孩子在母亲的怀里慢慢地安静下来，然后尝试着伸手去摸小狗，当他发现小狗确实是很安全的，就会从母亲的怀里出来，开始跟小狗接触，这就是安全型依恋的孩子。他在危险的情境当中会相信自己的母亲，当母亲安慰他的时候，他能很快平静下来，然后进入到系统二——开始探索和学习怎样跟小狗相处。

回避型依恋的孩子在遇到这只小狗时，母亲也许会说："小狗很可爱呀，你要不要试着摸摸看。"他不仅不会碰狗，甚至会躲到离母亲远一点儿的地方。母亲试图让他接近陌生的事物，他会觉得不安全，而且也不信任母亲，这就是回避型依恋孩子的特点。在很多时候，他会更相信自己的感觉，会用自己的方式来保护自己。

焦虑矛盾型依恋的孩子又会怎么样呢？当小狗跑过来的时候，他会吓得哇哇大哭，他会非常紧张地去抱住母亲的腿，要让母亲把自己抱起来。母亲安慰说："不用怕，这个小狗并不可怕。"但焦虑矛盾型依恋的孩子就是会不相信母亲说的话，他既不相信母亲，同时也不相信母亲说的这个小狗并不可怕的话，他会在母亲的怀里一直大哭大闹。难以安抚就是焦虑矛盾型依恋孩子的一个特点，他不相信母亲的同时，也不放心继续留在母亲的怀里。

人的依恋关系有很大的稳定性，一般会从早年发展到成年。大家可以自己想象一下，自己在危险的情境当中会有什么样的反应，通过这个来自测自己可能是以哪种类型为主的依恋。很多人都会有多种依恋类型，也许主要是安全型，但有时候也会是焦虑矛盾型。

举个例子，有一次很多人被关在了电梯里，电梯停电悬在半空中，在这个场景中，就可以从人们的反应看出其依恋类型。

有一个人立刻掏出电话说："我来打电话，别人接到电话很快会来救我们的，大家不要着急，我知道谁可以来帮助我们。"这个人在危险情境中的反应是，他相信有人会很快来帮助自己，他对这份信任毫不怀疑。

另一个人对他说："你不用打电话了，他们不会来救我们的，以前我有遇到过这种事情，他们才懒得管呢。"这个人的反应表明了他对人际关系的不信任，他很容易怀疑别人。

电话打通后，维修工说过会儿就来。10分钟过去了，对方还没有到，那个不信任的人说："他们不会来救我们了，我早说了吧，他们答应了也不会真的来救我们。"这个人对其他人不信任的态度是回避型依恋的特点。

同时在场的另外几个人非常紧张，"哎呀，怎么办呀！""我们是不是要完蛋了呀！""谁能来救我们？""一定会有人来救我们的吧？""谁知道他们会不会真的来呢？""他们会不会有什么事情呢？"当维修工在外面修理机器时，这几位焦虑的人会不断地说："你们到底什么时候能弄好啊！""实在是太恐怖了，你们能不能快一点儿啊。"这些人表现出来的是强烈的焦虑，同时对别人的反应又非常依赖，这就是焦虑矛盾型依恋的特点。

在新婚夫妇的相处过程中，伴侣行为的背后是有固定模式在起作用的，这个模式可以用依恋理论来解释。也就是说，人们都有一个稳定的依恋类型，从而使其表现出特定的行为反应。关于依恋模式的研究，1991年英国著名心理学家皮特·冯纳吉 (Peter Fonagy) 在他发表的研究中给出了一个理论[①]，这个理论令人深感失望甚至绝望。

这个理论说，母亲的依恋类型可以预测孩子75% 的依恋类型，换句话说，通过母亲的依恋类型，我们可以预测孩子的依恋类型，其准确性可以达到75%。即使孩子还没有出生，我们都可以做这样的推测，也就是说遗传和早期抚养的经历使得人们的依恋类型变得非常稳定。因此在新婚夫妇中，“因为你爱我，所以你要改掉你的某些行为”的期待过于简单了，因为对方的行为是他的整个依恋模式中的一部分，而不是独立存在的。

依恋模式可以改变吗

依恋模式有没有可能发生改变呢？答案是有。如果你不喜欢这个人的依恋类型，希望他改变，有方法吗？答案是有。有两个因素可以促使依恋模式发生改变，一个是重大的生活事件[②]，一个是长期而稳定的生活方式[③]。

比如，有一些人在出生之后被送到不同的家庭，经过不同家庭的长期

---

① P.Fonagy, H. Steele & M.Steele ，“ Maternal Representations of Attachment During Pregnancy Predict the Organization of Infant - Mother Attachment at One Year of Age”，*Child Development*, Vol.62,No.5（1991）, pp. 891-905.

② 鲍尔比提出生活压力模型(也叫生活事件模型)，认为重要生活事件或生活环境重大改变会导致成人依恋模式发生变化。例如，经历过离婚或分手的被试更容易转变为不安全的依恋类型。参见 C.Cozzarelli, J. A.Karafa, N. L.Collins & M. J.Tagler, “Stability and Change in Adult Attachment Styles: Associations with Personal Vulnerabilities, Life Events,and Global Construals of Self and Others” , *Journal of Social and Clinical Psychology*, Vol.22,No.3 (2003),pp.315-346.

③ 有研究者认为，成人依恋类型是早期依恋经验和当前背景因素的共同产物，依恋类型的改变是个体在长时间生活中对生活事件和情景的正常反应。参见 J.Davila, D.Burge & C. Hammen, “Why Does Attachment Style Change? ” , *Journal of Personality and Social Psychology*,Vol.73,No.4 (1997), p.826.

抚养，这个人的依恋模式会发生变化。长期稳定的婚姻也会让一个人的依恋模式发生变化；另外，成年人跨越10~20年的友谊也可能促使依恋模式发生变化。当然，重大生活事件也能让一个人的依恋模式发生改变，我们通常并不期待重大生活事件发生，因为重大生活事件常常会带来很多压力。

有一部小说叫《小艾这个女人》，讲的是跟小艾谈恋爱的男性都发现小艾有一个特点：即便小艾跟自己发生了性关系，小艾都不会信任和依赖自己，而且很奇怪的是，每次性爱之后，小爱都会离开自己，一个人靠着墙睡觉。小艾的男朋友实在不理解，既然她跟自己建立了恋爱关系，甚至发生了性关系，为什么她跟自己还是像是隔着一堵墙一样不容易亲密呢？实际上，小艾在亲密关系里发展出的是回避型依恋关系，她在生活里能跟别人发展出亲密关系，但是她不容易信任别人，更多的是依赖自己，回避他人。

某一天发生了地震，小艾的男朋友在单位上着班，他想起小艾今天一个人在家里，就立刻给小艾打电话，小艾没有接电话。他非常着急，立刻开车到小艾的住处，打开门，他发现小艾躲在墙角里发抖。他把瑟瑟发抖的小艾搂在怀里，为她盖上毯子，紧紧地抱住她，刚开始小艾还有点儿挣扎，后来她放弃挣扎，在男朋友的怀里放声大哭了很久。这次事件之后，小艾跟男朋友做爱后就可以在他的怀里睡着了。以前她从来都是离开男朋友，自己在贴墙的一边靠着墙睡，而这次事件之后，男朋友觉得小艾和自己之间的那道墙消失了，可以理解的是，小艾的依恋模式发生了转变。

也就是说，依恋模式是相对稳定的，但是重大生活事件会促使人的依恋模式发生改变，当然，长期而稳定的关系也会带来改变。

如何应对“妈宝男”婚姻里的冲突和挑战

来访者C，女性，30岁，结婚1年，已育，孩子4个月，中度焦虑和抑郁，大学专业是英语，职业是外贸行业。C跟老公认识5个月的时候，意外怀孕后闪婚。孩子出生4个月后，她来做咨询，原因是自己和婆婆在如何处理孩子的生病这件事上发生了争执。老公看到C和婆婆争吵后，对C说“滚”。老公非常生气，他觉得老婆对自己的母亲态度恶劣，C觉得自己很难跟婆婆相处，自己是外人，老公不爱自己，所以C提出离婚，老公却不希望离婚，他表示愿意做一些努力，所以就带着C来做咨询，希望咨询能够让C心情好起来。

C的基本情况是：婚后一直跟婆婆同住，婆婆早年离异，一个人带大了C的老公，老公的家族有重男轻女倾向，老公跟婆婆的关系非常紧密。C和老公交往的时候，就发现老公喜欢通过软件添加附近的人，而且喜欢和女性朋友聊天，虽然C没有老公外遇的证据，但她觉得老公是一个非常花心、不忠诚的人，迟早有一天也会有外遇的。老公因为C生气而把软件卸载了。老公其实对C挺好的，比如会接送她上下班，在她发脾气的时候听她的话。他们认识5个月时，C意外怀孕，他们决定生下这个孩子。可是孩子出生后，生活就变乱了，本来C在外贸单位上班压力就很大，回家时很疲惫，但是婆婆会要求她下班立刻带孩子，孩子的哭闹让C特别心烦和焦虑。

而且，婆婆不注重家里的清洁卫生，常把孩子的奶嘴和其他物品混放在一起，且不做消毒清洁，看到这种情形，C 心里就很烦。C 来咨询，一方面，希望通过咨询改善心情、改善家庭关系；另一方面，又觉得自己应该带孩子回父母家去住，最重要的是，她希望老公能够变好，能够多关心自己，同时也希望和婆婆在带孩子的问题上达成一致。

C 认为，老公要先改变了，她才能改变。比如说下载软件这件事情，老公需要改变才行。所以 C 希望咨询师能把她的想法和心情解释给老公听，让老公改变。咨询师拒绝了这个要求，C 便跟老公商量是否能一起做家庭咨询。

我们可以从很多方面去探讨这个个案。就亲密关系的角度来说，在探讨亲密关系之前，我们要怎么样应对这样的个案呢？咨询师拒绝帮 C 转达想法的做法非常好，C 想让咨询师帮她改变老公的情况，在其他类型的个案里也会出现。来访者希望咨询师给没有到咨询室的那个人做工作，这种情况是很难达到效果的。

咨询师工作的原则

虽然我们是做家庭工作的，夫妻中一方来了，我们也可以给另外一方做工作。但是我们咨询工作的一个基本原则是，不要给不在场的人做工作。在场的 C（或者是其他的来访者）说“你要把他先改变了，那我就很容易改变了”，这样的要求是很难在咨询中达成的。面对这样的要求，我们要立刻用温和而坚决的方式拒绝。在家庭咨询里其实也是一样的，我们是给来这里咨询的人做工作的，我们的工作可能会影响不在场的人，但我们只给愿意来这里咨询的人做工作。

第一个原则：明确改变意向。在家庭咨询的最初阶段，我们需要明确判断来访者是否有意愿和动力去改变，要跟来访者确认：“你愿意作出改变吗？”有的来访者说：“我没有问题，是我老公（老婆）有问题。”遇到这样的来访者，我们必须跟对方达成一个合作的前提，跟对方说：“即便你认为你老公（老婆）有问题，可是你愿意作出改变吗？只有当你愿意改变的时候，我们才能开始工作；如果你不愿意改变，只是期待别人改变，我是没有办法跟你工作的。”

第二个原则：擅长家庭咨询。上面的个案里，咨询师没有家庭治疗的经验，只是学习过理论，希望快速找到一些方法切入并开展家庭咨询工作。身为咨询师，当你不会做家庭治疗的时候，就不要勉强自己做还不熟悉的事情，可以转介给受过家庭治疗训练的咨询师。只要建立起自己的咨询通道，你可以尽快地把家庭咨询转介出去，继续做自己擅长的个体咨询工作。个体咨询和家庭咨询结合起来，才会对家庭有更大的帮助。

第三个原则：放下大的部分。放下那些大的、难以改变的部分，承认那些部分是难以改变的，并看到一些积极的内容，最后用非常直接和清晰的语言表达出来。

在C的个案里，老公与婆婆的关系非常近，这会导致C和老公的关系出现冲突和矛盾，但“近”是他们亲密关系的一个重要特点，这是很难在短期内改变的。所以，要接受不可能在短期内改变的事实，然后去找“近”里边积极的部分，用语言直接表达出来。C可以放下大的、难以改变的部分，去承认并且表达婆婆值得尊敬的、积极的部分。比如，C可以对婆婆说：“您跟儿子的关系真的是很亲啊！”我们看到了婆媳吵架时，儿子对老婆说“滚”，他是在保护自己的母亲，从这一点可以看出，他们在关键的时候还是立场一致的、亲密的。

另外，放下大的部分也不是在冲突的时候表现出来的，而是在平时情绪比较稳定的时候。C 一下班，婆婆就希望她立刻照顾孩子，这里积极的部分是，她更看重照顾孩子这件事情。所以 C 可以在大家情绪稳定的时候对婆婆说：“我注意到，您很看重孩子。”另外，因为婆婆是早年离异，多年一个人带孩子，所以 C 也可以对婆婆说：“我觉得您一个人把孩子带大一定很不容易。”

为什么要说这些话？也许有人会说：“我说不出来，我做不到。”前提是你要不要寻求变化？如果要寻求变化的话，一个方式就是抓小放大，认可大的、不可改变的东西，寻找那些小的、可改变的机会。改变可以改变的，接受不可以改变的，增长自己区别这两者的智慧。认同不能改变的部分，对于不能改变的事情，我们只能低头。比如，当我们参加葬礼的时候，面对亲人的逝去，面对死亡，我们只能低头。

当 C 跟婆婆说出这些话时，就代表这些东西是难以改变的，虽然我万般期待改变，但我仍然知道这难以改变，同时我也知道在这个难以改变的部分里，你有很多优点、优势和长处，这些我都看到了。这种表达会让两个人建立起很好的共情关系和彼此认同，目的是在好的关系上促进小的变化。

第四个原则：抓小。在大的方面认可对方、承认对方、接纳对方和尊重对方，在小的方面也要提一些小要求和小期待。

C 跟婆婆发生冲突的时候，老公站在了婆婆一边，叫 C“滚”，说出这样重的话。可是同时，我们也看到因为 C 不高兴，老公就把约会软件卸载了，他也会在 C 发脾气的时候听她的话。这些方面表现了 C 在有小需求时，老公是可以改变的。

C 抱怨上班压力很大，婆婆还要求她回家立刻带孩子，孩子的哭闹让她觉得特别烦躁和焦虑。在这一点上，C 是可以提小要求的，前提是她先要接受大的方面：老公和婆婆的亲密关系模式。小要求是：我下班之后需要有半个小时的自由时间，然后再带孩子。这就是一个小要求，而不是希望婆婆整个人发生改变。在认可婆婆的主要关系模式的前提下提小要求，婆婆是有可能作出改变的。

如果 C 提出了小要求，下班先去做瑜伽、跟朋友喝咖啡聊天、做按摩或美容，然后再回家，这样 C 会赢得自己的时间并调整自己的心情，不会跟婆婆有直接的冲突，带孩子的时候心情也会变好。

抓小的另一个方式是对已经发生的小变化给予强化。C 说老公对她也有好的方面，比如上下班接送她。如果 C 喜欢老公这个做法，就对老公的行为加以积极的强化，在老公接送自己的时候，可以跟他谈一些愉快的事情，一起听听音乐，或者给老公买他喜欢的东西。通过强化小的改变，这个小的改变就可能会稳定下来。

C 希望改变老公，可是她原来的要求太大了，在现实生活中，把一个人的习惯从有改到无的可能性是非常低的。另外一种可以发展的方向是，从完全的改变发展出多种方法来替代，替代的前提是发现对方有可以替代的资源。

C 希望婆婆跟老公不要那么亲密，实际上是要求二人从特别亲密变成没有亲密关系，这几乎是不可能的。但是，她可以去做一些替代性的工作，比如 C 可以对婆婆的生活进行观察，看看婆婆有没有其他爱好，帮助婆婆对这些爱好进行深入发展，这就有可能使得婆婆跟老公的关系慢慢变淡。比如，帮助婆婆发展出跳舞、旅游或养宠物的兴趣，她就会转移对儿子的过度关注，这是一种替代的方法，前提是婆婆自己必须有兴趣。如果一个人从来不喜欢跳舞，我们非要她去跳舞，这个变化就是过大的。当然这需要 C 在生活中去发现婆婆的兴趣，比如婆婆喜欢拍照，就可以买一个相机给她。

C 还希望婆婆改变的地方是卫生问题，这个是很简单的事情，为什么婆婆做不到？婆婆的这个习惯是长久以来形成的，并非儿媳要求她改变，她就可以改变的。在一些老年人的心里，她也许会认为不那么干净反而可以提高孩子的免疫力，这样的想法是根深蒂固的。婆婆乱放奶嘴的习惯，背后也是有很大的系统观念在起作用的，要改变婆婆的这个习惯，事实上是不容易的。那么怎样去找一个替代方式呢？一个简单的方法就是找保姆，你可以要求保姆必须把奶嘴放在合适的地方，并且定期消毒。保姆可以学新的东西，并且可以适应主人的要求。可是作为儿媳，要求年纪大的婆婆发生改变是非常难的。这个思路是替代性的思路，而不是直接扭转不同的思路。

关于老公的改变，C 也可以寻找替代的方法，同样需要对老公进行深入的观察、了解和理解。如果老公喜欢上下班接送她，C 可能发现老公对车感兴趣，也许 C 可以陪老公去看车展或鼓励老公换车，这样老公的注意力就会从约会软件转移到跟车有关的地方。

C 担心老公花心，也可以期待他能发生一些改变。但从动力学的角度来讲，有可能是因为老公跟自己的母亲多年单独生活在一起，跟母亲的距离非常近，他对单身母亲非常忠诚，不能离开，包括结婚后作为一个成年男人，也不能跟母亲分开。他需要在跟母亲的亲密关系里制造一点儿空间，因此他需要用约会软件制造隔离。

从这个意义上讲，他需要跟母亲之间有一些隔离，需要在对母亲忠诚如一的生活态度下有一些变化，下载软件就是追求变化的一个方式。那么替代的方式就是将老公的注意力从他自己选的约会软件转到其他地方。用这种方法也能满足这个老公在亲密关系方面的变化，虽然没有改变他的亲密关系模式，但是却能发生一些小的改变。

总之，新婚夫妻面临着亲密关系的种种挑战，我们需要跟来访者一起看到他们亲密关系中的个别行为实际上有着宏大的产生背景，其中一个部分就是亲密关系的稳定特点。想要改变大的部分是很困难的，因此我建议咨询师抓小放大，对于大的亲密关系类型，比如在C这个个案里，她的老公多年跟单身母亲生活在一起，他们彼此之间的情感被扭转的可能性是很小的，所以请放下想改变这个部分的念头。

同时，我们也要看到个案在变化上的可能性，C的老公会因为她生气而放弃自己的一些做法，他是有可能改变的，也就是说他是有弹性的。我们可以帮助她的老公转换兴趣的焦点，不是凭空转换，而是发现老公本身就有的兴趣点，在这个兴趣点上加以利用并进行转变。如果他喜欢汽车，有钱的话可以换一辆汽车，没钱的话可以经常去看车展，或者买一些汽车杂志。

总体来讲，我们在新婚阶段，会期待对方变成自己理想中的样子，或者期待对方能够尽快变成自己理想中的样子，这是不切实际的。但是批评毫无意义，我们能够做的是理解哪些东西不能改变，认同其中积极的部分，同时紧紧抓住可能改变的小地方，做一些小探讨和小推动。家庭咨询会在这些小推动下为来访者带来一些转机。

第4节　新婚家庭（4）

新婚家庭的特点

新婚夫妻正处于从青春期向成人期过渡的阶段

过渡阶段里的个体有稳定的一面，也有矛盾的一面。具体来说，作为新婚家庭的夫妻，他们可能呈现出成人的一些特点，同时也可能保留青春期之前的特点。

新婚夫妻在吵架的时候，可能会对对方说，“你能不能成熟一点儿，你不要这么幼稚”或“你怎么像个孩子，你怎么老是撒娇，你怎么老是耍赖”。这些话反映出新婚夫妻虽已经达到成人的年龄，可是有时候会呈现出青春期甚至是儿童期的特点。

在新婚阶段，成熟和幼稚交替的概率是比较高的，这叫退行（regression）。退行是一种心理防御机制，当我们遇到困难的问题或处境时，我们会使用退行来缓解焦虑。[①] 吵架的时候，如果我们觉得对方很幼稚或很固执，我们可能会说："你怎么像个孩子那么固执。"现在我们要换个方式来表达，我们知道他正处在一个过渡期，在应对压力的时候有可能会退行，这时我们可以换一种说法："你表现得像个孩子，你现在是不是感到特别焦虑？"这样的说法是把原来的表达方式颠倒过来，有利于促进双方对彼此的理解。

发展节奏对关系的影响

在面对新婚家庭出现的各种各样的困难问题时，每个人适应的节奏都不一样。从青春期向成人过渡的阶段中，有的人发展得更快些，也就会更快地进入成人的角色，并且稳定下来；有的人发展得慢些，进入成人的角色会显得缓慢很多。中国有句老话"穷人的孩子早当家"，如果一个人能够当得起家，说明他已经发展到可以进入家庭的角色，比如妻子或丈夫、母亲或父亲。

为什么说穷人的孩子早当家呢？是因为整个生存环境的压力促使人们需要更快地承担起家庭的责任。如果一个家庭没有更多的资源供给已经成年的孩子，那么这个孩子在进入青春期之后，就要快速地承担起家庭的责任，表现出更强的适应能力，更快地承担起决策的责任，快速地承担起成人的角色，而不是退行到青少年或儿童的角色。

与"穷人的孩子早当家"刚好相反，有一种孩子是延迟成长的。他也许有多段亲密关系，但并不急于结婚，不用进入丈夫的角色，或者进入更

① 参见［美］J. 布莱克曼：《心灵的面具：101种心理防御》，毛文娟、王韶宇译，华东师范大学出版社2011年版，第40—42页。

成熟的能承担家庭责任的角色。他在从青春期向成人期过渡的阶段中，节奏比很多人慢。

人们成长发展的节奏不同。如果能从这个角度看问题的话，新婚夫妻或恋爱阶段的人们也许就更容易理解对方了。比如，一个男性谈了7年的恋爱仍然不想结婚，他的伴侣可能会想："我们都谈了那么久了，结婚是很自然的事。"但对男方来讲，婚姻还没有真正被提上日程，婚姻并不是他近期的生活目标。双方的节奏不同，因此他们可能在"要不要结婚"这个问题上有很多不一致，甚至会发生冲突。

有些分手的情侣谈起当初分开的原因时说："那个时候，我非常想结婚，但是对方不想结婚。"这里谈到的原因其实就是两个人的节奏不同，一个人想进入婚姻状态，承担起成人的角色；另一个人认为自己还是个孩子，没有玩够。而夫妻回首当初结婚的理由时，一般会不约而同地说："因为那个时候，我们两个人都想结婚了。"这就是两个人的节奏相同，更容易走到婚姻里。

自我状态对关系的影响

人有三种自我状态，一种是成人，一种是父母，另一种是孩子，这三种状态在每个人身上所占的比例是不同的。对新婚夫妻来讲，在他们整个的自我状态里，父母状态的部分会多一些，成人状态的部分会少一些，也许孩子的部分会更少。

在有些人的身上也许更多的是非常理性的成人部分，而没有父母或孩子的部分。在生活中，我们通常可以看到有些人身上更多是孩子的部分。

不同类型的人走到一起，有彼此互补的关系，这样的关系在一段时间内可能更容易、更稳定。比如一个人在自我状态中的父母成分很多，他可能会吸引那些孩子部分很多的人，二者在相当长的一段时间里可能因为彼此互补而形成很稳定的关系。

随着人的不断发展，这三种心理状态的比例也会有所变化。原来互补的两个人也许会因为发展而从原来比较稳定的互补关系变得有冲突。比如，一个父母状态比例居多的人，跟一个孩子状态比例居多的人结婚，相处一段时间后，孩子状态比例较大的人经过发展，增加了成人状态的部分，而父母状态比例居多的人依然保持着父母比例很高的行为，双方就容易产生一些冲突。

依恋类型对关系的影响

由于依恋有不同的类型，新婚夫妻对对方亲密关系的了解就变得非常重要。如果两个人都是安全型依恋，他们会更容易建立关系，在出现问题和困难的时候更容易信任彼此；如果双方中有一方是焦虑矛盾型依恋，另一方是回避型依恋，当出现问题和困难的时候，回避型依恋的人会躲得很远，而焦虑矛盾型依恋的人会步步紧逼，这样的关系在一段时间之后就难以调和甚至维持下去了。

系统对关系的影响

新婚家庭非常复杂，而且还是一个新建立起来的系统，因此新婚家庭的稳定性比较差，应激状态也很多。新婚夫妻在相处过程当中，常常从系统二状态进入系统一状态，也就是双方在彼此甜蜜的感情关系当中，很容易因为各种各样的应激事件进入冲突状态。人在面对冲突的时候，神经系统会变得紧张起来，整个人的身体会从系统二的放松状态，进入系统一的紧张应激状态。

在应激状态来临的时候，双方的沟通变得非常困难，很多时候一方的沟通努力对另一方来说是更大的压力和刺激，使得对方会更持久地陷于系统一的状态中而难以发生改变，这样的结果会使双方非常失望，双方的互动可能会产生恶性循环，导致不仅问题没有解决好，关系也会恶化。

新婚家庭有以上不同的特点，这是值得我们关注的，我们要从不同的理论要点去思考问题，这不仅可以帮助我们拥有更多不同的视角，还可以帮助我们更深入地理解新婚家庭。

新婚家庭咨询的策略

大处着眼

我们在跟新婚家庭工作的时候，要学会看全貌。新婚家庭通常只有两个人，这两个人在两个不同的大系统中生活了20多年，然后相遇，继而组建新的系统。他们从过去的系统当中带来了自己的习惯，这些习惯深深地影响着他们，而新的系统还没有建立得很稳定，双方相互有很多不熟悉的地方。

咨询师与新婚家庭工作的时候，要带领家庭一起耐心而宏观地看待新婚关系中的两个人，要看到丈夫或妻子的发展阶段，看到他们从青春期到成人期的过渡阶段有什么变化特征，感受各自的成长状态，还要看到成长方面的不同节奏等。除了看待夫妻个人发展的特点之外，还要把新婚夫妻放到他们的原生家庭里，因为一个人的特点和与他人相处的模式都受原生家庭的影响，不可低估原生家庭的部分。

当新婚夫妻陷入眼前的冲突和焦虑时，视觉和关注点会变得非常狭窄，很难更开阔地看待问题，所以咨询师要跟家庭一起探讨，引领新婚夫妻站得更远一点儿来看待自己的成长和家庭不同的文化与模式。

接受不可以改变的部分

在个人的发展模式中，有非常大的部分是我们难以改变的。我们要从大处着眼，接受其中影响巨大又难以改变的部分，对美好积极的部分表示致敬和感谢。比如，一个单亲母亲养大了三个孩子，这是非常不容易的，这点值得我们表达敬意。她在养大孩子的过程中饱尝艰辛，有些时候情绪抑郁、脾气暴躁，这也许是她个人模式中的一部分，想要去改变她是非常困难的。因此，我们需要接纳这个部分，而不是刻意去改变。我们从大处着眼后，就要学着表达尊敬、臣服和接受。

小处着手

我们要学会在小处着手之前寻找差异，也就是促进改变之前要看到小处，在小的地方发现差异。我曾经举过一个例子，一个婆婆把儿子看得很紧，跟儿媳有很多冲突，儿媳抱怨婆婆全身心都扑在儿子身上，也没有其他生活内容。咨询师要带领这个家庭从小处寻找差异，比如“婆婆一心扑在儿子身上”，这句话概括了婆婆的整个生活，咨询师要学会在这句话里发现差异。婆婆如果真的是把所有时间都放在儿子身上，那的确很不容易。但咨询师可以试着问：“请问你的生活从早到晚有怎样的内容呢？”这就是寻找差异的过程，婆婆可能说：“我每天就是那些事，没有什么不同。”儿子可能会说：“我妈妈就是这样，她每天只关心我。”

听到他们的回复时，请注意，不要那么快同意来访者说的话。这是米纽庆（Salvador Minuchin）说的。那要怎么做呢？可以对婆婆、儿子或儿媳中的某一个人说：“请你告诉我，老人早晨起来做什么，中午做什么，晚上做什么，周一做什么，周五做什么，周日做什么？请讲得详细一点儿。”咨询师要有耐心、保持尊重，并使用充分好奇的态度去问：“你妈妈一般在星期一是如何生活的，星期天又是如何生活的，从早到晚说得详细一些。”

在我的经验里，无论是婆婆、儿子、儿媳，还是一个淘气的孩子，在生活方面都会有一些细节上的差别。比如婆婆会说：“我每天早上都是起床做饭。”那么，再请她细细地想，自己从星期一说到星期日都在做什么。也许她想到星期六的时候就会有不同，她会说：“星期六的早晨，他们都没有起床，我也不知道他们要几点才起，我也没有办法做饭，怕饭凉了，所以我先出去公园健身。”请注意，这里就是一个差别，可以详细地问她：“你用什么方式健身？你和什么人一起健身？谁对你健身这件事有了解？健身带给你的感觉是什么……”

婆婆会说：“我早晨去公园健身，和那里的几个姐妹一起练太极拳，太极拳对身体有好处。”我们会看到，婆婆一心扑到儿子和孙子生活中的局部会有一些不同，这个就是差异。因此，从小处着手时，其实先要从小处着眼，看到那些小的、不同的地方，这些差异是对未来进行干预的最重要资源。

当我们凭空对这个婆婆说“你能不能不要对儿子那么关注，去学学电脑、去旅游”时是很难得到她的积极回应的，婆婆会说：“我不喜欢这样。”但是当问到她生活中的差异，谈到她喜欢的健身，谈到她的几个好姐妹周末聚会时，我们就可以从这一点入手去做促进改变的工作。

促进改变

改变不是凭空而来的，而是需要在大处着眼、小处着手之后才有可能发生的。促进改变时不能心急，不能想着一口吃个大胖子，而要循序渐进，慢慢地来，先找到有差异的地方。这些差异就如同种子，在找到这些有种子的地方后再去浇水，这样才能开出花来。

促进改变的第一个部分，要仔细思考家庭和来访者是处在缺陷的状态中，还是处在矛盾的状态中。这两种状态是不同的。如果你工作的对象处于缺陷的状态，那么在促进改变的方面需要格外谨慎。咨询师不要推动他们产生新的不同体验，而是要加强原来的生活基础，促进原来生活基础内容的整合，提升他们的安全感和整体感。

有些家庭和个人经历了很多创伤、变故和丧失，咨询师在工作的时候要非常小心，首先要建立起一个非常稳定的咨询关系，在这个关系的基础上再对来访者和家庭进行结构的强化和巩固，而不是急于推动其有更新的发展。比如，当这样的来访者急于改变自己的时候，可以请他慢下来，更多地回到自己的状态来重塑和认识自己。

很多时候，那些来自破碎家庭的孩子很希望自己能够变得不一样，比如想要成为跟父母完全不同的人。这种急切的心情是可以被理解的，但是如果没有建立好的咨询关系，没有建立一个稳定的联结，想要跳出这样的循环只是一时的冲动，早晚也会回落到原来的模式里。因此，促进这样家庭的变化需要非常谨慎，首先要像打地基一样把关系打牢，而不是急着把楼盖得更高。

促进改变的第二个部分，要找到差异和推动差异。这需要家庭或个人处在矛盾当中，而不是缺陷中。矛盾的意思是它既有力量向前发展，也可以退行或是停滞不前。它的内在有不同的方向，也有不同的需求，处在难以决断的状态当中，咨询师是可以推动这样的家庭或个人向某个方面做一些尝试和探索的。

举个例子，一对新婚夫妻经常吵架，吵架的时候，丈夫会有很多冲动行为，比如摔东西，摔东西之后丈夫又会悔恨，可是每过一段时间后，丈夫又会有摔东西的行为。丈夫对维持还是放弃这个关系很犹豫，在这种状态下，咨询师可以推动他尝试不同的应对策略，跟他探讨他是怎样调整自己的脾气的，用了什么样的方法，有没有可能用不同的方法等，这就是在矛盾当中推动改变的方式。

结合个案应用理念和策略

了解了新婚家庭的特点及咨询的基本策略，我们便可以通过个案看咨询的理念和策略。

L，女，22岁，丈夫是外地人，比L大9岁，刚结婚半年。在谈恋爱的几年里，他像父亲一样宠爱自己，任凭自己无理取闹，可以随时吵架，根本不用控制自己，男朋友会非常包容自己。虽然L非常依赖他，但却不是很爱他，L觉得自己并不爱男友的原因是他们经常吵闹，除此之外好像并没有那么亲密，另外她在身体上也很排斥他，后来在他的再三要求下,L同意结婚。现在，L跟丈夫单独生活。

再看看L的原生家庭。L的父亲在监狱，还有3个月就可以出狱。L是独生女，母亲当年意外怀孕，父亲并不想要孩子，在母亲怀孕期间，父亲曾经出轨。在L 9岁的时候，父母就离异了，父亲吃喝嫖赌，参与经济诈骗，与其他女人有很混乱的关系。在L 9~14岁期间，父亲两次坐牢，母亲也结了三次婚，L从小寄养在爷爷家。从四年级开始，L跟母亲、同母异父的妹妹、继父、继父的爸爸一起生活，继父有家庭暴力，会打妹妹，但继父并不理会L，L 15岁时，母亲和继父离婚。

L和母亲的关系一直很糟糕，L直到22岁才开始跟母亲说话。L上初中的时候特别叛逆，有早恋行为。L说，她对父亲有两次特别深的印象，其中一次是初二的时候去外地找父亲，父亲、年轻的阿姨还有L同睡一张床，父亲的生活很混乱。L了解爸爸的这些情况，17岁开始挣钱养父亲，每个月都往监狱里寄钱。L在20岁之前都很顺从父亲。现在L想要独立，想要和父亲断绝关系，同时也想弄清楚她跟丈夫到底是怎样的关系。

这个个案的情况非常复杂，L跟丈夫结婚半年还不知道自己跟丈夫到底是怎样的关系，换句话说，就是L生活在非常混乱的原生家庭里，而不是跟丈夫的二人世界里。虽然她跟原生家庭的父亲并没有生活在一个屋檐下，跟母亲很长时间不讲话，但是她的情感更多停留在父母的那个世界里。L 其实对父母用了很多的关注方式，比如她17岁开始挣钱养父亲，这代表了她对原生家庭的忠诚；她跟母亲的关系非常紧张，拒绝跟母亲讲话，这些都是在表达她强烈的情感；同时在婚姻方面，L 并不想跟男朋友结婚，在身体上也很排斥丈夫。

结合新婚家庭的特点，大家可能会理解22岁的 L 虽然已经嫁做人妻，但她更多的是原生家庭里的那个孩子，这个原生家庭早已经破裂，而且父亲跟很多不同的女人有过关系，母亲也结了三次婚，实际上那个家庭客观上已经不在了。但在 L 的心里，她一直停留在那个家庭里，她的内心深处并不想走向成人阶段，而是尽量地停留在更小的阶段，仿佛她跟父母还是一家人。

请注意，L 的丈夫比她大9岁，他更像是一个父亲，而 L 天天跟他吵闹、发泄情绪，这像是青春期的女儿跟父亲的关系，而不是妻子跟丈夫的关系。同时，L 很依赖丈夫，但又觉得不爱他，身体上对他很排斥，这些信息也让人感觉她跟丈夫的关系更像女儿跟父亲的关系，而不像成年男女之间的关系。

个案的诉求是：想弄清楚自己与丈夫到底是怎样的关系。这样的诉求似乎是一个信号，当一个人提到“我想弄清楚一件事情，我想理解这个关系”的时候，表达出来的状态像是一个成人的状态，“我对自己的处境想要有一个理性的认识和思考”，这是成人的状态；而之前 L 跟自己的丈夫发脾气时就是孩子的状态。

L 挣钱养活父亲，每个月往监狱里寄钱，这是在做父母的角色。她跟咨询师说：“我想弄清楚我跟丈夫的关系。”看起来她的成人部分在增加，所以这是个很好的信号。在这一点上，L 开始尝试从原生家庭向外走一步了，开始思考能不能独立，她的独立可以解释为从原生家庭里迈出一步，不再纠缠于原生家庭。

从这个角度上讲，L 与丈夫的关系表面上是夫妻关系，实际上丈夫替代了她人生中一直缺席的、不稳定的父亲角色，她在这个婚姻里享受到了从小没有得到过的稳定父爱。从动力学的角度看，因为享受的是父爱，所以她避免自己跟父亲有太多的身体接触，体现在表象上就是她的身体是排斥自己丈夫的。

我们每个人的自我里都有孩子、成人、父母这三个不同的部分。L 最初跟丈夫在一起的时候，他们有一段时间关系比较稳定，虽然她会对丈夫发泄情绪，但丈夫一直包容她，所以这个关系还是稳定的，丈夫更多的是显现父母的角色，L 更多的是显现孩子的角色。L 发展了一段时间之后开始有更多的成长，她身上的成人部分变多，如果丈夫依然处在以父母角色为主的状态里，他跟 L 的关系就会变得有冲突。这个冲突很可能就像父母跟青春期孩子的冲突，甚至最后双方闹得不可开交，孩子有可能离家出走。那么对于夫妻来讲，最终结果可能是婚姻解体。

假如丈夫在这个阶段能作出自我调整，从父亲的角色转变为成人的角色，比如他可以跟 L 分享平等的感受，而不再是宠溺妻子。那么随着 L 逐渐发展出更多成熟女性的特点，二人在平等的维度上有更多的合作，婚姻就有可能会发生转变。但是这个很困难。在这个个案里，丈夫年龄比 L 大很多，这个男人是一个相对稳定的男人，在面对自己的妻子发生很大变化的时候，他能否作出相应的调整是很难预料的，概率实际上并不高。因为在这个男人的心里，他宠溺对方的模式是比较稳定的。有什么样的机遇会让他变得更理性、更成人化、更关注自己，而不是更宠溺对方，我没有更多信息。

即便二人的关系不会瓦解，但伴随着L的成长变化，二人也会有一段时间难以互相适应。丈夫会太过控制，虽然他对她的宠溺代表了一种巨大的包容，但那也代表了一种控制。随着丈夫年纪的增长，他面对妻子不断叛逆的行为、想独立的追求时，在情感上会难以接受、难以理解，所以他们的关系会面临巨大的挑战。

咨询师工作的重点是什么呢？咨询师和来访者在刚开始工作的阶段，要一起重视这个家庭面临的挑战，而不要把事情想得过于简单，做些过于简单的干预方案，比如让L更多去照顾丈夫等。首先，咨询师要让L有更多的机会了解自己的状况，这样的工作着眼点可能会让L在内心急剧变化的时候，在外显行为上不至于过于极端。

L有巨大的变化动力。她的原生家庭有不稳定性和很多创伤性事件，令她处在缺陷的状态里。因此，咨询师除了要关照她的变化，还要多了解她面临的问题。她内心急剧的变化破坏了婚姻关系和咨询关系的稳定性，咨询师至少要学会在她内心变化的时候给予她稳定的联结，使她不要急于以某种方式去挑战，而是在这样一个大的前提下做小小的推动。

个案小泉，男，39岁，结婚3年，职业经理人，没有孩子。妻子小紫，29岁，结婚前是一个设计师，结婚后就没有工作，在家里画画，兼职做一点儿设计。

他们恋爱2年，然后结婚。婚前是小紫追求的小泉，那时候小泉是一个浪漫的文艺青年，根本没有想过结婚，要不是父母催得紧，加上小紫对自己很不错，而且年纪也大了，估计也不会结婚。小泉娶小紫有一部分原因是觉得小紫很有才华，同时对小紫有怜悯的成分。有才华是指小紫会设计、擅长摄影、会写文章，她跟小泉还是有很多共同语言的。因为小泉是个文艺青年，他们有共同喜欢的东西。一开始小泉觉得自己并没有那么喜欢小紫，他想也许会慢慢爱上她。怜悯指的是小紫在上学时父亲就去世了，之后母亲抑郁自杀，留下小紫一个人。小泉知道这个情况后心里很难受，下定决心要对小紫好，希望能好好照顾她。

婚后的生活并不幸福，两个人没有性生活，小泉没有性趣，小紫也不主动，虽然小紫一直想要孩子，但是他们并没有很多的亲密接触，交流也越来越少。小泉出差的时候并不太想小紫，小紫独自去旅行时，小泉也很少给她打电话。小泉本来追求灵魂伴侣，但现在觉得连普通的交流都没有，因此对二人的关系很失望。他想好好过，可又没办法走进小紫的内心。他们彼此对对方都不太满意，又下不了决心离婚，糟糕的是最近他们换了一个城市生活，两个人经常吵架，小紫都是忍不住哭诉。小泉开始摔东西，还动手打了小紫。小紫说："你怎么可以这样对待我？"小泉说："你不用上班，不用还房贷，居然还挑剔我、跟我吵架，你怎么不满足？"二人吵来吵去，彼此说了很多伤害对方的话，过几天又会和好，再过几天还会吵。两人都没有特别想要离婚的想法，但都不明白为什么两人在心灵世界越走越远。

小泉来做咨询，他不知道自己是不是真的爱小紫。因为在一起五六年了，可是好像没有那么亲密，也没有什么值得留恋的，但是想到分开又会可怜对方。

这个个案跟L个案有很多相似的地方，都是夫妻两人年龄相差很大，女方来自非常不稳定的不幸家庭。相对来说，小紫好一些，没有L的家庭那么混乱，但是小紫是有多重创伤的，父亲去世后母亲自杀。从心理上来讲，小紫的状态是缺陷型的。

在婚姻的最初阶段里，婚姻好像是小紫原生家庭的延续，小紫找到了一个跟原生家庭有点儿像的环境，这个环境更稳定，有人爱她，她可以在里边继续成长，继续享受青春期没有享受过的温暖。因此无论是小紫还是L，她们在婚姻里都像是一个没有发展好的年轻人。小紫在婚后不上班，只是画画、写东西，是一个浪漫的青春期少女，而且同样她也没有很多的性生活。这更像是父女的关系。

小泉和小紫二人开始吵架，吵架其实对他们来说是一个信号，这个信号是他们两个开始从父女的关系变成平等的成人关系。虽然吵架会带来不愉快的感受，但能表明他们希望彼此有一些沟通，虽然沟通里带了强烈的情绪，可这同样是一个信号，暗示二人试图走出原来的稳定关系，走出貌似是婚姻实则是父女的关系。

在这样的处境里，小泉来咨询，其实咨询师首先要跟小泉谈的是，这是一个非常困难的阶段，好像化茧成蝶的那一刻，是从很脆弱的一个状态向下一个状态转变的过程，是需要非常小心的。

小泉觉察到二人越走越远，也在想假如离婚的话小紫会有多可怜，这同样是一个信号，表明小泉在思考从这种关系中走出去会是怎么样的。小泉在自己不是特别想要结婚的时候被父母催婚，找到了一个非常有才又可怜的女孩子，他试图去照顾她，这并不像是一个成人的身份状态。因此在这个婚姻的冲突里，小泉走向了成人的状态。

在这个咨询中，需要注意的是其实他们对亲密关系都缺少了安全感，很想离开现在不舒服的状态。但无论是留在婚姻里，还是走出去，他们都有各种各样的焦虑，甚至有很多恐惧。因此咨询师在这个时候不能轻易给出任何方向的推动，而是要帮助来访者一起稳固现在的关系，做一点点不同方向的探讨。比如，咨询师可以跟来访者探讨，如果继续留在婚姻里会怎样？如果结束婚姻又会有哪些不同的可能？

面对这样复杂的个案，面对新婚的年轻人面临多重压力的状态，咨询师需要小心谨慎，既需要加强与来访者的关系，又需要加强来访者跟原生家庭的关系，还要加强现在婚姻关系当中那些有利的资源，然后再带领对方看得更广阔，接受那些难以接受和无法改变的部分，进而尝试一点点小的变化。

咨询师很容易面对的一个挑战就是来访者过于强烈地想要离开现在的处境或原生家庭，这种渴望可能会让咨询师挽起袖子奋不顾身地跳进去陪来访者一起努力改变，但也许这个改变会太大，对原来并不稳定的家庭关系造成更大的影响。

04

有儿童的家庭

第1节　有儿童的家庭（1）

两个家庭里的成人在进行了各种各样的准备（经济能力、社会人际关系等方面）后进入家庭的稳定阶段，继而准备迎接下一个阶段——有儿童的阶段，也就是家庭的扩展阶段。从整个家庭的生命周期过程看，成立家庭最主要的一个目的是共同生活，在更好的生活基础上养儿育女、传宗接代，让家庭透过孩子继续传承自己的基因、文化、姓氏，因此育儿使家庭得以扩展，是家庭的一个重要任务和责任。

我们常常在一些媒体上看到有人吐槽春节回家被父母逼婚，有些人开玩笑说："被父母逼婚逼得不耐烦，想想还是算了吧，谈恋爱已经有一段时间了，那就结婚吧，结完婚父母就不会再烦自己了。"实际上，大部分人进入婚姻后就会面临另外一件事情——被父母催着生孩子。有的夫妻为此感到非常困扰，他们觉得自己年龄并不大，并没有生儿育女的计划，但是双方的父母轮流催着他们要孩子，使夫妻二人不胜其扰。

有些新婚夫妻会想先享受几年的自由生活，这已经成为一种现象。当下很多年轻人把生活是否和谐、生活质量是否提高看作婚姻生活很重要的一部分，但在传统文化的观念里，生儿育女才是婚姻里最重要的一件事。

生儿育女变成父母辈和孩子辈的冲突焦点。

从家庭形态角度来讲，没有孩子是让家庭非常焦虑的一件事。在早年社会里，一个家庭如果生了女孩也会担忧，父母辈会认为要生出男孩才算是完成了传宗接代的任务。从生物学角度来讲，传承自己的基因给后代是人类生生不息、不断繁衍的一个动力。但是在现代的都市生活里，很多家庭没有清楚的育儿计划，即使有，也是模糊的计划，或者计划的时间超出了传统的意义，比如原来女性的最佳生育期是在20岁左右，可是现在很多女性超过30岁，甚至40岁后才生第一胎。这样的情况在现代都市里并不罕见，却给整个家庭带来了焦虑。家庭成员间就孩子的问题很难达成一致，常常会产生冲突，这都是有儿童的家庭会面临的挑战。

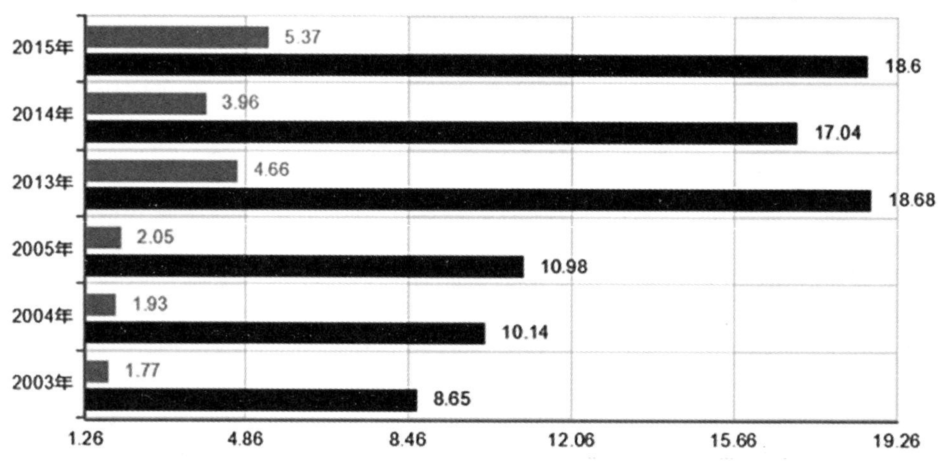

2003—2005 年与 2013—2015 年 35 岁以上妇女生育率变化数据

（数据来自：《中国统计年鉴》。）

这个阶段的家庭所面临的困扰比新婚阶段、孩子离家之后的阶段要复杂得多。家庭扩展对夫妻双方都是极大的挑战，应对起来需要极大的心理能量和技巧。从形成新婚家庭的阶段到有儿童的阶段，夫妻对婚姻的满意度会很快降低，有些女性的自我价值感也会发生巨大的变化。有些女性生了孩子之后身材变形，婆媳之间出现争执，职场上也会面临很多挑战，因此对于女性来讲，此阶段比新婚阶段面临着更多的难题。

除了婚姻总体的满意度降低、女性自我价值感降低这两个比较显性的问题外，还有一个更隐形的问题是需要咨询师格外留心的，也就是说，我们能关注婚姻的整体状况，特别是女性的心理变化，但实际上，男性在这个阶段面临的挑战、责任和批评也更加强烈，但男性在求助咨询方面没有女性普遍，所以与男性工作充满了挑战。

在有儿童的家庭阶段，也就是家庭的扩展阶段，我们会关注婚姻家庭的热点问题，比如丧偶式育儿、婆媳之争、早教难题、二胎问题、丁克家庭等。

有儿童的家庭的特点

第一，人数的增加。家庭人数由二人增加到三人（或以上）。

第二，角色的丰富。婚姻中的双方从原来的女儿、儿子，变成了妻子、丈夫；当有了孩子之后，身份又变成母亲、父亲，这样他们至少有三种主要的角色，首先是原生家庭的儿子和女儿，在婚姻关系里是丈夫和妻子，对于新生的孩子来讲又是父亲和母亲。这三重关系再加上双方的亲属、姻亲关系，夫妻所扮演的角色会变得多样，责任也会变得更大。

从压力的角度看有儿童的家庭的特点[①]

虽然新婚家庭的压力已经变得很大了，但相比于有孩子的家庭，他们的压力还是小一些，有孩子的家庭压力会进一步增大。

压力一：在同一空间里，人数急剧增加。有儿童家庭的人数急剧增加，角色变换更频繁。比如对女性来说，原来只是女儿和妻子的角色，现在要面对老人和孩子，增加了儿媳和母亲的角色。怀孕的时候，有些女性在生理上会有妊娠反应，有些女性可能出现食量增加、体重与睡眠改变等症状，导致很多压力出现；等有孩子后，她们还要适应与老人一起生活，因为老人要过来帮助照顾孩子。跟老人一起生活，生活空间自然会减少，生活在同一空间里还需要有更多的交流，这个也会给女性带来压力。

压力二：经济支出的增加。有孩子家庭的一个更大压力来自于经济。新婚夫妻二人一起生活的时候开销比较少，很多新婚夫妻在家做饭，或者在家里进行一些娱乐活动，可能没有那么大的开支。一旦有了孩子，家庭就会有大的经济支出，尤其是近些年来，孩子的奶粉钱成为很多家庭的重要支出。

压力三：性的压力。新婚夫妻在性方面有非常多的交流，也会有更多性的享受，但有了孩子后，性会带给夫妻双方压力，尤其是从传统文化上来讲，

① 参见利翠珊、张妤玥、邓皓引：《育儿阶段夫妻工作家庭压力调适：系统界限的定位与转变》，《中华心理卫生学刊》2014年第1期。

在育儿的前后时间段内，性生活被约束了，甚至成了禁忌，导致夫妻在性活动的时候会有非常大的心理压力。

有儿童的家庭阶段与二人世界的新婚家庭相比，压力是增加了很多的。

从冲突的角度看有儿童的家庭的特点

从冲突的角度看，婚姻是两个人生活的共同体，二人世界的冲突比较简单，新婚夫妻会直接吵起来，情绪比较容易表达。到三人世界的时候，因为有了孩子，夫妻吵架会有缓冲，冲突表现不直接。从冲突的表现形式看，缓冲会导致一个隐患：有些问题在二人世界表现得明显，在三人世界问题会隐藏得更深，导致问题变得越来越复杂，甚至双方都意识不到隐藏的矛盾与冲突。

新婚阶段，双方体力特别好，有全能式的幻想，大家会愿意去努力，也有力量通过持续争吵去解决问题。在有孩子的阶段，尤其是孩子刚出生时，照顾孩子和处理家庭的具体问题都会让夫妻双方非常焦虑，双方体力有所下降，不直接面对冲突，使得问题被隐藏，解决问题的意愿也有所下降。所以有孩子的人，虽然有时候会努力解决问题，但解决到一定程度就会放弃，或者说努力的程度没有新婚阶段那么高。这会使夫妻双方争吵的程度没那么激烈，接受的程度会增加，同时由妥协带来的不满也会积累起来。

新婚家庭在处理矛盾的时候，回旋余地要小一些，比如妻子生气了会直接回娘家，丈夫就会自己吃饭，没有第三者从中调和。在有孩子的家庭里起冲突时，极可能因为有孩子而减少争吵，也有可能老人会从中调解，所以回旋余地会大一些。回旋余地大，一个方面是问题会变得越来越复杂，另一方面可能会更容易消解问题。

总体而言，有儿童的家庭的问题会变得更复杂，会出现更多出人意料的情况。尤其是对于新生儿的父母来说，可能有很多事情是他们无法预料的。经济压力、人际关系压力、身体健康状况的变化、早期教育，这些都增加了有儿童的家庭的适应难度。

我要再次强调，做婚姻家庭的工作，永远不要低估婚姻家庭的复杂性，永远不要低估我们面临的处境的复杂性，不要跟来访者家庭轻易地说“这个问题很容易解决、这个问题很容易理解”。因为在婚姻家庭当中有太多的变化是需要去面对、应对、解决和接受的。

前面谈了有儿童的家庭的特点，现在我重点谈一下有儿童的家庭所面临的挑战。

有儿童的家庭所面临的挑战

第一个挑战：生活本身的变化

时间上的变化。没有孩子时，新婚夫妻是可以充分自由支配时间的，比如他们会在星期六睡到中午再起床吃饭。老人可能会很早做好了饭，把新婚夫妻叫醒，很多夫妻会告诉父母要继续睡觉，先不吃饭。这样的处理对新婚家庭来讲是比较容易的，也就是说他们在时间方面是有很大弹性的，也可以自己做主调整生活内容。

有孩子的家庭就完全不同，孩子出生以后，夫妻的时间会非常受限制。很多年轻妈妈说："我本来想多睡一会儿的，孩子早早就醒了，爬到我的身边，用手拍我的脸，让我起来陪她玩，我不得不陪她，到上班的时候，我就很疲惫了。"这个是孩子对夫妻时间的占据。另外，夫妻的生理节奏会被打乱，比如原来可以一觉睡到7点半，现在5点就要起床了；原来晚上可以12点才睡，现在孩子需要8点钟睡觉，卧室不能开灯，不能有太大动静，怕影响孩子的睡眠。所以很多家庭的时间节奏也会被孩子打乱。

空间上的变化。有了孩子以后，家里的空间就由原来的夫妻二人使用变成三人（甚至更多人）使用，孩子对物品和活动空间的需要远远超过夫妻二人。比如床，有孩子之后，丈夫可能睡沙发，妻子可能睡床边，孩子会占据床的大部分；安静的书房变成孩子的活动空间；阳台上到处都是孩子的尿布等。

第二个挑战：夫妻双方的身心变化

在育儿阶段，女性的身体与情绪都会有非常大的变化，需要花一段时间才能适应，另外还要面临的一个挑战是产后抑郁问题。男性的身体和情绪方面的变化不太被关注，因为在养育孩子的过程中，女性是重点关注的对象。实际上，男性从新婚阶段享受快乐的人，变成家庭里不被重视、要承担更多责任的人，其身体和情绪必定会产生一定的变化。[①]

① J.Belsky, E.Pensky, "Marital Change Across the Transition to Parenthood", *Marriage & Family Review*, Vol.12,No.3-4 (1988), pp. 133-156.

孩子出生之后，由于空间的减少，有些丈夫一直睡在书房或客厅沙发，跟妻子在身体方面的接触大幅度减少。情绪上被冷落，对育儿有过度的焦虑，使男性很容易被家庭成员忽视。

第三个挑战：有效沟通的减少

夫妻在新婚阶段会有很多的交流，但是在孩子出生以后，有效沟通就会明显减少。另外，我们常常会听到丈夫在妻子孕期出轨的新闻，这个现象被很多人谴责。在妻子处于生理上的巨大变化时，丈夫却与其他女性发生关系，这是不道德的。我们除了谴责这种不道德的行为之外，更要进行思考：在婚姻当中，妻子由于怀孕后生理发生变化，使丈夫在性的关系里处在一种变化当中，双方没有进行足够交流，一定程度上能解释丈夫的出轨行为。

在传统文化里，妻子怀孕之后，性变成一件要约束的事——性行为会动胎气，影响孩子的发育，这些传统思想使得夫妻性生活的数量减少。即便是有性生活，双方也会处于紧张的状态，尤其是丈夫在性生活中会有更多的焦虑和被谴责的担忧，担心万一孩子有什么问题的话，可能是由于性生活频繁造成的，这就使得性生活变成了压力。

第四个挑战：文化冲突

有儿童的家庭将面临更多的文化冲突，除了新婚夫妻彼此的生活习惯不同外，他们还会面临育儿理念的冲突。首先，夫妻来自不同的家庭，他们之间的育儿理念会有不同；其次，老年人跟年轻人的育儿习惯也会有所不同。

在咨询当中，有一个典型的育儿冲突就是年轻人觉得用纸尿裤非常方便，而老人坚决不愿意用纸尿裤，要给孩子用传统的尿布，认为这样更利于孩子健康成长。此外，育儿家庭的文化冲突主要表现在对孩子的将来做怎样的打算、有怎样的规划、要不要买保险、要不要买教育相关的投资基金等。在这些问题上，夫妻双方及家庭都可能会有不同的想法，因此大家会就此争论谁对谁错。在新婚家庭阶段，冲突常常是两个人的；而在有孩子之后，双方的父母甚至亲戚都有可能加入这样的争论当中。

第五个挑战：选择过多

当下社会产品丰富、生活方式多种多样，人们面临的选择会比以前多很多。比如，如果你去超市买牙膏，会发现有几十种类型，在大的超市可能有上百种，而选择过多也会带来更多的焦虑。心理学研究发现，人的选择越多，并不会越幸福。当选择超过六种以上的时候，人们会面临着过多的选择，也会导致很大程度的焦虑出现[①]。在育儿方面，我们有越来越多的选择，比如，用纸尿裤还是用尿布、喝这种奶粉还是那种奶粉，这都会给夫妻带来更多的挑战、更大的焦虑。

① S. S.Iyengar, M. R.Lepper, “When Choice is Demotivating: Can One Desire Too Much of a Good Thing? ” *Journal of Personality and Social Psychology*,Vol.79,No.6(2000),p.995.

如何应对有儿童的家庭的挑战

要有稳定的设置

面对急剧的变化和众多的挑战，不管是咨询师在跟家庭工作的时候，还是我们自己在面临这些挑战的时候，都要有稳定的设置。这是一个最基本的思考方向和原则。

稳定的交流。在变化当中，时间维度会有很大的变化，夫妻双方的生活内容与节奏经常会被孩子打乱，全家人都会进入一种应激状态。因而，即便有了孩子，夫妻也要安排一些固定的生活内容来保障时间的弹性。也许跟以前相比有所减少，但仍然要预留一定的时间，做跟二人世界的时候比较接近的生活内容。

举个例子，夫妻原来会在吃饭的时候聊天，现在可能需要一个人照顾孩子，在吃饭时基本上就没有机会讲话，所以固定的交流时间就被破坏掉了。即便如此，夫妻双方也可以每天抽出某个固定时间段来面对面交谈，哪怕电话沟通也是重要的。有的夫妻会把这个时间安排在孩子睡着之后。孩子在3岁以前睡得都很早，这给夫妻的交流提供了条件。无论多累，夫妻双方在睡觉前安排10分钟或半小时的交流，会帮助夫妻双方建立起一个稳定的沟通形式，以应对生活急剧变化带来的压力。

稳定的空间。西方发达国家的家庭通常会在孩子出生第一天就给他准备一个单独的房间，但中国大部分家庭的孩子可能要跟父母一直同床或同房间睡，直到上小学前。

讲到稳定的空间，我建议夫妻双方一直保持在主卧室的大床上生活，孩子的床放在旁边。有些家庭的孩子睡在父母中间很多年，这会妨碍夫妻的言语交流和身体交流，更会妨碍到基本的性生活，导致夫妻沟通的减少。因此，夫妻需要一起交流怎样能够保证双方有最低限度的语言与身体交流，比如保持主卧室中床的空间设置。

当然，要保证稳定的空间在中国大多数家庭基本很难实现，具体实施是需要夫妻双方共同去探讨的。比如，有些家庭会把孩子放在大床上跟母亲睡，父亲睡到书房去。最开始的时候，丈夫会在孩子睡着后跟妻子进行性生活，然后再回到书房睡，但这样的话，有时丈夫累了或孩子身体不舒服，夫妻的性生活就会受影响。所以，即便丈夫睡在书房，夫妻双方也仍然要探讨如何保证一周有一天或一小时的时间是双方可以单独在一起的。

减少信息来源

除了稳定的设置之外，由于有儿童的家庭会面临着信息的急剧扩展，包括物质的急剧扩展，比如儿童的衣服和玩具很多，这就导致夫妻要面对信息过量和体力不支的高度应激状态，因此减少信息来源是很重要的一个应对方式。

什么是减少信息来源？很多时候，夫妻会面对各种各样的育儿书籍、双方亲戚朋友的各种各样的建议。其实，书籍和建议并不是越多越好，年轻父母要把建议和信息限定在有限的数量之内。比如，有些夫妻买了很多书，当他们看到不同的书里有不同的育儿理念时就会很抓狂，因为他们不确定应该听信哪一种理念。亲戚也会给出各种各样的建议，这个推荐某某牌子的奶粉、那个推荐某某牌子的纸尿裤……在很多信息的共同袭击下，年轻父母就会产生巨大的焦虑，也会因为选择过多出现选择焦虑症。因此，控制信息的来源很重要。

解析丧偶式育儿

社会上经常出现一个名词：丧偶式育儿。接下来，我们用刚才讲的理念来对丧偶式育儿个案进行一个简单的讨论。

李女士，孩子2岁半，孩子出生后，婆婆来照顾过一段时间。李女士经过再三考量后还是决定由自己带孩子。于是，在孩子快1岁的时候，婆婆回了老家，李女士自己单独照顾孩子，有时候会请钟点工帮自己。丈夫在月子阶段会比较尽心地帮助照顾孩子，后来忙于工作，对孩子的照顾就越来越少了。

有时候，李女士希望丈夫能够帮助自己，因为钟点工到点就下班了。而且，李女士独自带孩子后在情绪上有很多的焦虑，害怕自己带不好孩子。当丈夫不能及时帮助自己的时候，比如给孩子冲奶粉的温度不适当、没有把奶瓶洗干净等，李女士就会更焦虑，甚至还会责怪丈夫。慢慢地，丈夫以工作很忙为由，把更多的时间花在工作上。

孩子1岁时，李女士发现丈夫回家越来越晚、越来越少，且出差频繁。李女士觉得压力很大，跟丈夫沟通，却因沟通不顺爆发了冲突。丈夫非常生气，觉得自己在为家庭做努力，李女士却不理解自己。两个人在有孩子之后冲突非常明显，因为要继续照顾孩子，况且孩子有时候会生病，所以李女士并没有把这个冲突过多地放在心里。过了一段时间后，李女士发现丈夫不参与育儿的频率增加了，回到家里能够参与进来的频率降低了，有时候自己让丈夫做一些事情，他也各种推脱。李女士只好雇了一个住家的保姆，于是，丈夫回家的次数更少了，甚至有时候连电话也不接。李女士面对这样一种状态，不断地抱怨，希望得到婆婆的支持，可是婆婆还有自己的工作，也没有办法帮上忙。李女士只能和保姆一起应对孩子出现的各种各样的问题，直到现在。

李女士说："我简直就是丧偶式育儿，根本指望不上丈夫，即便是丈夫在家，他也很不情愿帮我，还常帮倒忙，他并不了解应该怎样照顾孩子，他会让孩子不舒服，会把孩子弄哭。"可是，这种抱怨并没能解决问题。丈夫参与育儿的频率和回家的次数越来越少。李女士对自己的未来很担忧，因为她听说一些夫妻在育儿的最初阶段有矛盾，导致丈夫出现出轨行为，她也有这种担忧。因为丈夫经常不回家，有时候电话不回，甚至直接就关机，所以她有很多的疑问，但是李女士不愿意深想这件事，她很害怕会变成现实，于是选择回避。李女士找咨询师，希望改善自己的心情状况，改善自己的家庭关系，希望丈夫能够回家。

李女士所面临的这个处境在很多家庭里都有，尤其是在刚刚有孩子后的头两年里。有的家庭中有老人帮忙照顾孩子，丈夫会慢慢远离育儿的主战场，甚至不太回家，也有的丈夫会在这期间出轨。像李女士这样主要靠自己照顾孩子、家里没有老人帮助、只有钟点工的情况，丈夫更容易渐渐远离家庭。

在处理这种家庭问题时，有时候咨询师和妻子很容易责备丈夫。咨询师处理这种个案的盲点是更容易理解妻子、谴责丈夫。如果这个方法有用的话，那么恭喜你，事情很快就会得到解决。但是，事实往往更加复杂。

一对夫妻求助于家庭咨询师，即使丈夫听到妻子或咨询师对他有所要求，他回家后可能也不会发生改变，甚至连再来做咨询的动力也会消失。有时候，妻子可能会跟咨询师说，“请帮助我，让我老公回来”“请帮我，把我老公变成好老公”。请注意，最好不要去改变那些不在场的人，因为这个改变是很困难的。我们要试图去对那些有强烈动机和在场的人做一些推动和改变。

在真正着手工作之前，我们需要从不同的角度来理解婚姻的状况，理解其中每一个人。通常我们更容易理解的是妻子和新母亲的角色，却不太容易理解丈夫和新父亲的角色。其实，我们需要花更多的耐心去理解在变化的家庭当中新父亲所面临的处境是什么，避免将简单的标签贴在他身上，使他因觉得自己没有被理解、没有被支持而拒绝改变。尤其是在咨询当中或者咨询之外，新父亲不被理解的话，他会渐渐进入系统一的状态。

如果新父亲不被理解而只被谴责，他更容易进入系统一的战斗状态或逃跑状态，假如不能战斗也不能逃跑，他甚至会直接进入僵死状态。这样的状态是难以发生改变的，我想这都不是丧偶式育儿中的妻子和新母亲所愿意面对的。

在家庭咨询里，中立是很重要的态度。不管婚姻当中的一方是不是在场，家庭咨询师都要学会保持中立的态度，试图理解不在场的人，不管他的行为是不是有问题，或者他的行为是不是带来了恶劣的影响。家庭咨询师要从不同的角度去理解他，而不只是从单一的方面去抱怨或谴责。

比如在李女士的个案中，每当丈夫回来的时候，妻子跟丈夫的沟通主要是两个部分，一个部分是抱怨“你为什么不……”；一个部分是提要求“你要做……”。对于丈夫来讲，这两个部分都是焦虑和紧张的来源。那么，妻子也许要听一听丈夫有什么需求。因为在婚姻里，如果丈夫的需求得不到满足，他便很难发挥作为丈夫和新父亲的功能。李女士的丈夫可能会说："我只要回来，你根本就不给我任何讲话的机会，你一直在抱怨我，我没法儿跟你沟通，我在家里没有任何快乐可言。"

那么接下来咨询师可以做些什么呢？咨询师需要让妻子完成这样一项任务：弄清楚丈夫到底需要什么。这样，妻子才可以在他状态好的时候提供丈夫和新父亲角色上的支持。也许李女士的丈夫会说："其实我只需要你跟我静静地待一会儿，而不是满脑子都是孩子。"那这样的一个需求有没有可能得到满足呢？这就是对稳定的设置的需要了。夫妻二人要有时间单独待在一起，这是一个基本的需求。比如，双方每天拿出10分钟或是每周拿出2个小时单独相处；安排1天让保姆单独照顾孩子，李女士可以去做美容和身体按摩或做运动；跟丈夫一起出去看电影。这样的活动会让丈夫感觉到他在婚姻中是被接纳的，而不是觉得整个生活的重心完全转移到了孩子身上。这样一个变化，其实不仅是对丈夫的支持，也是对妻子生活的调整。

李女士和丈夫的育儿冲突，是这个阶段的家庭常出现的问题，咨询师在处理这种冲突时很容易丧失中立的立场。我们全社会都很容易看到女性的不容易，的确，女性在育儿，尤其是照顾新生儿的过程中确实付出了艰辛，承受着夜里很难睡觉、哺乳很痛苦、身体恢复有挑战等多方面的压力，但是，如果我们只是共情和理解女性，那么在婚姻另一端的男性就不容易被理解和支持，婚姻的天平就可能会倾斜，丧偶式育儿就不可避免了。

第2节　有儿童的家庭（2）

上一章我们讲了有儿童的家庭，主要讲的是丧偶式育儿。其实从某种意义上来讲，女性经历丧偶式育儿的同时，男性也处在丧偶阶段。意识到这一点，会让很多人感到吃惊。在系统式家庭工作里，这的确是一个需要训练的视角。对于很多来做咨询的人，包括很多家庭成员（主要是婚姻中的女性）来说，这是一个很重要的盲点，有时候在这一点上开展工作确实是非常困难的。

如何理解丧偶式育儿中男性的处境

尽管很多时候是一个来访者来到咨询室，但咨询师面对的不是一个人，而是家庭的夫妻或者是包括孩子在内的三个人（有时候甚至是更多的人）。我们能够顺利开展工作，推动家庭去解决矛盾、化解冲突，其中很重要的一个原则是保证在中立态度下对不同家庭成员有更多的理解和支持。

在有儿童的家庭里，因为妻子早期在孕育孩子的过程中承担了绝大部分的日常工作，所以家庭成员和咨询师更容易看到她的不容易，也更容易支持、理解她。因此，更多的咨询师会不自觉地站在女性立场上，忽略了跟男性建立稳定的咨询关系。男性参与咨询的概率本来就很小，如果咨询师不注意保持中立立场的话，男性就更少会参与进来了。

有些女性听说要理解男性，便会非常不高兴，因为她们觉得在生养孩子过程中，女性身心承受了巨大的压力。有些人在怀孕和生产期间冒着很大的风险，所以当了解到要去做男性的工作时，很多女性就会觉得很不可思议。这种常识性认知使家庭成员和咨询师很难对男性给予支持和理解。从生理痛苦来看，女性经历了生育的痛苦，承受着生理上的变化，的确承担着更大的压力。但对家庭进行工作的时候，我们要利用家庭成员的资源更系统地解决问题。如果我们在家庭成员中没有保持中立的态度，就会失去家庭最重要的支持。我们一味支持女性，就会失去丈夫的配合，家庭也就失去了改变的力量。

这里的要点是，不要绝对化地比较男性和女性在育儿阶段所承受的痛苦，显然在生育孩子这件事上，男人生理上没有那么大的痛苦，可是家庭育儿前后发生的变化对男性来讲也是个挑战。[①] 对于女性的变化，大多数人可以看得更清楚；而对于男性的变化，我们要训练自己的眼光，以让自己

---

① 美国新生儿父亲患产后抑郁的发生率高达4%~25.5%。参见 P.Ramchandani, A. Stein, J.Evans, T. G.O'Connor & ALSPAC Study Team, “Paternal Depression in the Postnatal Period and Child Development: A Prospective Population Study” ,*The Lancet*, Vol.365,No.9478 (2005),pp.2201-2205.

全球平均发生率为1.2%~11.9%。参见 J. F.Paulson, S.Dauber & J. A. Leiferman, “Individual and Combined Effects of Postpartum Depression in Mothers and Fathers on Parenting Behavior” ,*Pediatrics*, Vol.118,No.2 (2006),pp.659-668.

我国平均发生率为7.4%。参见赖敏华、温馨、李文硕、姜梅、李峥：《新生儿父亲产后抑郁发生现状及其影响因素的研究》,《中华护理杂志》2015年第5期。

更平衡地去工作。

比如对于丧偶式育儿这个问题，社会媒体舆论、来访者等对女性的丧偶式育儿都有生动、具体的描述。对于这个现象，咨询师除了跟妻子共情、理解和支持妻子外，还要转而去看丈夫在有孩子的前后阶段所发生的变化。对于丧偶式育儿来说，不是女性一个人丧偶，男性也是丧偶的，我们可以从几个方面来理解男性丧偶的处境。

性生活减少

在丧偶式育儿中，男性的性生活减少了，有的甚至没有了性生活。男性在性生活方面承担着巨大的压力。[①] 比如，在要求性生活时被妻子拒绝、指责等。有些人会说男性没有性生活，女性不也同样没有性生活吗？从绝对意义上来讲是这样的，但是实际上女性在生育孩子过程中因为生理状态的改变，对性的需求会比平时减少。[②] 另外，女性在育儿过程中跟孩子有很多身体接触，要知道，女性的性感带是遍布全身的，育儿过程会缓解她身体的性紧张，而男性接触女性的频率下降，性焦虑解除的机会就变少了。

---

① S. H.Fischman, E. A.Rankin, E. L.Soeken & E. R.Lenz, "Changes in Sexual Relationships in Postpartum Couples, Journal of Obstetric", *Gynecologic & Neonatal Nursing*, Vol.15,No.1 (1986),pp.58-63.

② M. D.Avery, L.Duckett & C. R.Frantzich, "The Experience of Sexuality During Breastfeeding Among Primiparous Women" ,*The Journal of Midwifery & Women's Health*,Vol 45,No.3 (2000) , pp. 227-237.

无价值感

男性在刚刚有孩子的阶段里会体验到很多无价值感，有的男性会这样描述："我看见孩子出生的那一刻非常紧张、焦虑，我不知道发生了什么，我不知道那么小、满脸皱纹、身上带着血迹的孩子是怎么回事。我感到非常紧张。"这种描述是很真实的。在母亲怀孕期间，父亲的贡献非常小，当医生把新生儿放在父亲怀里的时候，父亲当然会很高兴，可是更多是紧张和惶恐。很多父亲把孩子抱起来后，不知道用什么姿势能让孩子更舒服。孩子在父亲怀里哭闹时，父亲的成就感会消失得很快，油然而生的是无价值感："我不知道怎么样能够让他变得更开心或停止哭泣，我怕在拍他或晃他时会伤到他。"他无法很快成为一个好爸爸，因此价值感会非常低。而生了孩子的母亲虽然疲劳、痛苦，但都会有英雄情结："我养育了一个孩子，我把他生了出来，看见他在旁边，我会非常自豪。"父亲觉得自己无法很快成为一个好父亲。他常常手足无措，不知道自己可以干什么。而且，每当想参与的时候，他常常会被批评笨手笨脚。这些会让父亲觉得自己在育儿领域是一个没有能力的人，缺少价值感。

被排斥感

在刚有孩子的家庭里，很多事情是由妻子来处理的，即便丈夫冲上来想要做些什么，也常常会被推出去，妻子会说："你先到一边，让我来。"妻子更容易照顾好新生儿，她们会觉得丈夫不仅帮不上忙，还会把事情搞得更糟，因此常把新手父亲推到一边去，这是常见的现象。我并不是说这样处理是错的，只是想说这样会让丈夫体验到被排斥感和被孤立感。

压力感

男性在成为新父亲的阶段面临着社会舆论的压力。每个新母亲都会期待自己的丈夫能够在这个时候帮助自己度过这个充满各种各样应激状态的阶段，她们常常会去比较谁的丈夫做得更好，亲朋好友也常常给予评价。所以，新手父亲会面临很多舆论的压力。[①]

试想一下，在有新生儿的家庭里，妻子虽然非常辛苦，却很有成就感地在照顾孩子，来访的朋友会说："孩子变得越来越好看了。"我们可以想象一下，这样热闹的场景里往往是没有丈夫的身影的，他想实现自己的价值却很无力。有些新父亲会一直在旁边等着，等着被安排一些任务，如买奶粉、买尿布、买消毒剂；也有些新父亲在受挫之后会想远离这个战场，因为什么事他都无法插手，很难获得可以发挥作用的空间。在这样一个对比的情景下，我们可以想象一下，妻子站在舞台的中央被照亮着，丈夫却没有得到任何关注，这样一种心理上的落差是怎样的呢？所以丈夫如何能够被理解、被支持，如何能发挥自己的能力，这是值得我们思考的问题。

丈夫除了存在丧偶的压力外，还有很多的压力是需要被我们看到的，比如经济压力——家庭面临着不可预料的开销。在新生儿家庭中，丈夫的工作一般不会停，他们不像妻子可以在短时间内不用上班，所以家庭的经济负担更多压在丈夫身上。除了经济压力、工作压力，丈夫还要去应对妻子、岳母、月嫂等人际关系。另外，还有一个压力来自身体。男性虽然没有经

① R. T.Pinheiro, P. V. S.Magalhães, B. L.Horta, K. A. T. Pinheiro, R. A. Da Silva & R. H.Pinto, " Is Paternal Postpartum Depression Associated with Maternal Postpartum Depression? Population - Based Study in Brazil" , *Acta Psychiatrica Scandinavica*, Vol.113,No.3 (2006) , pp. 230-232.

历生育痛苦，但是在女性生育的阶段，男性身体处于体力开始下滑的时期，在诸多生活压力面前，男性很难像二十几岁的时候那样精力充沛、应对自如，或者说睡一小觉就可以恢复体力。孩子在夜间哭闹，对妻子有影响，其实对丈夫也有影响。睡不好觉的时候，他也很难像二十几岁时可以很快恢复好身体，这也是男性身体面临的一个压力。

我们要从更多的角度更全面地看待男性在有新生儿的家庭阶段里遇到的困难。我们只有把男性的困难想得更充分，对男性的理解才有可能更到位。当男性被理解、被看到，当他知道自己在家庭里是很重要的一员时，他才能被激发参与到家庭困难的解决中。而如果没有人理解他的困难和委屈，认为他是无足轻重的，那么对于家庭咨询来讲就是一个很大的难题。

对丧偶式育儿中男性的理解的探讨，是一个非常困难的部分，所以希望大家在这方面能多一些思考。如果你是咨询师的话，这个部分是需要多一些练习的，尤其是女性咨询师很容易更多地站在新母亲的角度，而不容易站在新父亲的角度跟家庭开展谈话。

有儿童的家庭的冲突

这个阶段的最主要特征是家庭开始孕育孩子，从原来的两个人扩展为三个人（或更多人）。因为要照顾孩子，家庭成员可能增加，比如双方的父母轮流帮忙照看，月嫂或保姆长期加入，家庭成员便变得更复杂。

这个阶段面临着太多的育儿冲突、不可预计的复杂事件、人和人的关系、各种理念上的冲突等。这个阶段的状态可以用“一地鸡毛”来形容，有时候一件非常小的事情就能导致夫妻或婆媳之间出现各种各样的冲突。

家庭是一个复杂的系统，我希望大家能够更多地理解家庭的复杂性。通常我们都希望问题能更简单、更快地被处理掉，如果用简单的方式就能够处理好，那么恭喜你，你的运气实在是太好了。很多时候，我们觉得问题很简单，但是反反复复也解决不了，比如妻子说：“你连给奶瓶消毒这么简单的小事也做不好。”想想看，一个30岁的大男人做不好这么简单的事情，的确令人很失望、焦虑，甚至生气、绝望。假如你的惯性思维认为这个事很简单，可是对方反反复复总不能解决这个问题的话，那这个问题很可能不是一个简单的问题。妻子可能会说：“难道洗奶瓶、冲奶粉是很复杂的事吗？我已经跟他说了三次了。”请注意，洗奶瓶、冲奶粉本身是一个简单的事情，但是一个新母亲让新父亲去做这些事，可能就变成一件复杂的事。

回到育儿冲突这件事上来。在大部分的生活中，我们的一个生存策略就是简单化，就像中国谚语常说的“大事化小，小事化了”。如果是比较复杂的情况，我们可以简单处理；对于很复杂的情况，我们却很难用一句话来说明。这个策略在很多时候是有用的，比如说两个陌生人刚见面，你跟对方介绍自己是一个乐观、随和的人。你用的这四个字就是对复杂人格作简化处理，快速有效地让对方对自己形成一个大概的了解。

但是一个新生儿母亲对父亲说，“你把奶瓶洗干净”“你去冲奶粉”，这就不是一个简单的事了。妻子和丈夫各自本身就是一个复杂的系统，在有新生儿的时候，他们都面临着急剧的变化，即便是他们互相传递的是一个很简单的事情，也有可能使问题变得非常复杂。

当妻子开始对丈夫（实际上他有一个新的身份——新生儿的父亲）说“你去把奶瓶洗了”的时候，可能妻子的语气、语态、神情、动作各方面跟平时不一样，此时丈夫便处在各种各样的压力中。此时的妻子是一个新生儿的母亲，丈夫需要重新去认识妻子，所以即使要做的事看上去很简单，可是发出信息和接收信息的两个人都处在复杂的状态中，再加上双方都希望更快解决这个问题而没有很好地沟通清楚，比如交代清楚奶瓶到底要洗几遍、用什么样的水来洗、奶粉冲到什么温度、用什么来试温度、奶瓶冲好放在哪里、冲奶粉前要不要先洗手等，中间的这些细节都没有说清楚，丈夫当然没有办法在很快的时间内达到妻子的要求。

有儿童的家庭面临的压力

有儿童的家庭处在复杂系统发生巨变的过程中，这个变化比平时要复杂得多，而且每个人都处在应激状态里，都希望把问题简单化。育儿阶段会有非常多的冲突发生，虽然双方也都希望努力做好，但他们都面临着很大压力。除了育儿压力之外，他们还有经济压力和心理压力。在这么多的压力下，两个人要处理冲突就变得很困难了。

经济压力

在北京，养育一个孩子大概要花多少钱？有人看完下面这个账单后表示要哭了。

从怀孕到生下孩子大概要花12000元；孩子3岁前一年的花费大概是24000元；孩子3岁后，上幼儿园大概要花144000元；接下来，小学六年大概要花144000元；初中三年大概要花108000元；高中三年大概要花72000元，高考辅导费约48000元；大学四年费用大概是70000元。加起来总共是622000元。有人对上海的消费做了同样的计算。按照最低的标准，总费用是915000元。

心理压力

对新生儿父母来说，他们在养育孩子的过程中，承受着很大的经济压力，同时也有很多心理压力。第一个心理压力是，孩子刚出生时，期待孩子身体健康；孩子长大后，期待孩子能够健康快乐；孩子成人后，期待孩子能在竞争激烈的社会里有个好职业，争取更好的发展空间。第二个心理压力是，女性在生育阶段，身体有很大的变化，而男性从生理上的巅峰状态回落，夫妻都会面临身体变化的压力。在这样的状态下，如果咨询师面对的是夫妻育儿冲突，那么需要提高技巧才能处理各种各样高难度的情况。

有儿童的家庭的育儿冲突

这个阶段，夫妻面对很多冲突，比如彼此能不能互相沟通得清楚、能不能够及早解决问题及能不能互相支持、相互扶持地度过这个扩展阶段所带来的各种挑战，这些对于夫妻双方来讲是非常重的任务。

在家庭咨询里，夫妻常常会说对方在这个阶段没有耐心、容易焦虑，有的人甚至会用“一点就着”来形容对方。这些都说明夫妻常常试图解决问题，可是效果很不好，问题容易激化。

王力和李芳两个人感情很好，恋爱3年后结婚，婚后1年生了小孩，他们之前的沟通是很不错的。他们来咨询的时候，把1岁多的孩子交给了李芳的母亲照看。咨询的原因是两个人实在吵得不可开交，觉得婚姻很难再维持下去。原来关系很好的两个人，现在却根本沟通不来，日子眼看就要过不下去了。

我请夫妻双方分别仔细地谈一谈他们所谓的“过不下去”是什么意思，是什么样的事情让他们有了“过不下去”的感觉。仔细听完，其实都是鸡毛蒜皮的琐碎事情。

他们举的例子是买纸尿裤。妻子觉得要买大品牌的纸尿裤，而丈夫觉得买一般牌子的纸尿裤就可以了。原来孩子一直用的都是非常贵的纸尿裤，但是有段时间商场暂时缺货，丈夫认为既然缺货了，那就先用普通的纸尿裤替代。可是妻子觉得这样对孩子的身体不好，并督促他找更多的资源买贵纸尿裤，丈夫说他已经去找过了。为了这件事情，两人吵了很久，后来吵架内容也升级了，李芳觉得丈夫懒、不愿意负责任，自己已经很辛苦了，可是丈夫连多去几家商店问一问都不肯。而丈夫觉得他已经很尽力了，反而是妻子生完孩子后变得很挑剔，明明可以用替代品却坚决不肯用。两个人对对方都有很多抱怨。

1岁多的孩子有时候会生病，在生病这件事上，李芳和王力也有非常多不同的意见。孩子发烧38℃，李芳很焦虑地催促王力开车带孩子去看病，王力则认为可以先观察、喝水、物理降温，没有必要那么着急，如果超过38.5℃再去医院也不迟。李芳担心孩子真出什么事，不敢拖着。生病的事情刚刚过去，两个人又在孩子吃饭的事情上起了冲突。因为孩子病刚好，医生说孩子可能是吃得太多，有点积食，这段时间要少吃一点儿，哭闹一会儿身体会好些。但是王力在家里还要处理公司的一些业务，孩子的哭声让他很烦躁，他不明白，为什么非要让孩子饿着。两个人为了这件事又争吵了起来。

孩子身体康复之后，王力主动愿意多带一下孩子，让李芳好好休息。王力带孩子去小区里活动，回来的时候，李芳看到孩子的脸被树枝划破了，就抱怨王力没有照顾好孩子，王力觉得有一点点划伤并没有什么问题。

王力和李芳诉说的这些事其实都是很小的事情，但是在解决的过程里，冲突会逐渐升级，升级到对方是不是负责任、对方是不是太挑剔、对方是不是没有耐心、对方是不是愿意合作，最终还上升到对人格的评价上，导致双方冲突不断。

对于有孩子的家庭来讲，个案中的这些事情是常常发生的。新父母在面对孩子时，常常会因为纸尿裤、身体过敏、生病等各种各样的事情焦虑，会有很多矛盾。发生矛盾时，从个人的角度看，大部分人首先会采取简单化的处理策略。对于李芳来说，她觉得如果经济上能承担得起，就一直用贵的纸尿裤，不要去改变，即便是外在环境有了变化（比如断货），也要努力找到同款。其实李芳是用了简化的方式对待生活，也就是一直不要变化，因为生活已经有太多的压力和变化了。对于王力来说，他也是用了简化的方式，他觉得到最近的超市买到一个替代品就是最简单的方式。他不会关注品牌，只要是合格的产品，能赶快解决这个问题就好了。

双方处理问题的方式都没有错，但是请注意，他们不再是从前热恋中的两个人。热恋时的两个人对对方会有非常多的耐心、宽容和理解，而他们现在是一对新手父母，正处于生活急剧变化的阶段中。因此，在复杂的处境下使用简单化处理的原则可能会导致很多误差。冲突中的两个人处在系统一的状态。双方的思维是僵化的，难以学习新的东西，他们常常听不到对方在说什么，没有办法更具创造力地解决问题。这里的难点总结起来有三个方面。

交流简化造成了潜在的冲突风险。我们在有压力的时候都会更简化地处理问题，而这却给问题的有效解决埋下了隐患。

对对方期待过高，而对方很难完成这个期待，从而造成冲突。"我处在困难的情境里，处在应激的状态下，你是我的爱人，是我多年的伴侣，是这个世界上最了解我的人，所以我不用多说，你就应该理解和支持我。"这是对对方期待过高的表现。有的人会说："刘老师，为什么这是期待过高的表现呢？婚姻伴侣不就是应该理解和支持自己吗？"是的，在正常的生活中，两个人是可以做到互相支持与理解的，但是在有儿童的家庭里，每个人都处于应激状态下，很难发挥平时的功能。

没有用广泛的角度看问题。轻视甚至忽视整体的变化，使得大家在处理问题的时候，没有考虑更多的可能因素，包括环境的变化、心态的变化，而只关注在狭隘的熟悉视角，没有系统地用广泛的角度看问题。

如何应对有儿童的家庭的育儿冲突

交流具体化

简化交流会带来潜在的风险，为了避免这一点，我们要让交流变得具体起来。比如洗奶瓶，简化的交流是："快去把奶瓶烫一下。"具体的交流是："把那个大奶瓶用开水烫5分钟，然后用白毛巾将瓶身擦干。"这听起来有点像说明书，它有具体的操作流程，每一步都介绍得很仔细，会使对方即使在焦虑、注意力不集中的状态下也能把事情做好。

有的妈妈会说："我已经很累了，你还要求我用这么复杂的方式去说话，我做不到。"当然，这是有挑战性的。但如果你不这样做的话，有可能会因为沟通的误差导致对方无法完成你指定的动作，继而被你批评，产生挫败感，之后你再希望他做事情，他就有了逃避倾向，甚至直接消失。你就彻底变成丧偶式育儿了。

有的人说："让我每次都这样说话，实在是无法想象啊！"停，如果你是这样想的话，那你的想象力有点太快了。你不需要每天都这样去沟通，只需要在最初阶段用这样的说话方式。事实上，通常你说三四遍，对方就会掌握得比较好了。因此，这种交流方式在最初的时候可能有点难度，会让你觉得辛苦，但后续能帮你更好地建立有效交流。

为什么夫妻会简化交流呢？因为妻子通常认为对方应该能很快理解这件事，妻子常常不知道一个新父亲在系统一的焦虑状态下是很难学习以前不懂的知识的。有的妻子说："他怎么会不知道呢，奶瓶消毒不是很简单的事吗？"停，这又回到把复杂系统简单化的思路上了。对于一个女性来说，这也许是简单的事，但是对于一个男性来讲，隔行如隔山，一个新父亲连抱孩子这么简单的事情都可能会感到非常焦虑，洗奶瓶的难度可能比抱孩子还要高，这是他需要花时间来学习的。所以，妻子需要至少跟他说三遍，他才能学好。

我不知道有多少妻子听到这样的改变建议后会说："算了算了，我不想这样，我想放弃。"放弃是你的权利，如果你用简化的方式常常造成冲突，可以回过头来尝试一下把简单交流具体化的方法。

降低对对方的期待

我们很容易在生活中对别人充满期待，然后又很快会变得很失望。就像很多人对五星级酒店充满了期待，当酒店达不到我们的要求时，我们就会变得很失望，甚至是愤怒。实际上，丈夫没有标出"我就是五星的丈夫或父亲"，也无法直接转换成五星的丈夫或父亲，达到五星级的标准是需要学习的。男性在处理外面世界的事情时可能觉得更容易，但当他们在婚姻中面对家庭的变化时，也许需要更多的时间来学习，也需要妻子更耐心地互动。

从妻子的角度来看，在生育孩子后，她的心理和生理都会有很多变化。对于女性的这些变化，丈夫不是天生就能够感知、理解到并且表达出来的，所以女性在两性关系里体验到过度焦虑时需要告诉丈夫，让丈夫了解自己的变化。

请注意，这里说的是"让他了解"，而不是批评他为什么不了解。表达与批评是两回事。总体来讲，男性了解女性身心反应状态的能力要比女性了解男性的能力弱，所以女性需要在这个过程里耐心平和，用简单、直接的语言向丈夫讲述自己的变化，让丈夫对自己的变化有所认识，这会给双方的沟通增加更多知识储备，从而更好地帮助有儿童的家庭处理育儿冲突。

有些女性抱怨说："我已经很累了，你只会站在旁边，不来帮我。"丈夫就很莫名其妙说："我不觉得你累呀，因为你看起来好像还可以做各种事情。"妻子说："我一直在忙，你难道看不到吗？"请原谅你的丈夫，他是看不到你很累的，他看不到你忍痛照顾孩子又打扫房间。所以如果妻子真的很累的话，需要的是坐下来，让自己呼吸的声音变得重起来，直接跟丈夫说："我现在很累，我需要休息。"只有这样，丈夫才能够意识到你的累。

有人说："这太麻烦了，为什么要这样教他，难道他不应该天生就有这个本领吗？"我不知道是不是有一些男人天生就有这个本领，但是假如你没有遇到这种男人的话，恐怕你需要努力做一些沟通，而不是期待天上掉下一个天生就有理解本领的丈夫，这个是他需要学习和训练的，而你需要做的是自我调整。

这里涉及很多的两性差异，大家可以多看一些关于两性差异的研究，这样可以降低我们对于男性的期待，能够帮助我们更有耐心地理解男性，也会激发男性参与育儿过程的积极性，降低育儿方面的交流矛盾。

有儿童的家庭里，家庭从原来的二人世界变成三人（甚至更多人）世界，两个刚熟悉、刚适应对方文化的人需要共同照顾一个（或多个）新生儿，这对彼此来说都是应激事件，再加上沟通的不顺畅和对对方期待过高，就容易导致很多冲突的发生。应对的方式是将简单的交流具体化，降低对对方的期待，更广泛地关注环境和对方的心理、生理变化。

第3节　有儿童的家庭（3）

在有儿童的家庭中，一个很大的挑战是婆媳冲突。

婆媳冲突的背景

在中国，婆媳矛盾是非常普遍的现象，这种现象跟中国老人愿意到儿子家里帮助照看新生儿的习惯有关。在欧美国家，婆媳冲突的现象是很少见的，我们常常见到的是年轻夫妻自己推着婴儿车去上班或旅行。有一次，我看到一对夫妻带着两个孩子旅行，其中一个孩子仅1个月大，这种现象在中国几乎看不到。如果我们带着3岁以下的孩子出门，通常会有老人跟在身边帮忙照顾，这是我们文化特有的现象。

在我们的文化里，老人帮助照看孩子是天经地义的事情，而在欧美文化中，自己带孩子才是天经地义的。在中国，婆媳矛盾是一个很常见的问题。我们在咨询中也经常会遇到婆媳问题。婆媳有冲突的时候，人们常常觉得要么是婆婆有问题，要么是媳妇有问题，才会导致冲突。实际上，我们要看到大背景下的一些影响因素，而不是更多去追究个人的责任。一对夫妻有了孩子后，双方的老人会来照顾，相对来讲，传统文化中更多的是由婆婆照顾儿媳坐月子，这在城市的独生子女家庭里是很常见的。婆媳同住在一起才会面临比较频繁的冲突，同住的原因是我们首先需要探讨的。

第一，新婚夫妻开始计划生孩子并商议未来谁来帮助照顾孩子时，通常首先想到双方父母。这是与老人同住的一个主要原因。

第二，有些母亲守寡或离婚，自己一个人把孩子养大。孩子结婚之后，母亲最有可能跟孩子一起生活。

第三，生活条件不好，单独给新婚夫妻买房子很困难，结婚后与父母同住是不得已的选择。现在年轻人越来越倾向于自己单独居住，在有些大城市里，结婚之前的单独婚房是一个硬指标。但是条件不好时，两代人也会同住。在有孩子之后，婆媳的关系会因此发生一些冲突。

第四，父母退休之后会选择跟儿女同住。在传统观念里，父母跟儿子同住的概率比较大。

以上四点是在中国的现实社会里，夫妻结婚后与老人同住一个屋檐下的客观原因。

婆媳冲突的原因

在很多婚姻家庭的咨询里，婆媳冲突有公开的，也有隐蔽的。总体来讲，婚姻家庭中存在婆媳冲突的概率非常高。有没有婆媳关系很好的呢？也许有，少部分人能把婆媳关系处理得比较好，但是很遗憾，我们很难碰到这样的情况。这里，我们重点不是探讨那些将婆媳关系处理得很好的家庭，而是探讨婆媳冲突可能有什么样的原因。

动力学的角度：母亲跟儿子有俄狄浦斯情结

从心理动力学的角度看，因为俄狄浦斯情结，母亲跟儿子天然是会比较亲近的。儿子结婚以后，会跟妻子有更亲近的关系。当母亲看到另外一个女人跟自己的儿子关系特别近的时候，会出现三角关系的冲突。

从理性层面上讲，如果儿子不结婚，母亲会非常焦虑；儿子结婚的话，母亲在意识层面愿意和儿媳妇和谐相处，但是在无意识层面，母亲觉得无论是什么样的女孩都很难配得上自己一手养大的孩子，哪怕配得上，她也不会把儿子照顾好。儿子是自己从小养到大的，自己才是最了解儿子的人。从动力学角度看，婆婆跟媳妇之间有原生的冲突，而非出自个人意愿。

进化论的角度：婆婆和儿媳天生有矛盾

进化论认为男女两性之间有差异，女性更容易直接确定孩子是自己的孩子，男性则非常难确定孩子是自己亲生的。从夫妻双方的角度来讲，妻子更确定孩子归自己所属，丈夫则不能确定，而丈夫的母亲（也就是婆婆）可以确定自己的儿子是自己生的，可是无法确定儿媳妇生的这个孩子到底是不是自己儿子的孩子。相对来讲，从岳母的角度来看，她更能确定女儿是自己生的，女儿的孩子是女儿生的，所以一般来讲，如果是岳母照顾女儿坐月子，然后帮助带孩子，矛盾相对就会少一些，而婆婆照顾儿媳，矛盾会多些。[①]

① K. L. Fingerman, “The Tole of Offspring and In-Laws in Grandparents’ Ties to Their Grandchildren” ,*Journal of Family Issues*, Vol.25,No.8 (2004), pp.1026-1049.

换句话说，从进化论的角度看，婆婆和儿媳天生就有无法调和的矛盾。这种矛盾可能表现得不是那么明显，但在基因里确实有这样一个基础。很多人可能会觉得这样说有点匪夷所思，但如果你更多了解进化论的话，也许对这个说法会有更多认同。

理想化的破灭

中国人在结婚的时候会说一句话：“不是一家人，不进一家门；进了一家门，就是一家人。”女性结婚之后进入男性的家庭，改口叫男性的父母为“爸妈”，这是一个理想化的诉求，指的是人们很希望这两个年轻人在结婚后能够融入对方的家庭。慢慢融入倒不是问题，关键是“爸妈”这个称呼很容易让人混淆。实际上，人们希望女性嫁进来以后，能把男性的家当成是自己原来的家，对丈夫的父母像对自己的父母一样，这种关系本身就是一种理想化的想象。

在咨询里，我们要共情每一个有这些理想和期待的人，同时我们也要知道，这个期待是不容易实现的，尤其是很多男人希望母亲和妻子能够亲如一家人，可是在现实中，这个理想很容易破灭。在夫妻吵架的时候，妻子会很生气地对丈夫说：“你妈今天又……”丈夫就会很生气：“你怎么这样说我妈，你把我妈当外人。”于是，两个人开始争吵。

在这里，我想先共情一下。中国人有这样的理想是自然的、可以理解的。欧洲几十公里之外的人也许就是有着不同颜色的头发、瞳孔、皮肤，说着不同语言，有着不同生活方式的人，而中国是一个幅员辽阔的多民族国家，大家却用同样的语言、写同样的汉字，因此在这样的文化影响下，人们会有这样的理想：中国幅员辽阔，不同民族的国人都可以彼此认同，你跟我妈为什么不可以？

文化冲突

南北文化的差异冲突。网上经常有关于南北文化差异的段子，很多人看了都会觉得非常搞笑。比如，南方的朋友到了北方完全会被惊掉下巴，“怎么北方人买白菜是一车一车买的？这实在是令人无法接受”。北方的朋友嫁到南方也会被惊掉下巴，她跟着南方的老公去买菜，发现老公买一根芹菜、一根葱、三根香菜，觉得非常震惊：“怎么还可以一根一根地买菜，难道卖菜的人不会削你吗？”当然，南方的朋友也不懂“削”是什么意思。我们常常忽略南北文化的差别。在婚姻当中，婆婆跟媳妇可能来自不同的地区，她们在生活方式上有着非常大的区别。

南方婆婆看见北方媳妇买了三棵大白菜的话，会觉得太浪费了；北方媳妇看到南方婆婆一次只买半棵大白菜的话，会觉得婆婆特别抠门，于是两人会产生冲突。但实际上，我们很感谢网络上这些点击率高的段子，这让我们更容易看到这些并不是二人的世界观、价值观、生活观的区别，在某种程度上来讲，这是中国南北文化的差异。

家族文化的差异冲突。很多年纪大的人常常会说我们张家怎么样、我们李家怎么样，很多年轻人不习惯这样的说法。年轻人心想你们张家跟我有什么关系，实际上这是长辈用来衡量一个人到底应该怎么做才对的文化参照。

妻子来月经的时候不沾冷水，让丈夫帮自己洗内裤，婆婆知道这件事后勃然大怒，对儿媳说：“你怎么可以这样要求你老公，我们张家从来没有男人给女人洗过内裤，你这样太过分了。”为了洗内裤这件情，婆媳大吵，媳妇感到非常委屈、生气，她无法理解婆婆，觉得这是夫妻两个人的事情，为什么要上纲上线到大家族，你们张家是怎么样的和小两口过日子有什么关系？婆婆不仅在他们面前反复提及这件事，连老家来亲戚的时候，婆婆也会经常提这件事。甚至几年之后，婆婆还会把这件事拿出来说。媳妇不能理解，为什么婆婆如此不可理喻。

在中国很多传统地区，在一些很重要的事情上面，人们的行事原则要参照家族文化，否则就要被家族圈子里的人嘲笑、议论，甚至排挤。这种状态是很多人无法接受的，也会给人带来一些烦恼。比如，你有困难的时候，别人不愿意理解，也不愿意支持你，那么你就会在社交上陷入孤立的状态。所以虽然这个事令媳妇不舒服，但不能说婆婆完全是错的。婆婆参照自己的家族文化来评价事情，这一点是没有对错的，这只是她的生活方式。当然，婆婆跟儿媳妇交流这件事的方式却是可以商榷的。

家庭文化的差异冲突上，公公婆婆结婚的年代跟现在很不一样，他们会参照自己结婚的状态来理解儿子媳妇刚结婚的状态。如果媳妇花钱买很多化妆品，在房贷还没有还完的时候出国旅行，婆婆会非常不能接受，觉得媳妇败家。婆婆有时候会公然说：“你这样做实在是太败家了，我们刚结婚的时候，每一分钱都要攒起来，这样才把儿子养大，你们现在房贷还没有还完，就大手大脚，你带坏了我的儿子……”儿媳听了会觉得非常刺耳，甚至认为莫名其妙：“钱是我自己挣的，我又不是花你们的钱，我也没花你儿子的钱，我们两个出去都是 AA 制，你凭什么这么说我？”

这种矛盾并不是个人之间的矛盾，是由不同的家庭文化造成的。老人勤俭持家，而年轻人活在当下。双方都觉得自己是对的，因而造成了文化冲突。在咨询室里，他们会问咨询师：“你说我对吗？你是不是觉得我是对的？”其实两个人都对，因为两方都对，就觉得对方不对，于是产生冲突，导致问题难以解决。

个人文化的差异冲突。大到一个民族，小到一个人，都有自己的文化。很多时候，我们并不会意识到一个人的文化底蕴，而只会看到一个人的行为，所以觉得改变应该是很容易的。事实上，这是错误的。其实，一个家庭能来做家庭咨询，已经说明问题是经过多年的隐忍、商讨妥协、斗争，甚至是激烈的冲突都没有办法解决的，这个问题一定是复杂的。所以咨询师要从更复杂一点的角度去看问题，而不是想当然地认为事情这么简单，为什么来访者处理不好。

有些行为和生活方式是比较容易调整和改变的，比如今天晚上可以吃四川菜，可以吃东北菜，也可以在家煮面条。但如果我们从更长远的角度来看，就会发现个人的长期习惯、固有的行为模式是很难改变的。

比如挤牙膏这件小事，有的人是从最尾端一点点向上挤的，用完的部分会仔细地卷起来，这是非常规范的一种生活方式。也许配偶每次拿起牙膏就直接从中间按一下，挤得到处都是，牙膏常常变形。这其实是个人的文化差异。

到底是不是文化差异导致的问题呢？这里有一个检验的方式。假如在日常生活当中，一个人对另一个人说：“我都跟你说了100遍，你怎么还不改？”这个时候请说这句话的人停下来，如果你说100遍对方都没改的话，这个行为很有可能不属于他有弹性的部分，而属于文化差异的部分，也就代表了这是他的长期习惯和固定行为模式的一部分。因此，想改变，不是那么容易的事。你说一定要改吗？也许是有可能改变，但是改的过程不是我们想象的那么容易，真的要改，需要坐下来商谈。

经济地位的变化

在传统社会里，婆婆是家庭的主管，儿媳嫁入夫家之后，没有经济能力，必须要服从婆婆和丈夫。在这样一种背景下，婆媳的矛盾就会弱化一些，因为一个是绝对权威的婆婆，一个是绝对服从的媳妇，媳妇想要出头，只有等“多年的媳妇熬成婆”。

但是现在社会不同了，中国是世界上女性就业率非常高的一个国家，大部分女性都有自己的职业和收入。婆婆面临着退休，优势没有那么明显了，媳妇有可能受过更多教育，再加上经济能力强，很难无条件地服从自己的婆婆。而且，现在房产证上常会写媳妇与儿子两个人的名字，媳妇会觉得自己是家里的一分子，就更不会绝对服从了，这也就是俗话说的“腰杆儿硬”。从传统意义上来讲，婆婆认为媳妇应该服从自己，可是却遇到了阻碍，所以二人的冲突只会增加而不会减少。

总体来讲，婆媳冲突的原因有以下几点。第一，从动力学的角度来说，婆婆和儿媳是天然的情敌；第二，从进化论的角度来说，婆媳天然有一种不信任的关系；第三，传统的男性希望自己的妈妈与妻子有理想化的关系；第四，不同层面上的文化冲突，婆婆和媳妇来自于不同的文化；第五，经济地位的变迁，媳妇跟婆婆没有悬殊的权威关系，因此可能冲突的概率会增加。

婆媳冲突的个案解析

在王力和李芳的个案中，我们没有提到婆婆的角色，在孩子6个月以后，李芳要上班，王力的工作也很忙，所以他们请婆婆来帮忙照顾孩子。原来王力跟李芳的冲突主要是纸尿裤的品牌问题，李芳要给孩子买最好的纸尿裤，这样对身体健康更有保障；王力说买什么牌子的都可以，楼下超市的纸尿裤质量也有保障。现在婆婆来了，王力回家的次数减少，他远离了战场。

婆婆不再关注纸尿裤品牌的问题了，而是直接告诉媳妇纸尿裤对孩子不好，尿布对身体有好处，当等他大一点会爬的时候，尿布也不需要用了，穿开裆裤就可以，还能教孩子定时排便。这样的行为激起李芳更强烈的反感。最初的一个星期里，李芳克制忍耐。一个星期后，李芳忍耐不住，她藏起了婆婆准备的旧布，婆婆急得到处转。婆婆问李芳，李芳说不知道，两人争吵了起来。李芳觉得理亏，说："孩子慢慢大了，怎么可能让他光着屁股呢？而且你累了还要让我洗尿布，我哪有时间洗尿布呢？"

二人的冲突升级，最后王力从公司的会议上被叫回来评理。婆婆说："纸尿裤不仅贵，而且对身体健康没好处，孩子排便能力下降，对发育不好。"李芳认为婆婆根本不懂现代育儿，发达国家都是用纸尿裤的，经常让孩子光屁股，会让他的人格发展有阴影。尿布问题使得婆媳冲突升级，李芳一气之下离家出走，王力把李芳找回家之后把她批评了一通，认为她不应该甩手就走。可是李芳说自己实在无法应对婆婆的强词夺理。

这个案例是由一片尿布引发的持久的婆媳大战，甚至到孩子10岁的时候，婆婆和媳妇还处于僵持的状态。我们要怎么理解这种状况？在家庭咨询中用什么思路来跟这样的家庭一起工作呢?

把婆婆当作外国人

婆婆住进自己家之后，儿媳从态度上要很热情，我们的文化很鼓励叫妈妈，而不是叫婆婆或者张女士、李女士。在西方的文化里，他们可能直接称呼婆婆的名字。但是请一定要注意，当你叫这个人妈妈的时候，不能把她真的当成自己的妈妈。

当婆婆刚搬到自己家里来的时候，除了日常交流上表达热情之外，问婆婆话时，可以用这样一些句型来跟婆婆交流："妈妈，我想问一下，你们那里有什么风俗，比如过春节的时候，哪一天要开始打扫房屋？买年货是去哪里买？会去谁家走亲戚？"这样就可以了解婆婆老家的地域文化。

第二个可以问的是："咱们张家有什么样的习惯呢？在家族里，男人有哪些必须完成的事？妻子在家里要做些什么？"这句话指向的就是家族文化。

第三个可以问的是："你们在家里什么时候起床？起床之后干什么？周末做什么？平时的晚上做什么？"这些指向的是婆婆家庭里主要的生活习惯和模式。

这其实是有难度的，也就是说有很多人对自己的地域文化、家族文化、家庭文化没有清晰的认识，比如你问她喜欢吃什么，她会说随便吃什么都可以。但是如果你随便做了一些菜，她可能会非常惊讶，也许在一个月甚至半年之后，她都会跟邻居或儿子说："我实在不明白为什么你老婆会在菜里面放那么多辣椒。"

她实际上是愿意做一个很随意的人，也许在她自己的家里，她也的确是随意的，这顿吃白菜还是萝卜确实很随便。但是遇到一个来自不同文化的人，这个人喜欢在菜里加很多辣椒，这个她就不能接受了。但是这件事，她以前没有意识到，因为在她的观念里，人们不会在菜里面放很多辣椒，她根本不觉得她是在挑剔辣椒，甚至会觉得自己是一个随意的人。

那么，媳妇要不断询问对方的文化是怎样的，还需要在最初的生活阶段里仔细观察。即便婆婆说随便吃什么都行，一点都不挑，当婆婆第一个星期在家里吃饭的时候，媳妇还是需要观察婆婆哪个菜吃得多一点，哪个少一点，仔细观察个人文化或者家庭文化对她的影响，而不是仅仅相信婆婆说的随便吃什么都行。

给婆婆独立的空间

除了要把婆婆当成外国人之外，还要给她独立的空间。如果婆婆或者公公来到有孩子的家庭里，要给她（他）安排一个独立的空间。如果条件没那么好，也尽量安排封闭的空间。在这个独立的空间里，最好还要有婆婆熟悉的东西，比如说她自己带来的一幅画、一床被子、一个枕头或枕套等。

有的儿媳为了体现热情，会把房间重新装饰一遍。这个用意是好的，但是没有特别用心去体会年纪大的人来到新环境的陌生感。当身处陌生环境的时候，人就容易紧张，容易处在系统一的焦虑紧张状态。从自己原来的家庭环境进入新的家庭环境，哪怕是到儿子的家里，老人也都会出现应激状态，何况现在自己来到了儿子跟一个新人生活的家庭里。对于婆婆来讲，即便这个儿媳叫自己妈，她仍然是从不同的文化当中来的，所以物理空间与人的双重陌生使得婆婆处于应激状态，表现出紧张、焦虑、僵化和适应性差等状态，因此会产生很多有敌意的自我保护行为。

怎么样才能够让婆婆更好地适应这个环境，降低彼此发生冲突的可能性？一个关键的部分是帮助婆婆从系统一更快地进入系统二。我们可以从衣、食、住、行四个方面来考虑。

在穿衣方面，有时候儿媳会买很多新衣服给婆婆，这个想法是好的，但急于让婆婆把旧的衣服扔掉全部换上新的，会给她带来焦虑，使她的熟悉感减少，陌生印记感增加。在饮食方面，为了让婆婆能够尽快地适应新生活，儿媳可以为她做熟悉口味的饮食。在住方面，这是指的是睡眠，我们常常用自己理解的方式来招待客人，但是婆婆到底在什么样的床上睡觉更舒服，只有她自己知道。在婆婆来之前，儿媳可以让丈夫先了解婆婆习惯睡在怎么样的环境里，在为她准备房间的时候，尽量跟她原来的生活接近。在行方面，很多人为了表孝心会带婆婆去旅行，这其中的一个副作用就是父母对去新奇的地方仍然是充满焦虑的。我们可以在生活稳定一段时间之后，再带其一起出去旅行，否则刚刚转换了环境就不断出去见新事物，婆婆会更加焦虑。

帮助婆婆从系统一进入系统二，是为了帮助她更好地进入小夫妻的生活。其实，婆婆是希望自己能够帮到小夫妻，而不是给小夫妻添麻烦的。但是从客观上来说，如果婆婆处在系统一的应激状态，就会变得非常僵化、缺乏弹性。即便是一个思想开放的人在这样的环境里，也很容易维持在自己旧有的模式里，很难适应新环境，在这种状态下更容易与人发生冲突。

主动提前明确规则

主动提前明确规则是很多人想不到的一点，也是很难做到的事。如果不主动提前明确规则的话，很容易事后积累矛盾，使得矛盾难以解决。

举个例子，有些年轻夫妻为了让孩子吃得健康，不允许在菜里面放酱油，然而很多老人会觉得酱油开胃。如果这条规则不明确说出来的话，双方会暗自用自己的方式行事，进而导致潜在矛盾的发生。

案例里王力的妈妈就喜欢用酱油做菜，李芳觉得对孩子身体不好，但她为了避免伤害到婆婆，就没有主动跟婆婆讲。每当婆婆在菜里放了酱油之后，她都不会让孩子吃这个菜，她觉得这样是给婆婆面子，但实际上，婆婆很快觉察到自己做的一些菜，李芳不让孩子吃。婆婆觉得李芳是在嫌弃自己，最后婆婆只能找儿子发泄情绪。所以我们要告诉婆婆自己的一些基本生活规则，并且用尊重的语气表达出来。这不是婆婆的错，而是各自文化的不同，婆婆吃酱油确实也并没有出现身体上的问题，但是新的育儿理念追求更健康的饮食方法。当然李芳也没有错，她只是想要让孩子更健康。

双方都没有错，那么按谁的来呢？首先，我们要让双方明确彼此的差异。对于李芳来讲，可以明确写出自己希望婆婆遵守的一些规则，并且在跟婆婆相处的时候要反复提醒，且最好把这些规则写下来：炒菜的时候不能放酱油，或者是不吃隔夜菜。因为婆婆在系统一的状态时，别人给她讲一个规则，她不一定记得住。如果不断地提醒她，就能够帮助她认识在新的环境里需要遵守的规则。也许李芳会说："这个难道还要说吗？"是的，这个是需要说的。因为文化的差异、地域的差异、家族的差异、家庭的差异、个人的差异，使得我们在很多方面都会有不同的看法、不同的做法。如果李芳不说，婆婆完全不知道她到底最看重的是哪些事情。

反复提醒

明确规则之后，我们要记得反复提醒，至少提醒四次。可以写下来贴在冰箱上，然后在婆婆做事情的时候进行提醒。为什么是四次呢？中国有句成语叫“事不过三”，如果过了三，就代表达到了一定的强度。婆婆跟儿媳来自不同的文化，她对儿媳的文化要有一个新的学习过程。只有反复多次耐心提醒，婆婆才有可能记得这样一个新规则，这跟我们学外语是一个道理。

不能要求一次改变过多

改变不能太多，要少于三条。如果超过三条，任务就太重了，如果希望婆婆适应儿媳的家庭文化，需要一次少一些规则，每次要很明确且不能超过三条。比如，婆婆炒菜本来是喜欢放酱油的，但是她知道儿媳不让放酱油后，就会克制自己不去放；儿媳愿意让孩子用纸尿裤，婆婆也会尽量不用尿布。可是若除了这两样，还有十样要去改变，她就会很抗拒，会处在一个非常糟糕的状态里，觉得怎么做都不对，进而丧失信心。把在一个阶段里最重要的前三条列出来，然后反复提醒、耐心提醒，并且用尊重的态度提醒，才能达到最佳的效果。当婆婆做不到的时候，给她充分的理解和时间，再反复提醒，才有可能促进婆婆改变。

第4节　有儿童的家庭（4）

跟有儿童的家庭系统工作的要点

强调系统的复杂性

不要把各种各样的冲突和矛盾作简单化处理。尤其是针对家庭中的某些问题，可能经过多人共同和长期的努力仍无法解决，甚至专家对此也无能为力。这是在提示我们，这个系统相当复杂，不能用简单化原则处理。

抓小放大，大处着眼，小处着手

看到问题的复杂性后，我们要对与背景有关的、有更大影响力的因素给予尊重和理解，放下快速作大改变的愿望，从基础的、简单的、微小的生活细节入手作调整，比如改变说话的方式，而不是一下子改变两个人的关系模式。有些做家庭咨询的咨询师特别希望帮助来访者，想立刻解决他遇到的问题。比如，一对夫妻常常吵架，两个人都希望能够达到完美、和谐的状态，这个目标就是大的。咨询师要做的是先看到这个目标其实是很复杂的，接下来工作的方向是下一次他们再为了早教或其他育儿问题发生冲突的时候，其中某句话要说得跟以前不一样。这就是抓小放大。

稳定的设置

因为系统非常复杂，人们可能经过很多努力和挣扎，甚至是战斗，依然很难实现目标。所以很多人会有一种强烈的愿望，想完全抛弃或完全改变，甚至有的家庭会一下子作出很大的改变。比如孩子的教育问题没有处理好，家庭就决定搬家，搬到另一个地方去接受教育，这样的改变是过大的。如果家庭作出了过大的改变，那么面对这个重大改变的时候，咨询师要帮助家庭稳定它的设置，这包括生活内容的稳定和关系层面的稳定。

首先是生活内容的稳定。比如，婆婆来照顾孩子的时候，把婆婆的房间布置得像她以前生活的环境那样；如果是有孩子的夫妻搬新家，就可以把新房间布置得跟原来一样，定期回去看过去的朋友和邻居。从量上来讲，我们可操作化的方式是，生活内容上最多改变1/3，这样生活才不会因为改变而变得更糟糕。

关系层面的稳定是指个体在个人的变化、家庭周期的变化、时代的变化等所有这些变化中要保持关系的稳定性。变化越大，越要重视关系的稳定性。比如，父母出差时把孩子交给保姆，父母会感到内疚，可是又不得不工作，那怎么办呢？父母在晚上睡觉前可以通过视频或电话像往常一样给孩子讲故事，这就是在关系上保持稳定。当家庭最重要的关系保持稳定时，心态也保持了稳定。

打破幻想，加强沟通

很多人都有全能幻想，比如丈夫希望自己的妻子跟母亲亲如一家。这样的意愿是好的，但真的做到婆媳亲如一家人，几乎是不可能的。首先，我们要打破这个幻想，然后加强沟通。我们要认识到，我们本就不是天然亲密的一家人，而且即便是一家人，也会发生很多矛盾，更何况是来自不同文化的两个人相遇在新的家庭里，尤其在新生儿出生的时间里，大家是非常焦虑的。所以这个时候，沟通变得非常重要。有些人会说："哎呀，忙都忙死了，哪还有什么时间沟通啊？"沟通确实是要花时间和精力的，但是良好的沟通会减少冲突和压力。

加强沟通是一门可以专门深讲的功课，很多人只是谈了加强沟通的技术，却忽略了要打破幻想的部分。新婚夫妻彼此有爱情——爱情跟身体的化学激素有关系，在恋爱时，彼此对对方有着美好的想象，但柴米油盐的婚姻生活开始之后，人们常常发现这些想象跟现实生活完全不一致。

当有了孩子后，夫妻对对方的幻想会更为明显，妻子可能会说："你那么爱我，你发誓要让我一生都幸福，为什么晚上你不能主动起床帮孩子冲奶粉呢？"这个想法是一个美好的愿望，同时也是个幻想。毕竟，很多男性是没有办法在妻子能够照顾孩子的情况下夜里起床冲奶粉的，不是自己不愿意，而是身体反应没有建立起这个行为模式。

很多女性抱怨说："老公本来很体贴，但是现在我累成这个样子，他却在那里呼呼大睡。"很多人有这样的抱怨，实际上有些男性则会认为："你觉得自己很委屈，可是我并不知道你那么累呀，你并没有告诉我你很累，我晚上也根本没有听见你起来做事情啊。"这里就有女性的幻觉，或者说是完美的想象。女性认为爱可以让男性在夜里起床做事情，实际上，大部分男性是没有这个能力的，他需要一点儿外在的帮助。这个帮助就是沟通。妻子可以告诉丈夫："我晚上需要你帮忙，我知道你睡着后不会自己醒来，所以需要你帮助的时候，我会叫你，请你保持这个合作的能力。"这样的话，当妻子在夜里准备起床照顾孩子，又非常疲劳的时候，她可以叫醒丈夫，也许一次叫不醒，需要叫三四次，这时她是把时间用在叫醒丈夫上，而不是用在因丈夫没有起床的生气上。

系统式的工作思维能让我们从不同的角度看问题，并试图保持中立。男性也有对完美关系的幻想，所以也常常缺乏沟通意识，男性会说："结婚的时候，你愿意跟我白头到老，你也愿意对我的家人好，你那么爱我，你为什么不好好对待我的妈妈？"这里男性的幻想就是觉得妻子只要对丈夫充满感情，她就会愿意跟婆婆搞好关系，也有能力搞好关系，这是错误的想法。儿媳跟婆婆搞好关系，是需要丈夫在很多细节上给予帮助的。比如，婆婆第一天来的时候，睡什么床，吃什么饭菜，儿媳是不知道的。有的人会在婆婆第一天来的时候，很热情地端上红烧肉。有的婆婆会不高兴，因为她一路舟车劳顿，到了家里就没有胃口吃肉，只想喝清淡的白粥，但这也是因人而异的。也许妻子很努力也无法做到完美，因为她不了解婆婆的生活方式，这就需要丈夫的帮助。

网络上有一个流行用语——"你懂的"。在咨询室里，我很反对人们讲这句话。这句话的意思是：我什么都不说，你是应该明白我的。这就是一个美好的幻想，"你爱我，你就能够用我喜欢的方式满足我的期待"。当然这并不代表这个事情不能完成，只是它必须有一个路径才能完成，这个路径就是彼此充分的沟通。可是当一方说出"你懂的"之后，他就容易陷入幻想当中，甚至连这三个字也不说，用充满爱情的眼光去看对方，此时另一方需要学会说：“其实我不是太明白，可不可以请你说得清楚一点儿。”这就是非常具体的沟通。

多次反馈

有些人说：“老师，我沟通了，我已经告诉他少放盐、少喝饮料、早点睡觉……可是并没有用啊。”首先，我会对这样的人说：“很好，你已经在做努力了。”接着我会指出他仍然有美好的幻想，这个幻想是——我只要说一遍，你就能够理解我。事实上，一次沟通只能帮助对方理解多一点儿，如果要精确地让对方理解自己，我们是需要多次反馈的，至少要沟通三次或以上，这样才能达到更好的沟通效果。

有一对夫妻都是咨询师，有一次在分享会上，丈夫跟大家说：“我想说一些我们两个人之间的事。”说这话的时候，丈夫转向旁边的妻子，他用关切的眼神看着她：“亲爱的，我可以说那件事吗？”他的妻子说：“可以，你可以说。”同时，妻子用手去扶着丈夫的胳膊，她用动作和语言同时告诉他可以讲。丈夫讲了事情的开头后，他的视线又转向妻子，妻子利用丈夫停顿的时间点了点头，目光跟丈夫也是有接触的。丈夫继续讲这件事，讲完之后，他再次转回身看着妻子说：“可以吗？你觉得可以吗？”妻子再次点头说：“可以的。”他们有视线的接触，并在这个沟通里至少有三次反馈。

有些人会说：“哎呀，过日子，哪用这么麻烦呢。”通常过日子没有那么麻烦，不需要烦琐的过程。但是在复杂的情况中，当面临着巨大变化的家庭人员处在困境中时，这些细节就是我们工作的着力点，如果只是在理念上希望对方多沟通、调整价值观，这是很难取得好的效果的。在家庭工作里要跟他们沟通，并且他们也愿意去努力，这样工作才会有成效。

有儿童的家庭的早教冲突

早教冲突的源头

妻子怀孕期间和孩子出生后的时间里，家庭会发生巨大的变化，夫妻会因日常生活内容而出现许多冲突，比如婆媳冲突、育儿理念冲突。我这里要谈的是整个中国最关心的教育问题。无论是夫妻还是老人，他们的早教理念都有一个共同的追求：为了孩子更好、更健康地成长。可以说，他们都是为了家庭的未来，希望家庭能够发展得更好。说得残酷点，父母希望自己离开人世的时候，孩子仍然可以在这个世界上活得更好。这是从孩子的未来看到家庭的未来，通常这个背后还有一个共同的愿望：为了家族更好地发展。在过去的年代里，人们常说我们老张家的人都很有出息，我们老李家的人更有出息，这讲的就是家族。

早教的期待源头来自哪里？在系统家庭治疗的发展历史中，有一位著名的奠基人默里·鲍文（Murray Bowen），他最初是精神分析取向的治疗师，在精神科的临床工作中对家庭关系的作用产生了浓厚的兴趣。在20世纪50年代左右，他对精神分裂症的家庭进行了深入研究，提出了很多重要的理念，其中一个理念就是派遣（delegation）理论。派遣理论的意思是每一个家族都会把他们未完成的期待和目标放在下一代人的身上。[①]

比如，我们问一些当医生的朋友当初是如何决定选这个职业的，有的人最初可能会说很喜欢看病的听诊器和白大褂等，可是在更深入的探讨中，尤其是跟家庭的历史背景联系在一起的时候，就会听到有些人说："我们家族在我爷爷那一辈就有很多人身体不好，其中几个孩子都夭折了，我的奶奶特别希望儿子或孙子学医，以帮助自己的家族成员活得更健康些。"这个家族在培养后一代人的时候，会挑选聪明又听话的孩子从医，以此来为整个家族提供健康的服务和保障。有的人经商，经商可能是家族没有完成的使命，电视剧里的大家族常常会挑选一个孩子做生意，家族会有意地培养他，好让他做家族事业的继承者，这样的安排在默里·鲍文的理论里被称为派遣。

派遣和早教有关系吗？孩子那么小就在被派遣吗？难道不是说上学以后再被派遣吗？中国传统文化里有一个仪式是小孩子抓周。《红楼梦》中，贾政特别不喜欢贾宝玉这个孩子，因为贾宝玉在抓周的时候抓到了一盒胭脂。贾政的长子因为身体不好夭折了，他对次子贾宝玉抱有很大的期待，可是这个次子没有承担起家庭派遣给他的读圣贤书、发展仕途的任务，这是一个失败的派遣。虽然失败，但是贾政每次回家都要逼迫贾宝玉读书写字。这就是派遣在家庭中的一个具体展示，贾政不断地希望贾宝玉能够读圣贤书，发展仕途。

在默里·鲍文的理论中，除了派遣理论，还有一个排行理论。西方心理学专门对排行理论进行过研究，发现孩子的出生顺序不同，其人格特点也会不同。家庭中的老大通常比较有责任感、追求完美；中间的孩子容易

① 傅文青、岳文浩：《家庭关系与个体心理行为障碍：家庭的派遣偏异》，《山东精神医学》2000年第4期。

被忽视，常常在人际关系当中比较活跃，渴望得到别人的赞美；而最小的孩子是最受家庭保护的。父母会根据孩子的出生顺序和各自的特点作出不一样的派遣，很多父母都会让老大承担传统的责任——照顾家庭或继承家族企业。医生的大儿子可能会成为医生，教师的大女儿可能会成为教师，这就是一种派遣。但是对老二和老三来说，我们常常不容易看出他们被派遣了什么使命，我们很容易否认他们被派遣了，他们也会抱怨父母不重视自己。事实上，被忽视的中间孩子也会被派遣，比如被家庭派遣去调节关系，所以很多老二成了成功的人力资源管理者，他们喜欢组织各种活动，活跃于各种平台，成为社交能力很强的人。当然，他们也有可能被派遣的使命是自由。

把老大和老二放在一起来看，老大是负重的角色，老二是建立关系的角色。家中排行最小的往往是最受保护的，他的艺术感常常比较强。也就是说，家族有可能是把对审美的追求派遣给最小的孩子，他不需要承担很大的责任，可以发展出非常细腻的情感，用独特的艺术表现生活。

派遣理论是解释早教之争的一个角度，父母或祖父母在早教方面有冲突的一个重要原因是他们有意无意中有自己的派遣愿望和目标。有些人会对孩子说："我像你这么大的时候，都没有机会上学，你现在有这么好的机会，一定要好好读书。"这就是派遣。这个派遣的意思是，孩子要不要上学跟他自己的未来没有那么大的关系，而是跟父母的未完成事件有关。比如有些人会说："我们老张家祖祖辈辈都没有出过秀才和大学生，你一定要好好学习，要为我们老张家争气。我们都希望你能出人头地，你出人头地了，整个村子都会以你为荣。"

所以早教的冲突往往是大人对孩子有不同的派遣，比如一个经商的父亲虽然事业很成功，可是没有好好上过学是他生命中的一个缺失。当他有了儿子后，他希望自己的孩子能够弥补自己没有上学的遗憾，这就是他内在的派遣原因。然而孩子的母亲也有不同的派遣目标，她从小就是一个好学生，学习很好，懂事乖顺，一直发展得非常顺利，只有一个从来没有满足过的渴求，那就是自由，用一个流行的话来说，就是从来没有过一场说走就走的旅行。她潜意识里渴望充满变化的生活，希望日子丰富多彩，因此她就嫁给了一个经商的人，她对自己的孩子有一个派遣——希望孩子能够更自由、更灵活。设想一下，当这对夫妻有了第一个孩子后，丈夫希望孩子读书，他会在孩子2岁的时候就要他学拼音、读唐诗；妻子从小到大过着稳定的生活，她希望孩子在体育、音乐方面有所特长。

但是不是两个人的派遣不一样，就一定会有冲突呢？不一定。早教之争的一种可能性是家里不同的人对孩子有不同的期待，这个期待强烈影响了孩子的发展，并造成家里人的一些冲突。这些冲突表面上看是针对孩子的教育而产生的，实际上是来自整个家族系统内在未完成事件的冲突。

早教的误区

只会促进局部发展

早教这个词本身就是一个误区，大家都认为教育越早越好，不能让孩子输在起跑线上，这个说法很有蛊惑人心的作用。要知道教育是一个非常单一的事情，比如早期学琴时的反复练习，确实会使孩子的手指比其他人灵活，但这只是局部的发展。我们要看到其他更重要的部分，过度地把时间放在局部的发展上，就会影响整体的发展。

有人会问："那有什么不好呢？局部发展得好，很快会超过同龄人，比如郎朗弹琴弹得好，刘翔跑得快。"请注意，这只是事情的一面，我们在生活中的确需要某些特殊的能力，但成长需要平衡的、全面的发展。所以，不要在孩子很小的时候进行单一的教育，而忽视了生活内容的教育。

有个男孩在读书方面开始得比其他孩子更早，3岁就能看懂几千个字，很早就能独立专注地阅读，所以他的词汇量很大，经常出口成章。但是因为他长期阅读，对事物的敏感不如其他孩子，人际交往方面也薄弱一些，处理事件的方式相对单一。单从智商来看，这并不会影响孩子的发展，但是他的总体适应力会弱一些。

孩子最终是要走向社会的，要离开父母独自面对复杂的系统，因此需要储备不同的应对能力，这些能力的储备是在个体生命的早期阶段发展起来的，而不是长大后才建立的。也就是说，生命早期是孩子全脑发展的重要阶段。如果孩子在早期就花很多时间去发展单一方面的能力，是得不偿失的。

父母的焦虑会传染给孩子

有一类早教冲突很常见，父亲要孩子多弹琴，母亲认为孩子还小。一个要孩子学弹琴，一个要孩子玩，这两种不同的态度会引发他们的冲突。在孩子的早教问题上，我们明显能感觉到家长本身的焦虑。在一些教育咨询的场合，年轻的父母为选择哪些早教而焦虑，在教育机构的宣传影响下，父母会更焦虑，觉得不能让孩子输在起跑线上，很多能力都需要早期培养。所以，选择不同的早教项目帮助孩子更早发挥天赋成了很多父母的追求，实际上，这个部分呈现的是焦虑的状态。

记住这一点：**当父母非常焦虑的时候，无论他们做什么安排，他们的**

焦虑都会传递给孩子。情绪很容易流动，很容易互相影响。情绪很容易从父母身上流传到孩子身上，对孩子产生非常大的影响。即使孩子已经接受了某种早期教育（弹琴、唱歌、读诗等），焦虑的父母也会把更多的焦虑传递给孩子。当孩子处在焦虑状态时，他的系统会更接近系统一而不是系统二，他的学习能力会减弱，开放程度会降低，会更容易封闭自己的系统，重复刻板的动作，不容易学到新东西。所以，我们会看到，在早教机构里被父母大声训斥的孩子，基本的知识学不会，基本的动作也记不住。

当父母自身焦虑时，他们就会成为在早教路上的牵绊，而无法形成合力帮助孩子更好地发展。

父母只关注结果

我们常常会听到家长在幼儿园或早教机构门口核对彼此的一些数据，比如你的孩子英语考几分啊，我的孩子跳100个绳用了多少分钟啊……家长通过对比评估自己孩子的水平和位置。当父母促进孩子发展的时候，往往只看结果本身。有家长会说："不看结果看什么？送他去学习训练，不就是看结果吗？"实际上，父母忽略了非常重要的事情，这个也是现代国家在经济快速发展、教育不断投入、追求更好生活时出现的新理念和新方式，那就是从强调结果向强调过程转化。

早教之争的一个原因是父母非常重视结果。早期教育主要是促进孩子心智化的发展过程，而不是看待结果，这是父母需要看到的重点，即强调过程，而不是结果。在咨询当中，咨询师可以跟家庭讨论这个角度。

举个例子，当孩子放学回家对父母说："我英语考试得了满分。"父母会说："你太棒了，我们来吃好吃的东西。"这里就失去了一个对过程进行管理的机会，过程管理就是除了关注考试分数之外，还要非常细致地了解孩子考了哪些题目，哪道题目是孩子印象最深刻的。这些讨论可能跟考试结果无关，却强调了学习的过程。尤其是学龄前儿童在学习的过程中，学习的结果、学习转化成的分数对他们的意义并不大，假如家长能够更多地关注学习的过程，那这个早教就会让父母有一个共同的基础，而不是演化为彼此的冲突。因为一旦父母只关注分数，他们便会根据自己对结果赋予的意义来衡量孩子的优劣；当父母关注过程的时候，他们则会更多关注孩子的发展本身。

从心理学的动机角度来看，关注结果是关注外部动机，关注过程是关注内部动机，而内部动机能更持久地维持动机。[①]所以在咨询中，咨询师要做到态度中立，要跟家庭从早教的结果去探讨问题，讨论在早教过程当中所体验的那些内容，这个体验包括孩子的体验，也包括父母的体验。这样的转换会帮助孩子和父母降低焦虑、增加乐趣，让他们处在放松状态。

① 参见张剑、郭德俊：《内部动机与外部动机的关系》，《心理科学进展》2003年第5期。

05

有青少年的家庭

第1节　有青少年的家庭（1）

有青少年的家庭的基本特点

有青少年的家庭，指的是孩子已经从婴幼儿阶段成长到了青少年阶段。从年龄上说，6岁以前的孩子处在婴幼儿阶段，6~18岁的个体处在青少年阶段。

家庭关系模式逐渐稳定

刚开始形成家庭的时候，夫妻双方并不是太了解彼此。当他们彼此了解之后，就进入有儿童的家庭阶段，这时家庭出现人员数量的变化、关系结构的变化、家庭事务的剧增，处于非常应激的状态，面临着很大的挑战，夫妻双方及双方的家庭成员都处在互相支持同时又有着冲突的阶段。

在家庭最初有孩子的扩展阶段中，每个人都能够看到家庭面临的巨大变化，也都在努力适应这种变化，家庭成员间更容易看到对方的变化。比如因为需要照顾新生儿，妻子晚上会睡得比较少，丈夫可能需要经常跑出去买奶粉等，这是很容易看到的生活变化。当孩子进入青少年后，生病几率降低，家庭会比以前更稳定。

通常在这个阶段，孩子有了自己独立的生活空间，比如有独立的房间、独立的床、独立的书房，孩子和父母在一起的融合状态渐渐消失，分离时间也相对变长。夫妻和老人的生活变得更规律，而不是处在应付孩子的应激状态中。孩子进入小学阶段后，整个家庭的应激状态降低，父母有时间投入自己的工作中，如果家里有老人照顾孩子的话，父母就有更多空闲时间了。因此，整个家庭关系的模式进入相对稳定的状态。

这个阶段的稳定性带来的好处是家庭成员的焦虑感降低，孩子刚刚上学，离考大学还有一段距离，孩子也脱离了频繁生病的状态，家庭成员的神经不再那么紧张和焦虑。这个阶段不好的地方是夫妻一方或双方可能会进入相对的懈怠期。

孩子上了小学后，父母开始恢复正常的工作量，有的也开始加班，对于孩子来说，他们见到父母的机会少了。在幼儿园阶段，父母每天会给孩子讲睡前故事；上了小学之后，孩子可以自己阅读了。虽然在小学低年级阶段，孩子写作业还需要父母陪伴，但是一个人就可以应付得来。所以从总体上讲，家庭生活模式变得稳定。

父母面临着中年危机

孩子10岁左右时，有些父母已经三四十岁了，三四十岁是父母不敢懈怠的年龄。在这个阶段，父母上有老下有小，工作上虽然有一定的竞争力，但是年轻人上升得很快，同时市场发展迅速，国内经济技术各方面发展都很快，中年人的事业处在爬坡的阶段，身体也面临着危机。有的人在三十多岁时就因过度疲劳而英年早逝了，不少人在这个阶段会处于抑郁状态，甚至有些人压力太大，最终会选择自杀，所以青少年家庭的一个重要特点是父母面临着中年危机。

孩子成为焦点

经常有来访者在咨询室里说："我跟配偶在家里几乎没话说，工作本来就很累，回到家还要继续处理工作，过问孩子的作业和老人的情况。等面对配偶的时候，我已经什么话都懒得说了。"

我曾经做过这样的实验，让中年夫妻回家后录下1个小时内的对话内容。研究结果是，他们有60%的话是对孩子说的，30%的话是孩子对他们说的，只有10%是夫妻之间说的。显然，夫妻之间基本上没有话说了，而且说的这一点话，也是关于孩子的，比如"你去看看孩子的作业""你带孩子下楼玩一会儿"……

家庭模式里不仅有丧偶式育儿，还有同屋里的陌生人。同屋里的陌生人指的是两个人即使生活在同一个屋檐下，除了孩子已没有别的关系了，他们只是作为孩子的父母存在，而不是作为一对夫妻存在。有些调查发现，在这个阶段里，夫妻的亲密关系逐渐变淡，甚至有些夫妻的性生活频率非常低。

焦虑于孩子的学习问题

孩子的哪个方面会是家庭焦点中的焦点呢？通过调查发现，中年夫妻最关心孩子的学习：孩子要上哪些学习班，孩子未来要上什么样的大学……

这些事情成为家庭的焦点。而对于孩子的业余爱好、生活琐事或旅行兴趣等，夫妻谈论的概率比较低。

如何理解有青少年的家庭

社会的变革

40多年来，中国社会飞速发展，甚至可以用沧海桑田来形容这一变化。1978年，我国的经济总量在世界排名第十，如今已经排名第二了，而且在不远的将来，中国会超越美国成为第一大经济体。这个巨大的变化使得我们生活的多样性增加，比如我们可以环游世界，去不同的地方旅行；物质极大地丰富了起来，生活条件比以前有了巨大的改善；沟通也变得更便捷，人人都有手机，可以随时随地上网。可是，科技的发展除了给人们带来便利，还给人们带来了压力。比如房地产，最初人们不能自由买卖房子，现在人们可以到世界各地买房子，这个变化是非常大的；还有医疗改革、教育改革等，我们享受着发展带来便利的同时，也承受着发展带来的巨大压力。

以前的人们在房子方面承受的压力是“我什么时候能住上一间房子”，而现在人们承受的压力是“我什么时候可以买到更大更多的房子、我什么时候可以投资更多的房子、我什么时候可以把亏损的钱赚回来 ”。所以，现代人的压力变得更大、更多、更不可预测。

家庭的变迁

在社会高速发展的大背景下，中国家庭也面临着巨大变化。首先体现在家庭规模变小。以前的中国家庭常常是几代同堂，几代人同住在一起；现在大家庭同住的概率越来越低、核心家庭越来越多，还有一些单身家庭，或者一个人带着一个孩子生活的家庭。不同形式的家庭越来越多，家庭的规模相对来讲越来越小。如今，经济条件越来越好，以前外出吃饭的次数是极少的，现在人们经常外出吃饭；以前很少家庭有私家车，现在很多人买得起私家车；以前很多人没有自己的房子，现在很多人有好几套房子。

这些变化带来的负面影响之一就是家庭规模变小[①]，家庭成员间的交流变少。有的人跟原生父母还住在同一个城市里，一两个月也见不到一次，跟亲戚朋友走动的次数就更少了，这带来一个问题：我们从自己的原生家庭、亲戚朋友那里接收到的知识变少。以前的孩子跟祖父母和父母同住，遇到问题时，长辈随时能给一些支持，但现在随着沟通的减少，家庭成员互相提供的支持变得很少且不规律。

最后，家庭成员对彼此的期待在提高。以前上大学是一件很困难的事，现在父母不仅要求孩子要上大学，还要上好大学，或出国留学；以前人们能有个一般的工作就很不错了，现在人们不仅要求工作条件好，还要求挣的钱多。我们对彼此的期待在提高，老人对孩子的期待也比以前高。

---

① 参见张翼：《中国家庭的小型化、核心化与老年空巢化》，《中国特色社会主义研究》2012年第6期。

青少年的变化

虽然现在国家放开了二胎政策，但哪怕每一个家庭都有两个孩子，跟几十年前相比，中国整体的家庭规模还是要小得多。这种情况使当代的孩子很容易体验到孤独感，一方面是因为兄弟姐妹减少，还有一个原因是现代社会环境比以前复杂，存在着各种各样的潜在危险，父母对孩子的安全也比较担心。虽然现在大城市的小区修建得非常好，但是相对于原来在农村或城镇居住的孩子来说，大城市的孩子在户外玩耍的概率要低得多。他们更多的时间待在公寓单元房里，没有机会充分接触大自然，因而更容易感觉孤独。有一项关于视力的研究指出，现在青少年近视比例非常高[①]，有的中小学班级里几乎全班学生都近视。青少年普遍近视，跟缺少户外活动、常年待在室内有很大关系。

除了孤独感，现代青少年的压力也比以前大。有位父亲跟咨询师说：“我不理解为什么我的孩子学习这么不努力，他的成长条件比我小时候要好1000倍。我小时候生活在农村，连买鞋的钱都没有，有时候是光脚走着去上学的，常年带着干粮，在这么辛苦的环境下，我都能坚持下来并且考上好的大学，最后来到北京打拼。我的孩子在北京读昂贵的私立学校，我不明白为什么他一点儿苦都不能吃，多写一点儿作业就嫌烦。他的条件这么好，他应该有更好的学习动力和更好的学习习惯才是啊。我们夫妻对他已经全力以赴了，包括爷爷奶奶都来照顾他。从小到大，我们尽最大的努力给他提供良好的环境，可是他现在不愿意上学了，为此我很愤怒，甚至有

① 根据2018年的《义务教育质量监测报告》，八年级学生视力不良检出率为65.3%。根据世界卫生组织的报告，美国青少年近视率约为25%，德国控制在15%以下，澳大利亚仅为1.3%。

的时候控制不住打他，我实在不明白他为什么如此不上进，我对他不想上学这个事很费解。”

像这样的青少年在家里享受了很好的生活条件，可是同时他也承受了更多的压力。当咨询师问这位父亲：“你从小生活在那么艰苦的环境里，你的父母对你的态度是怎么样的？”父亲说：“我父母没有上过学，他们没有文化，根本不知道怎么教导我，所以我想学什么、想做什么都是自己决定的，他们从来没有给我压力，学习是我自己愿意做的事。”

看到这位父亲与儿子之间的巨大区别了吗？父亲上小学和初中的时候，虽然生活条件很艰苦，可是家里没有给予他那么高的期待，甚至还会觉得不读书的话能早点去打工或在家种田，这样家里的生活会好一点儿，这使他自己有强烈的学习动力；而到了儿子这一代，儿子本身承受着巨大的学习压力，而父亲却给儿子铺设了一条成功的宽广大路，儿子在上面随便撒欢就可以跑得很远。我们看到的是儿子一点儿也不努力，却没有看到巨大的压力带给儿子的影响。

现在的青少年除了孤独、压力之外，还有一个特点——他们吸收的营养比以前更充足，身体的使用率跟以前相比却有巨大的差异。很多孩子没有经历过身体的充分运动，最典型的是有些孩子从小出门就有汽车接送，家里开着冷气暖气，基本上没经过风雨，没见过“世面”。

城里孩子很少下楼玩耍，其中的一个原因是危险。大城市的生活虽然很方便，但是潜在危险比较多。比如，有的孩子在楼下玩时可能会被邻居的狗吓到或咬伤，有的孩子用健身器材时会伤到身体，有些地方还存在着拐卖拐骗的现象。这些因素导致大部分孩子除了去学校上学，其他时间大多都在家里度过。

在家里能够做些什么好玩的事呢？那就是网络了。网络的使用是全世界的一个共性话题，过度使用网络还会导致网络成瘾问题。最近，网络成瘾成为疾病诊断里的一项重要障碍。当然很多专家对此持有不同的意见，比如争论网络成瘾到底是不是一个问题、需不需要治疗等。

事实上，不少孩子因为过度使用网络而被家人送到治疗网络成瘾的医院或学校。不知道在那些机构里，到底有多少人治好了网络成瘾的毛病。很多报道表明，孩子们在治疗机构里受到了很多伤害和折磨，甚至有人失去了生命，由此引发了很多社会问题。

孩子网络成瘾的一个主要原因是，在现代社会，父母为了安全或让孩子有更多的学习时间，会有意无意地把孩子束缚在家里。相对来讲，网络对于整个世界来说都是一种新生事物，尤其是很多成年人对网络的认识并不充分，所以他们以为孩子在家里上网是相对安全的一件事情，却忽略了网络带来的副作用。在我的印象里，无论在火车上还是机场里，很多大人为了让孩子保持安静，就会给孩子一部手机或 iPad。我仔细观察过，孩子在看 iPad 的时候的确会比平时安静得多，不会到处乱跑，不会跟人发生冲突，也不容易被人拐骗走，这样的孩子更易于管理，遇到危险的概率也会降低很多，这的确是一个安全省事的管理方式。

但是过度使用网络的风险很快就显现出来了，第一个风险是网络成瘾。孩子很快对网络有了依赖，在任何地方都会掏出 iPad 玩游戏，即便是家里有其他的娱乐工具，也很难吸引他们；第二个风险是孩子的身体状况堪忧，包括视力下降、走路摔一下就骨折等，这是因为现在的孩子没有以前的孩子运动得那么充分了。

关系的变化

父母和青少年的关系跟以前不一样，以前的父母会有更多的时间跟孩子交流，现在的父母很忙，与孩子的沟通变得很少。另外，跟以前相比，除了体力劳动变少，孩子的大脑也有差异。虽然生活在同一个屋檐下，孩子待在家里的时间更长，但是父母对孩子的世界了解得很浅显，甚至根本不知道孩子的世界发生了什么。有个极端的例子，之前网络上有一款游戏专门鼓动青少年自杀，这个行为让好多家长难以理解，但是它确确实实发生了。家长非常震惊，跟自己生活在同一屋檐下的孩子，为什么有着跟自己完全不同的想法？自己家里的经济还不错，家庭关系也不复杂，为什么孩子会走上极端的道路？

现代家庭关系的特点是：空间距离很近，但是心灵距离很远。我曾经在演讲中说过这么一句话："少年啊，我不懂你的世界。"这是很多父母的内心话。有的父母说："我知道我的孩子很好啊，他有什么事我都清楚，因为我经常看他的朋友圈。"我问这个父母："你知道孩子的朋友圈是分组可见吗？"这个家长完全蒙了。青少年会因父母没完没了地打探自己的私生活而将朋友圈设置分组可见，对父母屏蔽自己真实的生活。

我在一个有300位父母参加的大会上问父母们："你们有多少人知道斗鱼[①]？"全场没有一个人举手。我又问："你们有谁知道虎牙[②]？"全场也没有一个人举手。说实话，我在开会之前也完全不知道斗鱼和虎牙，这是整个中国青少年点击率最高的两个视频直播和游戏直播平台，所以，我们跟

① 斗鱼TV是一家弹幕式直播分享网站，为用户提供视频直播和赛事直播服务。

② 虎牙直播是以游戏直播为主营业务的弹幕式直播互动平台，涵盖娱乐、综艺、教育、户外、体育等多种直播内容。

孩子只是差了一个网络，他们近在咫尺，可是我们完全不知道他们在干什么。这就是有青少年的家庭的家长所面临的亲子关系现状。

这300位父母绝大多数是受过高等教育的职业人，而且经常跟儿童打交道，却对儿童的世界知之甚少。知之甚少不是问题，最大的问题是我们自以为理解孩子，然而孩子们却会私下互相说："不要跟他们讲，他们根本不懂我们。"这就给亲子交流设置了屏障。

作为中年人的父母自以为懂孩子，而作为青少年的孩子发现自己无法跟父母沟通，他们放弃了跟父母沟通的努力。这是亲子交流的两大屏障，使青少年跟父母之间出现一道看不见的鸿沟。

如何理解青少年厌学

青少年咨询案例中最常见的一个现象就是不上学。在很多咨询室里，我们常会看到父母带着自己的孩子来做咨询，有的是高三不上学的，有的是高二不上学的，有的是初二不上学的，甚至有的是小学五年级不上学的；有的在家里待了一周，有的在家里待了一个月，有的在家里待了半年，有的在家里待了整整一年，还有的从大学毕业或读研究生期间中断学业后在家闲了三年，甚至还有一些从世界著名大学中断学业的，包括牛津大学、耶鲁大学等的在校生。

不上学的现象不仅在中国常有发生，在其他国家也常见。在亚洲家庭治疗的大会上，来自亚洲各个国家的咨询师都会分享学生不上学的个案，这已经成为近些年来咨询领域最常见的个案类型，也是我们在专业领域里探讨非常多的一个问题。

陈佳，女，38岁，公务员，已婚，丈夫在国企上班，他们育有一个14岁的儿子。陈佳在孩子出生80天后就结束产假上班了，并请来孩子的外婆帮忙照看孩子。陈佳下班以后也会照看孩子，老公跟他们不在同一个城市，平均3~4天回家一次。孩子上小学之后，外婆就回自己的住处生活，但每天会到陈佳家里做两顿饭。直到孩子上小学四年级，陈佳才开始自己独立照顾孩子。

陈佳说，孩子上小学六年级后对老师非常不满，因为作业太多而不想去上学。陈佳做了各种努力，老公也专门回家多待了几天做孩子的思想工作，可是孩子仍然不想去上学。陈佳带孩子参加过一个冬令营，希望能够改善孩子的心情，后来也在朋友的推荐下带孩子去医院检查过，想看看孩子是不是有什么问题。孩子去了两次医院，医生说没有什么特别的问题，之后孩子断断续续地去上学。

陈佳开始反思是不是自己跟老公的关系影响了孩子，因为自己与老公不在同一个城市，关系疏离，她认为自己需要调整夫妻关系，因此俩人做了很多努力。孩子在9月份开学上初中之后，成绩还是不错的，很有积极性，但是到了初二，孩子因为成绩不错被调到了重点班后，班级排名有所变化。这个排名让孩子有非常大的压力，他感觉没人跟自己交朋友，孩子经常回到原来的班级找同学玩。跳到重点班的半个学期后，孩子就不想去上学了，表面原因是老师批评他没有完成作业。孩子答应初三开学就去上学，结果到了11月底，孩子还是拒绝上学，而且不再跟父母沟通了。

陈佳学了心理学，也考了心理咨询师证，她想从改善夫妻关系入手。经过一番改善，二人关系变得好一些了。孩子提出要养猫，陈佳和老公不同意，因为养猫会分散注意力，家里也会变得脏乱，为此孩子对父母有很大意见。孩子认为父母答应要给自己一些支持，可是并没有做到，就不再跟父母讲话了。陈佳跟老公非常焦虑，为了调整孩子的状态，自己已经花了很多时间接受咨询，咨询师给出的建议是调整夫妻关系来帮助孩子，夫妻关系是调整了，可是孩子没有改变，还是一直待在家里不上学。

通过陈佳的个案，我们可以看到：孩子的生活条件变好了，学校和家长对孩子有了更高的期待，这给孩子带来了压力。我们可以注意到一个细节，孩子原来在普通班学习是不错的，老师和家长觉得儿子学习状态好应该去重点班。当然，有些学生去了重点班便如虎添翼，会有更强的学习动力，但是各个班的优等生到了重点班后会被重新排序，大部分学生甚至不再名列前茅了，对于那些把名次看得很重的学生来说，名次的下降所带来的落差是难以承受的。排名变差后，孩子开始拒绝上学，激发点是他没有完成作业，老师批评了他。如果从咨询的角度来看，孩子从普通班到重点班是一个重要的转折期，需要老师和家长给予支持和理解，需要一段时间的小心呵护。重点班的竞争非常残酷，老师面临着分数的压力和学校领导的严格要求，所以重点班的老师会不自觉地对学生施加更多的压力，相对会缺少对学生的支持。

学校生存压力大

学校的生存压力太大，尤其大城市里的竞争越来越激烈。以前，人们觉得上个大学就很好了，现在整个中国上大学的人很多，要上一个好大学的压力陡然增加了。中国很多有经济实力的家庭会把孩子送到国外去学习，大部分是为了避开高考的压力。整个中国的教育体系给人们带来了过重的期待和压力，当然出国学习也有另外的压力。青少年时期离开自己的家庭，到一个陌生的环境里生存所面临的挑战也是巨大的，这些是很多家长难以体会的。可惜，家长很少在这些方面给孩子支持和鼓励。

缺乏社交技能

陈佳的孩子到了重点班之后没有新朋友，他感到有压力，难以在短时间内与新同学建立良好的关系。虽然他还可以回到以前班里和其他同学交往，但是大家知道他进了重点班之后，可能对他嫉妒、羡慕、疏离，这使得他在新圈子里没有机会发展更好的关系，而原来的关系也难以维持。

在家里充当陪伴者角色

陈佳的孩子不上学的第三个原因是父母聚少离多，这是我们在家庭咨询里常常探索的一个角度。40多年来，社会的离婚率飞速上升，尤其在北、上、广、深这些大城市，离婚率比以前上升了几倍到十几倍，很多家庭面临着解体，不单孩子会担心父母是否会离婚，父母自己也对婚姻存有很多焦虑。孩子不上学的一个可能原因是他们要留在家里陪伴父母，有的是父母聚少离多，有的是丧偶式操持家务，在这些情况下，青春期的孩子会充当起陪伴者的角色。另外，在一些家庭中，夫妻之间经常有冲突，孩子会留在家里充当调解人的角色，时间久了，孩子的焦点会更多地放在家里而不是学校。

派遣

有的家庭可能会派遣老大承担家族的事业、学业等；而有的家庭在无意识中会派遣孩子享受生活。

有个年轻人从25岁硕士毕业就回家了，虽然做过几个短期工作，但最后都因不合适而辞职，他想回家准备继续学习，但是也没有学出什么名堂来，最后一直跟着父母生活，每天就是上网、买东西，偶尔参加英语、会计、法律等方面的学习班。

父母带着这个年轻人见咨询师的时候，他已经38岁了。60多岁的父母不理解为什么孩子这十几年来天天待在家里。经过家庭咨询，咨询师发现这对父母年轻的时候吃了很多苦，后来经过努力挣了钱，但是他们自己从来没有享受过生活，无意识里特别希望孩子不要过受穷受累的生活，所以他们给孩子提供了很好的生活条件。

我对这位母亲说："我听你讲这些事的时候，就想问你，他的生活条件这么好，为什么还要努力学习呢？未来的生活你都给他安排好了，他根本不需要努力学习呀。"受过高等教育的母亲听到我这么说的时候，瞪大眼睛，眼珠子都快掉地上了，她说："刘老师，难道我给他准备好一切，是我做错了吗？难道我要告诉他，我们家里没房子、没钱吗？"

有很多父母不能接受这样的解释，他们会觉得："为什么孩子不上学是我们的错？""为什么孩子不去工作是我们的错？""我们天天唠叨他，希望他能够出去上学工作，孩子都听得烦了，孩子还是不愿意出去，我们又不能赶孩子走啊？"

实际上，父母没有意识到38岁的孩子还待在家里一定是因为有人养活他，有人为他支付生活花销，否则他是一定要出去找工作才能够谋生的。我想说的是，孩子不上学的原因有一部分是来自于父母的，父母其实对孩子有派遣，期待他能够享受生活。

有一对夫妻在做咨询的时候问："我实在不明白孩子有吃有喝，想去哪里旅游，我们就带他去哪里，想要什么名牌，我们就给他买，想换电脑就换，他为什么不能够好好考试？"有的母亲说："我已经跟孩子说了，'你根本不需要有任何的担忧，你只要好好学习就行。你结婚的房子，妈妈也给你买了；你想出国读研究生，妈妈也会给你资助。可是，为什么你就是不能好好学习？'"

不知道有多少人在这一刻会想到世界首富和名人，比如沃伦·巴菲特。他把自己99%的钱都捐给了慈善机构[①]，这是为什么？其实当你的家庭条件已经完全可以让孩子衣食无忧的时候，孩子是没有上学的动力的，这是很自然会发生的一件事情。

我在咨询里遇到过这样的家庭，他们会说："刘老师，我明白了，孩子在13~14岁开始厌学，我要换个策略来激励他。比如，我告诉他，我只能养他到20岁，他上了大学就要开始自己谋生了。"这是一种思路。如果孩子提出疑问说："你们存了那么多钱，难道不是给我的吗？"父母针对孩子的疑问可以回答："我们的确存了一些钱，可是那是我们自己养老用的，你之后的生活就需要自己去努力打拼。"

在咨询室里，当父母很严肃地反复这样说的时候，我就注意到孩子变得严肃起来，他开始紧张了。当学习关系到他的未来时，他就有了学习的动力。

---

① 参见沃伦·巴菲特：《"我为什么捐掉99%的财富"》，《企业文化》2010年第10期。

与有青少年的家庭工作的要点

我想提醒大家在针对青少年的家庭进行工作的时候，有一个要点就是不要以孩子为焦点，视野要更广一些。父母来到咨询室里说的每句话都是我的孩子怎么样了，尤其是大中城市的父母，他们经济条件更好，对未来抱有更多的不确定性，这时候人们的焦虑常常就会转移到孩子的身上。他们希望孩子未来可以更好，希望孩子更努力。整个社会都过于关注孩子的学习，这使得孩子没有空间去缓解自己的焦虑，没有办法发展其他各方面的能力，孩子与父母的关系常陷入纠结的状态，这对孩子的发展非常不利。

我们与这样的家庭工作的话，要记得按比例划分谈话的内容，比如咨询里60% 的时间用来谈孩子的问题，40% 的时间用来谈论父母自己的问题。在谈孩子问题的60% 时间里，也许60% 是谈跟学习有关的话题，但一定要留出40% 的时间关注孩子的生活、人际交往、业余爱好、对未来的思考等方面。

当我们的眼光扩展得更广阔时，本身就是在减轻焦虑。当我们带着家庭成员用这样的视角对问题进行深入探讨后，我们再请家庭重新思考现在的状况，他们就会有一些不同的认识和情感体验，家庭也会因此发生一些变化。

第2节　有青少年的家庭（2）

有青少年的家庭的特点

有青少年的家庭，也处在家庭扩展完成的阶段，这个阶段有一个现象是高考焦虑。

家庭关系模式相对稳定

这一阶段的家庭关系比之前更稳定，夫妻的感情可能慢慢会变得平淡，这是扩展完成阶段。家庭的规模和以前相比，不再是从两个人到三个人、四个人甚至是五六个人这样的飞速变化。

对夫妻双方而言，彼此因熟悉而失去了新鲜感，相互适应的难度减少，日子变得无聊、无味。甚至在一段时间里，家庭可能不会有什么大的变化。这个阶段，家庭最重要的变化是孩子升学。

孩子学业成为焦点

无论是从关系上，还是从各自事业上来看，夫妻双方在这个阶段都进入相对稳定的状态。因为这个阶段的孩子处在学龄期，孩子最重要的生活是学业，所以在家庭中，孩子的学业成为焦点中的焦点。也就是说，整个家庭的规模和生活方式稳定下来之后，家庭成为一个稳定的平台，变化最多的个体是孩子，而学业是孩子的关键词。在对孩子学业的关注上，高考最受关注，整个家庭甚至整个家族都会时时关注高考。

有青少年的家庭一个重要的特点就是，在关系稳定的背景与前提下，孩子成为焦点，学业成为焦点中的焦点，高考成为焦点中的焦点中的焦点。

有青少年的家庭的焦虑

焦虑的背景原因

改革开放以来，中国发生了巨大的变化，社会的变革以超出人们预料的速度和范围在进行着，变化的程度是人们难以想象的。变革使得社会经济、文化、法制、政治制度、教育体系、卫生体系等都有了非常多的变化，整个社会的变化让中国变得越来越富有和强大。我们在享受变革带来的红利的同时，也承受着改革发展对心理产生的影响，最普遍的影响是人们变得焦虑。焦虑成为我们这个时代的一个标签，很多人甚至每时每刻都处在焦虑状态里。

什么是焦虑

为什么当今社会的人们普遍都焦虑呢？让我们来看一下什么是焦虑。焦虑是人们对潜在风险或威胁的一种情绪反应，面对潜在风险或者威胁，人们有全身性的反应，体现在情绪层面的就是焦虑。焦虑情绪代表着人们面临着不可控的事情或场景。因此，在变革的社会当中，我们普遍体验到焦虑的原因是对未来的不确定感，或者叫失控感。

焦虑的功能

从生物学和进化论的角度来看，人类基本的情绪（比如焦虑、喜悦等）具有强大的功能。焦虑虽然给人带来的是不舒服的感觉，但是它具有明确的功能。[①]

把储备的能量转化成现实。当人处在焦虑状态的时候，身体各脏器的功能被调动，身体内储存的能量被激发，这时身体处在不平衡的状态，也就是会把储备的能量转化成现实。这个过程有点像战争虽然还没有开始，但我们要把军队训练起来，以应付未来可能发生的战争。

寻找目标。面对生活中各种各样的环境，我们需要动用能量去疏导。动用什么能量去疏导、朝着什么方向发力是需要进一步明确的。在周围环境不断变化的时候，确定一个目标就变得非常重要，而焦虑可以使我们不断去探索环境以确定目标。

---

① 关于焦虑功能的内容推荐阅读美国作者加文·德·贝克尔于2018年出版的《恐惧给你的礼物》。

促发行动。当人体验到焦虑，激发出能量，并寻找到目标之后，焦虑会帮助人将能量倾注在目标上，实施行动方案。

所以焦虑使人在未来的生活里能够更有掌控感，是人们实现目标、增加价值的一个重要因素和保障。

焦虑和抑郁

和焦虑一起频繁出现，成为人们生活讨论议题的是抑郁。焦虑与抑郁之间有什么关系呢？人的能量是有限的，能实现的目标是有限的，能完成的行动也是有限的。当我们不断处在焦虑状态的时候，我们内在的能量会被激发，促使我们寻找目标，实施计划。但是长期这样的话，人的能量会耗竭，并进入抑郁状态。抑郁状态有三个特点。

第一个特点是减少个体能量的激发。当人们处在抑郁状态的时候是没有能量的，说话语速会慢、声调会低、眼神转动频率也会降低。

第二个特点是目标感减少。当我们跟抑郁的人接触时，会发现他对生活计划失去了兴趣。如果问他对生活有什么打算，他会说没有打算。

第三个特点是放弃行动。处在抑郁状态的人不愿意行动，应该做的事也不愿意做。

高考焦虑

了解了焦虑的起因、功能及长时间焦虑可能会使个体进入相对抑郁的状态后，接下来我们思考一下，高考焦虑对人们生活的影响。**高考焦虑**是我们接下来着重探讨的现象。

高考的特点

第一个特点是教育改革时间相对比较晚。在中国的各项改革当中，教育改革的幅度比较小，起始点也要稍微晚一些。

第二个特点是教育改革步子相对比较小。在中国的各项改革当中，土地所有制的改革、医疗改革等比较超前，发展较快，也相对成熟，关于教育的改革虽然也一直在探讨，但总体上步子相对要小一些。

第三个特点是高考模式相对稳定。比如，中国迄今为止还是九年制义务教育，大部分孩子要接受学前教育、小学教育、初中教育、高中教育，之后再上大学，整个教育模式相对稳定。

第四个特点是高考内容相对稳定。语文、数学、英语、物理、化学、生物、历史、地理、政治，几十年来高考的科目没有什么变化。尽管高考在全国各地区会有不同的安排（有一些地方在做试点改革），但是大部分地区的考试模式是相同的，也有相同的考试内容，比如三加一、三加二、三加 N 模式，虽然会有变化，但内容是考生相对熟悉的。

第五个特点是用高考用分数（尤其是百分数）来衡量学生的能力。这种基本模式是人们熟悉的，并且容易使我们对个体的能力评估有非常强的可控感。我们经常会在街上听到父母对孩子说“考了多少分啊”“这次怎么没过130分，需要努力了啊”。

和整个社会的变革、家庭的变迁、少年的变化相比，跟高考和升学有关的特点在大的社会背景中相对稳定。从这个角度看，在高考这件事上，学业或者精准的定位让在社会变迁中处于不可控状态且焦虑的人们有了相对的可控感。

如何理解高考焦虑

高考焦虑与可控感

如果家里有一个上高中的孩子，家里人常常就很关注考试成绩、排名、重点学校等，这些内容在整个社会生活背景中属于可控性相对比较高的内容。当人们谈及这些事情时，容易体会到可控的感觉。

有人会问，为什么反复强调可控感呢？我想说，社会的急剧变迁仿佛把每一个人都抛到了波涛汹涌的汪洋大海中，每个人都像是落水的人，他们希望抓住一个稳定的支持。我们想象一下，就像电影《泰坦尼克号》里落水的人们抢到每一块浮板都意味着更有可能活下来一样，在每一个家庭里，家庭成员不断谈论学习、成绩与高考也是情有可原的。

举个相反的例子。改革开放以后，社会发生了变化，其中一个变化就是股市。人们在改革开放之前，对股市这个词闻所未闻，但现在人们可以很容易地在家炒股，而且很多人可能一夜挣10万元，抵得上普通上班族一年的工资。一夜暴富是好事，因财富增加人们就有可能过上更好的生活。可是当我们能够更自由地接触新事物时，我们也会体验到更多的不可控感和不确定感。

比如，我们从原来不能自由买卖房屋，到现在可以自由买卖房屋，可是房价随时涨跌，影响着人们财富的拥有量。再比如，经济形势变化时，很多公司会裁员。以前我们的生活是相对稳定的，现在我们的生活中出现了很多不可控因素。就连过去比较稳定的气候在这些年来也有非常大的变化，冬天气温升高，雾霾等极端天气出现的概率增加，甚至包括人类最基本的生存环境都有失控的部分，因此抓住可控的东西成了人们的需求。

1977年是我国恢复高考的第一年，整个中国的高考报名人数是570多万人，录取人数是27.3万人，录取比例大约是4.8%；2018年，全国的高考录取率是81.13%；到现在基本稳定在75%以上。按理说，与原来只有不到5%的录取率相比，现在3/4的孩子们都可以上大学或大专，绝大部分家庭应该不用担心孩子上大学的问题了，可是高考仍然是全国人民每年很关注的事情，这就导致家长对孩子的成绩充满忧虑。

每个家庭或者每一对父母（每一个家长）如此焦虑高考，社会如此关注高考的一个原因是希望孩子有一个好未来，另一个重要原因就是处于变革社会中的每一个人都希望能够抓住更确定的东西。高考恰恰是这样的一个东西，它是生活中能带给我们稳定感的一个重要事件。

高考是人们表达焦虑的一个替代品

高考焦虑成为生活高频词的原因，除了能够带给人更多的安全感和可控感外，还有就是学业和考试焦虑是更容易表达的，而由生活中各种各样不确定的事情所引发的焦虑是我们难以表达、无法表达、不愿意表达或不能表达的。

比如，很多夫妻面临着婚姻冲突和矛盾，甚至婚姻的解体，这种焦虑在我们的传统文化里是不能被公开谈论的，对婚姻本身的焦虑在公开场合难以表达，甚至在夫妻之间也难以表达，那么这种焦虑就有可能被转移到孩子的学业上。

心理学上有一种防御机制叫替代，指的是人们对一件事情有焦虑反应，会把这种焦虑转移到另外一件事情上，或者是人们对某个人的焦虑会转移到另外一个人身上。因此当夫妻在生活中有一些焦虑时，他们有可能就会将其转移到孩子的学业上，或者更直接转移到对孩子高考的焦虑上。比如，一位父亲在炒股，也许最近赚到了钱，也许损失了一笔钱，他不仅要考虑最近的得失，还要考虑未来是不是能长期持有，或者什么时候要抛掉变现，这些焦虑不容易表达出来，他就会把焦虑转移到孩子的学业中。欧美人初次见面常谈两个话题，一个是天气，一个是体育。这两个话题都是安全的话题，而中国的很多家长在生活中的一个安全话题就是孩子的学习和高考问题。

如何与有高考焦虑的青少年家庭工作

学业的主角是青少年，有些父母自孩子读小学开始就在学习上花很多精力、投入很多资金，期望帮孩子打下更好的学习基础。持续12年的小学、初中、高中教育一直是父母强烈关注和投入的领域。我们知道整个社会容易把焦虑转向相对让人有可控感的高考或学业方面，因此家庭学业的主角（处于学龄期的青少年）承受着非常大的考试焦虑。

王聪，男，父母都是名牌大学毕业的博士，工作很好，赚钱很多。王聪来见咨询师的原因是：他在高中二年级的时候陷入了抑郁状态，学习动力下降，不愿意上课，上课也经常睡觉。老师将情况反映给父母，父母便不断提醒孩子要调整精力状态，上课要集中注意力。可是一段时间后，孩子的状态还是没有改变，老师的反馈让家长非常焦虑。1个月后，王聪不仅在期中考试中没有获得好成绩，而且有一周时间不愿意去上学，整个人的状况非常不好，甚至流露出轻生的念头。父母非常焦虑，因此带着王聪来见咨询师。

父母在介绍完王聪的情况后说："我们不相信王聪会得抑郁，他的生活条件非常好，我们家境也算是比较富裕的，没有任何经济上的担忧，孩子想要的所有东西，我们都会按最高配置买给他，他想去哪里，我们都会送他去。他的学习成绩一直很好，他只要努力就会比我们有更好的未来，可以考上最好的大学，或者出国留学。他的生活条件比我们以前好太多了。"

在咨询的过程里，王聪打起精神回应了几句："我确实状态不好，我看不进去书，我对未来感到一片迷茫，对生活也没有什么信心。”王聪说的这些话让父亲变得激动起来，父亲大声说：“你现在条件这么好，你从幼儿园开始就是上的最好的幼儿园，我们一直全力支持你的学业，你应该比我们学得更好，你没有借口比我们学得差。”父亲的话让王聪低下了头，他表示不想再谈论了。

事实上，王聪一直很努力，没有输在起跑线上。王聪的父母也很努力，虽然两个人都是在很好的单位里担任要职，但仍然会挤出时间陪王聪学习和旅游，给他准备更多的书籍、更好的电脑、更贵的游学项目等。他们全家人一直都非常努力。

王聪的父母都是从城镇走出来的，靠自己的努力出人头地，为整个家族争气，并且物质生活确实有着非常大的保障，过着比较富足的生活，拥有一定的社会地位。可是在王聪父母的心中，他们觉得自己的生活并不一定会一直稳定，也许他们的工作会发生变化，也许他们辛苦攒的钱会贬值，也许他们给儿子买的房子房价会跌，也许自己以后没钱送儿子出国留学……他们言语的不一致也隐隐透露出对婚姻的担忧，他们太专注于工作，对彼此的了解和支持比以前少，这些都是他们的生活中非常隐蔽的焦虑内容。他们能够共同谈论的话题就是孩子的学业和未来。因此，高考焦虑成了他们的关键词。

李鑫的父母是城市的打工族，他们都是初中毕业就离开老家到大城市打工。李鑫在爷爷奶奶身边长大，到李鑫上小学的年龄，父母才把他接到身边来。父母在城市里为李鑫花钱找了一所赞助的学校，他小学和初中的学业都非常好，但是高中时，李鑫必须要回到户口所在地读书，否则就没有高考资格。李鑫回去之后面临着一系列的不适应，他在高三时成绩下滑，父母非常焦虑，也非常失望。父亲在跟儿子发生冲突的时候还打了他，父亲说：“我们根本没有机会上大学，我们这么多年打工都是为了你，你居然回去之后不努力了。”在咨询过程中，李鑫的父亲流下了眼泪。

李鑫看到父亲落泪深感内疚，他谈到了自己的困难处境。因为他跟随父母在大城市里借读，在学校有更多机会接触和学到不同的知识。总体来讲，他在大城市的全面发展会更好一些。当李鑫回到老家之后，他发现老家的同学没有开阔的眼界，他们只懂得怎样答题——因为老师会花很多时间教答题的技巧。同学们从来不读课外书，也不参加课外活动，他们都只是完成老师布置的作业、反复做题训练，所以在答题技巧上远远超过李鑫。李鑫的城市口音也使家乡的小伙伴对他很排斥，他无法快速融入团体当中。这些都是李鑫面临的困难，而这些困难是父母想不到，也没有在短时间内给予支持和帮助的。由于李鑫融入不了新环境，适应不了老师的教学方式，导致他的成绩下降很多。

咨询师在和这样有明显高考焦虑的家庭工作时，应对的方式有以下几点。

要充分地共情

现如今，中国高考的状况跟以往相比发生了很大变化。比如说每年出国留学的人要比以前多很多，学校也在不断探讨有没有让学生可以快乐学习的方法，而不是唯分数论。虽然如今的高考现状已经发生了很多可喜的变化，但是整个社会和家庭依然关注高考、分数、学业，家长有这样的焦虑是需要我们给予充分理解的。

我们可以选择共情家长的焦虑："虽然从1977年到2018年，中国高考录取率从约4.8% 上升到81.13%，但我仍然相信你们家人对于高考的焦虑是实实在在存在的，每个人都承受着非常痛苦的压力或处在很不舒服的状态。"

另外，也许除学业和考试焦虑之外，家庭还有很多其他方面的焦虑。家庭成员也许无法清楚表达自己在焦虑什么，但这些焦虑让人感到不舒服，这些事件叠加在一起让人难以应对。所以，心理咨询要求咨询师有系统式的反馈，一部分是对事情本身的反馈，还有一部分是对拓展领域的反馈。一个是对高考焦虑本身进行共情，一个是对最可能的相关焦虑进行共情。

探讨细节

当这样的家庭来咨询的时候，它有一个非常明确的焦点是高考、学习和分数。咨询师如果要跟这样的家庭工作，需要在焦点之外进行细化的讨论。也就是说，咨询师要在家庭想探讨的问题里细化其中的细节。

比如，父母反映孩子最近学习状况非常不好，那么咨询师细化工作的方式是问父母，孩子哪一科目学得特别不好。有些咨询师可能会立刻告诉我说："刘老师，父母说每一科都不好。当对方说每科都不好的时候，我就没有办法了。"的确，我们需要在这样一种有挑战的情境当中更细化地去探讨。如果这个母亲说自己孩子每一科都学得不好，接下来你可以说的更具体细化的一句话是："请问他学得最不好的是哪一科？"这样的探讨技巧是非常必要的。

有的咨询师会问我："刘老师，有一门是60分，有一门是58分，有一门是44分，这有多大区别吗？"当然，我们咨询工作的方向要放在这些微小的差异上。请记住，整个系统式咨询的特点是大处着眼，小处着手，咨询师会在这一两分或者十到二十分的差别上做文章，那是我们未来工作的方向。

细化情绪

我们要关注来访者及其家庭成员情绪上的微妙变化。比如，当母亲说孩子学得都不好时，我们会具体问哪一科学得最不好，母亲会说："英语啊，每个单词都会错，简直错得一塌糊涂。"母亲的表情是愁云密布的。当我们接下来问哪科没有那么糟糕时，母亲可能想了想说："我觉得他数学好像还好一点儿，有两次还是及格了的。"请注意，这个时候母亲的情绪可能会有一些变化，比如眉头皱得没那么紧了，眼神变得有一些灵动了，也许还露出了一点儿微笑，因为她提到孩子曾经有两次及格了。那么孩子在听到母亲谈论自己学习不好和学习没那么糟糕的时候，情绪也是会有变化的。母亲说英语很不好的时候，他是低头不看母亲的；当母亲提到数学有两次是及格的时候，孩子可能会抬起头，身体的姿势可能会变换。这些都代表了个体情绪的变化。

细化情绪的意思是，原来来访者或家庭在谈到高考焦虑、学业焦虑的时候，情绪是混在一起的。这个时候，我们要他们去处理一团负面的情绪，并推动情绪发生变化是件很困难的事。如果我们能够细化问题，也就是在一团乱麻里找到一个线头，比如我们注意到母亲谈到孩子有两次数学是及格的时候，情绪发生了变化，那么这个点就是促进变化的关键点。我们可以用焦点解决的思路进行提问："他这个学业就是令人很操心，可是他是怎么做到有两次数学成绩及格的？这两次的状态跟其他时候有什么不一样……"这会开启他解决问题的模式。

在咨询里面，如果我们能够关注母亲的情绪变化，想要与母亲进行进一步探讨，我们可以说："我注意到你说孩子英语成绩的时候，是愁眉不展的，而谈到了他的数学，你甚至露出了一点儿笑容。请问你当时想到了什么？"母亲会有点不好意思地说："其实我儿子还是挺聪明的，他如果好好学的话，数学应该是没有问题的。他就是不好好学习，上课总是不认真听讲，放学回家不写作业。"

听到这里，孩子有可能暂时脱离原来焦虑、内疚、自责甚至自暴自弃的状态，他会挺直腰板，或者抬起头来看父母和咨询师，这些都是促成变化的细节。所以，细化情绪是咨询工作中很重要的部分，同时要把将整个家庭捆在一起的焦虑进行细化。我们要帮助家庭区分哪些是困难的部分，哪些是容易发生改变的部分。

越过高考，关注未来

如果家庭将关注点聚焦在高考、学业和分数上，就会缺乏对未来的思考，把未来当成一团非常混乱的、不明确的焦虑源。整个社会处在变化中，我们很难用一句话来形容未来社会的发展走向，这给人们带来很多焦虑。人们为了回避未来的不确定性，会关注此刻的学业分数和高考，这会加大问题的解决难度。当人们适当地把眼光投向未来，让视野更广阔的时候，焦虑可能会被转换或者暂时被缓解。越过高考，越过考试，关注未来，是一个重要的方法。

在一次咨询中，一对父母因为孩子不愿意练琴产生了非常大的冲突。我请他们站在10年之后，展望孩子27岁时会是怎样的。她突然就笑了，她说：“在我孩子27岁的时候，我觉得练琴已经不再那么重要了，也许那个时候工作很忙，她并不想去弹琴，甚至可能已经有5年时间不弹琴了，弹琴对她的生活并没有那么重要的意义，也许她已经结婚照顾孩子了，谁知道呢？”说这些话的时候，母亲的情绪跟之前抱怨孩子不练琴是很不一样的。

这个时候我问父亲：“你的感受是什么，你站在女儿27岁这个点的时候，会有什么不同的感受？”这个爸爸也变得轻松起来，他说：“其实我本来就不觉得这是个问题，是我老婆每天那么焦虑，我如果不支持她的话，她就会跟我对着干，她会跟我吵架，我也不想让她不开心，所以她逼着孩子练琴，我就只能支持她。我很同意也许过了10年之后，这个事就根本不是个事。”

这个时候我再问母亲：“你相信到你女儿27岁的时候，练琴这件事没有那么重要，生活还是会发展很好，那为什么你在现在这一刻会那么焦虑呢？”母亲说：“其实我对未来有很多的担忧，我希望她保持好的生活习惯，有一项技艺在身，哪怕是失业了，也有可能通过教琴来养活自己。”

这个时候，我再去问女儿：“当你27岁的时候，你会有什么变化？”这个女孩子突然眼睛湿润了，她说：“原来我一直觉得我妈妈很自私，认为她从小没有机会弹琴，就逼着我去满足她的愿望，但是今天妈妈的谈话让我知道其实她对我的未来有很多担心，她是希望我能够过得好，她再让我弹琴的时候，我不会有那么大的愤怒了。”

在家庭生命周期中孩子将要离开家之前的这个阶段，父母会把更多精力聚焦在孩子的学业、考试和高考上，这个是我们要去理解的，也要接受和顺应，同时我们也要帮助前来咨询的家庭以更广阔的视角去思考、关注，以及为孩子提供支持，这也是解决问题的一个思路。

第3节　有青少年的家庭（3）

与有儿童的家庭相比，有青少年的家庭关系模式趋于稳定，家庭逐渐把注意力放在孩子身上，这个阶段的孩子处在小学、中学和高中的学龄阶段，整个家庭以孩子的学业为焦点。所以在有青少年的家庭中，总体上看夫妻关系相对稳定，孩子成为家庭的焦点。

孩子在学龄期间，家庭更多关注孩子的网瘾和不上学等问题。以前孩子会在网吧彻夜不归，现在孩子更多会在家里用手机上网。还有一些孩子的表现是学业上的落后，甚至隔一段时间就不去上学，有的孩子甚至停学两三年，而在学业上投入更多精力的孩子面临的另外一个问题就是高考焦虑。

在有青少年的家庭里，夫妻高频率关注的焦点就是高考，孩子成为生活的重心，夫妻之间没有太多的时间和精力面对和思考自己的问题，这会造成一种假象：夫妻关系比较稳定，或者是没有什么事情发生。实则不然，相信很多人都听说过高考后的离婚潮，很多父母会相约在孩子高考之后离婚。这个现象说明，在孩子的整个学龄期间，夫妻关系并不是一帆风顺的，并不是像表面看起来那样风平浪静，可能暗流涌动，只不过焦点不在夫妻关系上面，所以大家都认为没有什么问题，实际上他们是将注意力转移到了一个更明显的地方——学业或者高考上，夫妻两人没有时间和精力去处理自己的婚姻问题而已。

中年危机

近些年，我国的离婚率飞速增长，北、上、广等城市的离婚率已经接近发达国家。哪个年龄段离婚率最高呢？有研究调查表明，35~39岁的女性离婚率排名第一[①]，而这个阶段就是女性处于中年危机的阶段，但此时孩子正处于学龄期。因此，中年危机是有青少年的家庭阶段一个潜在的重要议题。

中年阶段的年龄划分

谈到中年危机，我们首先需要了解中年阶段的年龄划分。传统意义上，人们把30~49岁的个体归为中年人，过去人们感慨“人到中年万事休”，说的就是30~49岁、上有老下有小的阶段。近年来，随着人口寿命的增长、健康水平的提升，人们的平均寿命要比以往长很多。中年人阶段，也从原来的30~49岁推迟为45~59岁。这说明当我们到40~50岁时，还依然很年轻。人类寿命的增长是会让多数人感到喜悦的事。对中年人来说，中年阶段的年龄推迟虽然意味着人们的工作时间可以更久，但同时也带来一些负面感受。

中年人的身体状况变化

一个人到了44岁依然被认为是年轻人，并没有进入中年阶段，可是当你35岁去找工作的时候，很多公司已经不愿意录用你了。这个感觉让人非

① 数据来自：国家统计局第六次人口普查数据。

常挫败。也就是说，中年阶段虽然在年龄上被推迟了，但是社会认为他们和年轻人相比还是有很大差别的。这是中年人面临的第一个危机，也就是身体状况的下降。

生理状况的变化。人类的智慧在增加，我们的一生需要不断地学习，有些人到60岁还在上大学，学习新的语言和技术，这代表人类可持续的学习能力一直是增长和延续的。但是毋庸置疑的是，人们的身体状况从30岁开始就明显下降。比如，20岁的年轻男性踢完一场足球后睡一觉，体力很快可以恢复，但是30~49岁的中年人踢球后，可能腿会疼一个星期，身体状态很难在短时间内恢复过来。有很多人过了30岁后就不敢熬夜看球了，因为熬夜后第二天的工作会受到严重影响。

身体代谢的变化。中年人除了生理状况的变化，还面临身体代谢的下降。人们在年轻的时候即使吃很多东西，也很容易消化，但是到了中年后，一顿饭吃多了都需要一整天甚至更长的时间来消化。代谢下降是中年人非常明显的一个身体变化。

情绪的变化。年轻的时候，人们的情绪变化很快，遇到不好的事情会低落，但很快会恢复平静。人到中年后，情绪更容易出现持续的低落，我们所熟知的抑郁症在中年人群体中高发。

智力的变化。神经科学研究发现，人的智力在40岁之前都会有所增长，40岁之后就会变得非常稳定，而且开始有下降的趋势，尤其记忆力会明显减弱，也很难鼓起勇气学习新东西。事实上，很多人在40岁之后就很难鼓起勇气学习新东西了。

性能力的变化。人到中年后，男女性能力的变化会出现一个剪刀差。所谓的剪刀差指的是女性性能力的变化跟男性刚好相反。男性性能力的巅峰期是在20岁左右，30~40岁时性能力下降得比较快，当身体劳累的时候，性欲更是大大降低。女性的性意识觉醒比较慢，20多岁的时候性反应较慢，到了30~40岁，性能力和性接纳的程度比以前有了很大的提升。男女两性之间的剪刀差构成中年阶段一个更大的危机，这就是性矛盾在中年危机里占很大比重的一个原因。

中年人的心理状况变化

人到中年的心理状况可以用“人到中年万事休”这句话来形容，中年人在各个方面都会有非常大的压力，面对很多处境时常常会有力不从心的感觉。有时候，人们会陷入非常抑郁和绝望的境地，需要解决的事情太多，需要承担的责任太多，需要面对的压力也太多，得到的支持却太少。

压力变大。人到中年，上有老下有小，上面的老人逐渐进入衰老阶段，下边的孩子正在成长。在中国，部分老年人没有很好的养老条件，中年人需要更多为自己的父母考虑养老问题。对中年人而言，即便有一些社会资源，比如养老院可以帮助自己，但把自己的父母送到养老院也面临着很大的社会舆论压力。

除了家庭压力之外，中年人的职场压力也很大。中年人的工作任务比较重，需要在单位承担起各种项目。虽然他们的工作经验比较丰富，但是在复杂的环境和社会形势下，承担更多责任的同时，他们还要面对年轻人的竞争。年轻人掌握着更多现代的新科技和新技术，甚至有些是中年人完全不懂的，必须完全依赖年轻人，并且他们的智力和体力已经开始走下坡路，所以中年人在职场上的压力是难以估量的。

举个例子，有一个中年人在单位是中层管理者，他给年轻人分派任务的时候，年轻人表示不满。他批评了年轻人，希望年轻人更努力，这个年轻人却当着他的面跟别人讲起了他根本听不懂的流行词或者网络用语。

这种无力感对于一个中年人来讲是极具压力和挑战性的，甚至给他带来了耻辱感。实际上，中年人是社会的中流砥柱，是值得信赖和依靠的力量，他们在遇到很多难题时可以通过智慧来解决。但在急剧变化的社会中，中年人所面临的压力是难以想象的，所面临的挑战是以往社会所没有的。

稳定中有挑战。当人们处于30~49岁这个阶段，除了体力开始走下坡路，智力也逐渐趋于稳定，无法开放活跃地思考和接受新技术，这就导致人们在现代社会中面临着巨大的挑战。我们经常会听到某公司改组、企业合并，也听到原来传统的铁饭碗单位或机构在改革。对中年人来说，他们在稳定中也面临着很大的挑战。

焦虑增加。人到中年的时候本应该是家庭美满，事业有成，儿女双全，前途一片大好，但是随着经济的高速发展，人们对生活有了更高的期待，必然导致焦虑增加。比如，在旧社会的时候，大家都没有很好的房子，粉刷一下，再买一张新桌子，就会觉得生活质量提高了。现在，即便你买了一套别墅，却依然感觉不到快乐，因为你会发现别人买了更豪华的房子、汽车。

恐惧增大。人们在年轻的时候无知无畏，对生死看得很淡，很多年轻人不是“找死”就是“作死”。可是到了中年，人们开始怕死。这有两部分原因：第一，父母一代逐渐步入老年，生老病死成为中年人需要处理的日常事务，死亡离中年人很近，恐惧感会越来越强；第二，虽然人们的整体寿命变长，但是中年早逝的事情频繁发生，64岁的心理老师李子勋去世了，50岁的主持人李咏去世了，科学家张首晟也英年早逝了。

中年人既有对事业和家庭的焦虑，也有对死亡的恐惧。在压力大、追求稳定又无法稳定的情况下，他们充满了焦虑和恐惧，却得不到相应的支持。中年危机里很重要的一个部分来源于中年人要独自面对生活的压力（包括家庭、社会、个人成长等方面的压力），和传统社会相比，中年人能够获得的支持却非常少。

在传统社会里，家庭关系非常紧密，如果中年人出现了一些危机，家族中的老人会提供一些心理支持；由于夫妻二人有一方工作，一方不工作，不工作的一方也可以提供一些心理和精神上的支持。但是现在的中年夫妻，双职工居多，很多也没有跟老人在一起生活，来自老人的稳定联系和支持变得越来越少。老人不能给予支持的原因是，改革开放40多年，人和人之间出现了非常深的代沟，每三年左右就会有一个代沟，中年人和他的父母经历了不同时代的教育和影响，这使得他们彼此之间变得难以相互理解。

即便现代有一些家庭的老、中、轻三代人住在同一所房子里，人和人之间的距离也变得前所未有的疏远。老人已经70多岁，中年人则多是35~44岁，孩子可能是10~20岁，这三代人分别生活在三个不同的时代。中年这一代在现实中打拼，面临着工作的压力和社会的急剧变化，对未来无法掌控，难以适应一些无法预估的变化。中年人的父母作为家中的长者，他们所受的教育和经历的生活受旧社会的影响，使他们对于现在的变迁有很多的不理解。于是在这样几世同堂的家庭里，成员之间的空间距离也许很近，可是心理距离却是前所未有的疏远。

与中年危机者工作的思路

小青，41岁，家庭主妇，已婚，有两个女儿（一个15岁、一个13岁）。小青曾经跟丈夫一起做生意，3年前为了照顾孩子，做起全职主妇，生意全部交给丈夫打理。近几年来，小青变得很多疑，有强烈的不安全感，丈夫一旦晚回家，她就猜测丈夫是否出轨，内心变得非常空虚。小青的丈夫曾经在孩子小的时候有过出轨行为，虽然小青原谅了丈夫，可是心里总是觉得不舒服。后来小青也和两个人有过婚外情，其中有一个男人还因小青提出分手对小青进行短信威胁，小青当时觉得很后怕。小青的家庭身世比较复杂，导致她总是猜疑丈夫，内心有强烈的不安全感，感觉很无力、很抑郁。

在这个个案中，小青和丈夫处在中年阶段，家里有青少年，这是一个很典型的有青少年的家庭，小青曾经与丈夫一起做生意，父母帮助带孩子。到了中年，孩子进入青春期，小青体力下降，为了更好地照顾孩子，小青放弃了工作，回家当起了全职太太。小青家庭的一个变化是孩子上中学后面临高考和将来就业的事情，这是一个家庭关注的重点。小青为了家庭决定离开工作岗位，回归家庭，这是她综合考虑后不得已作出的选择。

从身体方面来讲，小青40岁后体力与代谢下降，智力也难以应对复杂的情况和局面，只能处理一些简单的问题，尤其是青春期的孩子有各种各样的情绪波动和行为挑战，这些问题让小青疲于应付。

从个人发展上来讲，小青的职业发展发生转向，缺少了社会交流，这使得她的社会价值感减弱和丧失，在家里还要面对孩子的挑战，这个时候，夫妻关系（丈夫的支持）对小青来说显得很重要。但是问题来了，丈夫原来是跟小青一起打拼事业的，小青离开公司后，他需要跟其他人合作，要信任其他人，这意味着生意上很多重要的事情需要跟外人商量，需要让出一些利益，这对小青的丈夫来讲是一个很大的挑战。

另外，由于经济发展变缓，小青丈夫的生意比以前困难得多。事业发展的压力增加，加上缺少小青的相伴和协助，使他面临着很大的压力。这时候，丈夫其实难以抽身去支持小青。

小青怀疑丈夫出轨的一个主要原因是丈夫曾经出轨过，这也是中年夫妻常常会遇到的一个状况。这个状况出现的一个原因是夫妻双方性能力变化的剪刀差。小青的老公在孩子很小的时候出过轨，就像我们听过的很多案例那样，丈夫会在老婆怀孕期间出轨，实际上其中是有一些客观因素的。男性在30岁左右时，性能力处在相对比较高峰的状态，但是妻子怀孕生子消耗很多体力，并会把注意力转移到孩子身上，这个阶段的女性性欲望会相对降低。

之前我们探讨过丧偶式育儿，其实不仅是妻子丧偶，丈夫也丧偶，这个时候，丈夫有婚外情的可能性在客观上有所增加。现在小青怀疑丈夫有外遇，丈夫觉得很委屈，他说："我哪有什么心情去搞外遇，我现在忙得要死。"客观上分析，小青的丈夫从20岁到30岁再到40岁，性能力越来越低，加上工作压力大，社会经济状况起伏不定，他把更多时间用在生意上，搞外遇的可能性要比年轻的时候低很多。

而此时，小青的身体状况要比孩子小的时候好一些，身体恢复的更好，琐碎的日常事物也少一些，性能力有所提升，她的性需求没有得到丈夫的回应。从动力学的角度讲，小青对丈夫的怀疑是一种投射，是她强烈的性需求得不到满足的投射。

不论是女性还是男性，在这个时候来做咨询，说明这对夫妻的关系处于岌岌可危的状态。他们以前的生活重点几乎都放在养育孩子、稳定家庭、赚钱养家上，这占据了他们很多的时间和精力。所以夫妻关系可能在相当长的一段时间里都是疏于经营的。现在孩子长大了，即将要离家，他们才有时间关注自己的问题。

那么，应如何应对中年危机的挑战呢？

对未来进行前瞻性的讨论

首先我想说，无论是咨询师还是个人，都希望用简单的方法解决中年阶段所面临的困难处境，但这个可能性是很小的。我们在处理家庭问题的时候需要耐心，稍微后撤一点儿看问题，这样视角会更全面一些。

我们在前文中讲到，咨询师可以用时间线①的方式带领家庭一起站到未来线上，去看10年以后这个问题对孩子有什么样的影响。我们会发现当我们站在未来的时间点上回看问题的话，这个问题可能就没有我们认为得那般严重。这样一种前瞻性的讨论会使得现在家庭对孩子的问题有新的看法，或者在处理问题的时候有不同的状态。我们在处理中年危机时也可以用类

① 时间线是系统治疗常用的技术之一，它使得来访者在平衡过去、现在和将来时变得容易。U. Borst, B.Hildenbrand,*Zeit essen Seele auf Der Faktor Zeit in Therapie und Beratung* , Heidelberg:Carl Auer Verlag GmbH,2012,pp.11-28.

似的方法，可以请夫妻同样站在时间线上去想问题，想象3年或5年后，他们的关系会有什么变化，会发展到什么样的程度。

有一对夫妻，孩子12岁，当他们想象孩子22岁大学毕业后他们两个的关系会怎样的时候，妻子说："天啊，我猜到那个时候，我们两个人连话都不会讲了，因为现在我每天都在说孩子的事情，他一说工作的事情，我就不耐烦。我们很少关心对方，很久没有跟对方讲过自己的事，估计这样一直下去，我们都会对对方失去兴趣。"还有一对夫妻，丈夫说："我猜我们将来会没话说，因为我现在每天听她讲那些生活琐事，比如白菜多少钱一斤，孩子又挨老师批评了……我每次听到这些都烦死了，而且她天天批评我为工作的事瞎忙，不知道在外面干什么，我根本不想听她讲这些话。也许10年后，我真的是能躲就躲了，可能早就从这个家里消失了。"

接下来，咨询师问："想到10年后是这种场景的时候，你们今天会做些什么不一样的事吗？"那个妻子会说："哎呀，天哪，我也不想天天唠叨孩子的事情，可是怎么办呢，我压力太大了，我的确需要找个人讲一讲，我也知道他不想听我讲这些，可是怎么办呢？"丈夫立刻说："也许你需要找个咨询师聊一聊，让专业的咨询师听一听你的牢骚，也许更能帮到你。"妻子于是每周见一次咨询师，在心理咨询师的帮助下她的压力明显得到缓解。当丈夫回来的时候，她唠叨的欲望降低，当丈夫谈到公司的事情时，妻子也能够给予一些情感上的支持了。

这个干预方法之所以有效，是因为当人们一头扎进生活里的时候，他们的思维会变得狭窄，只有站在未来的时间点上回看这件事的时候，他们才更容易产生改变的动力。

做减法

现在人们普遍处于焦虑当中，为了应付这种焦虑，人们会不自觉地给自己增加更多任务，安排更多事情，仿佛安全感会因为有更多事情要做而增加。其实并不是这样的，做更多的事（或者什么事都不做）只会让压力更大，让人产生虚假的安全感。实际上，缓解焦虑的方法应该是给生活做减法，在操作层面可以是这样的：丈夫和妻子列出最近一周的五件重要事件，按照重要顺序依次排下来。然后，参考如下三步来操作。

第一步，划掉这五件事情中的一项，也就是说去掉1/5。有些人可能一开始觉得很难选择，不知该划掉哪一项。但如果你要调整的话，请一定在里边选出一件。也许划掉的时候，你的心会很痛，但是请注意，咨询师一定要给来访者时间进行考虑，最终完成一个减法操作。

第二步，在剩余的四件事情里再选一项，这一项不用马上划掉，要推迟一周再做。你也许本来是打算这周五做完这件事的，那请在它的旁边写上“我在下周五的时候再做完这件事”。

第三步，在剩余的三件事情里再选一项，不划掉，也不推迟，只是降低对它的期待。比如，你本来希望在这周末约几个朋友一起吃饭，打算做八个菜，那现在降低期待，做四个菜就可以了；你原来希望孩子考85分，现在觉得80分就可以了。

我们在时间表上划掉了一项、推迟了一项、降低了一项的标准，实际上相当于省下了大概一半的时间。你可以另行安排这些时间，比如夫妻可以单独出去旅行、吃饭等。

关注自我

关注自我，又称自恋。我们经常会用自恋来批评别人。我想说，人到中年的时候是最不自恋的，中年人更多的是关爱老小、关爱社会、关爱工作和同事，对自己的关爱是最少的，所以中年人的生活里要增加关爱自己的内容。这可以从四个方面来做。

吃。列出一个表格：最想吃的十种食物或最想去的十个餐馆。有些中年人会告诉你："对不起，我做不到。"他需要时间。如果你也想要关爱自己，请给自己时间列出从小到大你最喜欢吃的东西是什么。如果只能列出五项，那么在未来的一个月内去吃这五种最想吃的东西，也可以把它买来跟好朋友或者家人分享，体会吃美食的美好感觉。

穿。人到中年因为忙于家事或其他事情，不太在意自己的形象。实际上，中年人的财务是相对更自由的，但是可能因为没有恋爱的需要，生活中没有太多新想法，所以只需要用过去的装扮就可以应付生活了。其实不是这样的，中年人也需要花点时间打扮自己，看重自己。

买。很多中年人最喜欢买东西给家人，却很少买东西给自己。中年人的自我约束能力非常强，买东西的时候会想买什么给老爸、买什么给老妈、买什么给孩子，自己的凑合就行了。实际上，现在有很多东西都可以提升生活质量，也许这是你可以考虑的提高自己生活舒适度的方式，让自己从中年危机里走出一小步。比如，有些中年人在装修的时候会说不能装浴缸，浴缸太费水。实际上，在浴缸里泡澡会给很多中年人焦虑的身体和心灵带来片刻的放松。虽然费水，但我们出去旅行泡温泉花的钱也并不少，在家放松是中年人可以给自己的礼物，泡澡的时候，放上精油、鲜花，点上蜡烛，这是中年人可以摆脱危机的一个好机会。

性。中年夫妻存在性欲变化的剪刀差，再加上对孩子学业的焦虑，很多夫妻把最好的房间让给孩子，自己的生活质量降低了，这是得不偿失的。中年人在性上要自我关注、自我观照、自我爱护、自我爱恋。自恋的方式包括两个部分：一个是不要随意发生性关系，比如不要在劳累的状态下发生性关系。这是非常无奈的性行为，如果性关系变成负担，还不如不发生；一个是中年人可以降低性的次数，但要保障性的质量。对中年人而言，固定每周过一次性生活，不如一个月保证一次浪漫、高质量的性生活。你和爱人可以选择一家好的餐厅，吃一顿浪漫的晚餐，带上红酒和蜡烛，到星级宾馆，在没有家人的干扰下体验一次美好的性生活。哪怕没有真正的性爱，但是一次浪漫的对话、一场电影，都是一次自我关爱。

传统想法认为，自我满足性欲（自慰）是十恶不赦的事情，尤其是有了婚姻之后，很多中年人觉得“你已经有我了，为什么还用手解决问题”，实际上，这两者有不同的意义。西方的性调查发现，结婚后仍然自慰是普遍存在的现象，自慰是性生活中的一种，它跟异性之间的性爱有不同的功能。[①] 自慰是自己通过手或工具产生性兴奋，达到性高潮的一个过程。这个过程实际上是自我爱恋的一种方式，也是满足失恋、缓解焦虑的一种重要方法。

女性通过自慰，可以更全面地了解自己的身体，女性的性感带遍布全

---

① 关于自慰的内容，推荐阅读美国作者阿尔弗雷德·C. 金赛于2013年出版的《金赛性学报告》。

身，泡一个舒服的泡泡浴或用精油按摩身体都会让女性感到性宣泄和身心放松，这对自我爱恋是非常有功效的。男性自慰跟异性做爱也有不同的功效，主要的原因是大部分男性在做爱的时候都会面临来自他人评价的压力。虽然他可以达到性满足，但是能不能使配偶达到性满足是很难确定的事。关于性的调查发现，女性在阴道性交中得到性高潮的概率比较低，很多女性要么没有性高潮，要么假装性高潮。

中年夫妻中的男性面临的最大压力就是性，亲密关系应该给双方带来愉悦和精神上的放松，但由于男性对女性的性高潮会有负担和不切实际的期待，使得男性在做爱时有更大的压力，因此男性需要有自慰的满足。在性的问题上，中年人都应关爱自我，不要勉为其难，而且要探索更多满足自我的方式。传统的观念会使得双方在现有的压力下降低性生活质量，彼此不仅没有办法满足性需求，还可能带来更多的压力。

06

孩子离家与成家

第1节：孩子离家与成家（1）

家庭生命周期的第五个阶段是孩子离家与成家的阶段。我们知道处在中年阶段的人的确有很多困难需要应对，也需要重新思考这一阶段面临的挑战。

孩子离家与成家家庭的变迁特点

家庭人口变少、家庭规模变小

当独生子女长大离家去其他的城市或国家上大学（有的孩子上大学期间会经常回来，有的孩子会在大学毕业后搬离原生家庭）后，原生家庭就只剩下夫妻两个家庭成员了。有多个孩子的家庭也面临着孩子陆续离家的问题，假如两个孩子年龄相差4岁，当22岁的孩子大学毕业离家后，离第二个孩子离家还有4年的时间，在这4年的时间里，家庭从有青少年到只剩下夫妻二人。有些家庭有老人帮忙照看孩子，等到孩子长大后，老人会回到自己的家乡。因此，这个阶段比较常见的家庭状况就是孩子离家后，家里只剩下夫妻两人。家庭规模变小是这个阶段的第一个特点。

家庭事务的减少

孩子的事情是家庭非常重要的一部分，很多家庭在有孩子阶段时会认真做一日三餐，认真出游，认真做其他事情。但孩子离家后连做饭都很随意了，有的甚至连早饭都不吃或各自到单位吃，家庭内部的事务数量逐渐减少。

家庭空间的增多

空间主要是指物理空间和精神空间。在物理空间上，孩子上大学以后，很多家庭会把家里的旧物品清理掉；在精神空间上，大多数夫妻原来每天谈话的主要内容是孩子，孩子离家后，大部分家庭的谈话内容会减少80%~90%，夫妻之间变得无话可说，各自的精神世界出现更多的空间和空虚感。我们常说的空巢期主要指个体精神上的空白。

焦虑增加

孩子离家后，夫妻各自的精神世界出现了更多的空间，如何应对这种强烈的变化成了很多夫妻的焦虑来源。焦虑的主要原因是他们有时间去焦虑。原来孩子在家的时候，很多事务占据了夫妻的心理空间；孩子离家后，他们需要一些东西来填补空间，于是焦虑就很容易滋生出来。在焦虑空间变大、焦虑增多的情况下，家庭要怎么样去维持平衡呢？

家庭维持平衡的方式还是重新落回到孩子身上，夫妻每天会给孩子打电话或视频聊天。对于孩子来说，他们其实不想每天跟父母通电话，也不需要这样频繁的关心，但是又不得不这样做。有些孩子会采取一些方式去满足父母，也让自己不至于特别烦躁，比如报喜不报忧，还会找借口说自己很忙来回避每天的通话，以免自己在跟家长的交流中回到小孩子的位置上。

孩子在离家之后的很长一段时间内，父母仍然会把时间放在孩子身上，见不到孩子的时候，他们会要求孩子用更多的方式与他们保持联系；孩子假期回到家的时候，他们就会抓住一切机会关注孩子，为孩子的未来提供一些建议和帮助，这是家庭一个非常重要的功能。孩子最终还是会面向同伴、走向社会，孩子的关注点是外面的世界，而家长会强烈希望孩子与自己有更多的交流，这个阶段常会出现“催婚生子”现象。这就是孩子离家之后所面临的家长聚焦其生活、工作、婚姻的状况。

孩子离家与成家家庭面临的挑战

家庭规模的变化

因为计划生育政策，现在大部分家庭基本上只有一个或两个孩子，这样所有孩子离家的时间比以往缩短了。过去的家庭有3~5个孩子，孩子之间的年龄差高达10岁，甚至更多，那么孩子离家的阶段会持续10年或更长，父母则会有很长的时间去适应这样的阶段。但现在的父母在年纪较轻、精力旺盛的时候就已经面临空巢期了。有对父母在40多岁时，孩子就离开家了，他们的身体和精力还很旺盛，可是已经不需要照顾孩子了。

过去家庭面临的挑战是：家里有很多成员，父母要把所有的孩子都照顾好，很多家庭里父母都老了，最小的孩子还没有成年。现在家庭面临的挑战刚好相反：家庭的经济情况很好，父母的精力很好，但是孩子离家很远。

有很多人不明白为什么很多家庭把宠物当成自己的孩子来养。有人说，她去朋友家，一进门，朋友就对小狗说："来宝宝，叫阿姨。"原来朋友家的狗和孩子的待遇是一样的，为什么会这样呢？因为很多家庭没有孩子可以照顾。子女长大离家后，父母生理的开关还开着，他们就会把这种爱转移到宠物上面。我们常常可以看到，有些人会因为自己的狗被别人欺负而打架，甚至闹出人命。之所以有如此大的情绪冲动和难以控制的状态，是因为人们在该抚养孩子的阶段却没有孩子可抚养了。这虽然不是唯一的因素，但也是很重要的因素。这样我们就能理解为什么别人把狗当成小孩一样养，我们千万不要冒犯别人的宠物，这会激起对方很大的反应。因为在对方的心理上，他确实把狗当成自己的"孩子"，也要注意不要随便对别人的"孩子"说三道四。

孩子的结婚率低

跟第一个挑战相对应的是，孩子数量的减少使得父母在年轻力壮时就进入空巢期，孩子本身的一个变化是结婚率下降，结婚的时间比以前晚。[①]对父母来讲，特别想要抓住自己的孩子。因为孩子少，所以父母会把对多个孩子的爱都投注在一个孩子身上。如果孩子结婚晚或不想结婚，父母与孩子的冲突就会更多。这种冲突的原因是社会变化太大，父母不理解孩子，

① 参见王鹏、吴愈晓：《初婚年龄的影响因素分析基于CGSS2006的研究》，《社会》2013年第3期。

又想掌控孩子的生活，希望孩子像自己想象的那样生活。有人说："70后的人到年龄就结婚了，80后的人结婚后很快离婚了，90后的人连婚都不结了。要是催孩子结婚，孩子会反问为什么要结婚，这个世界确实变化很快。"这三代人完全生活在不同的历史时期，以至于人和人之间的代沟变得越发宽阔，甚至难以跨越。

家庭缺少支持

家族。在传统社会里，如果孩子离家，家庭的长辈会给予父母情感的支持。中年夫妻的关系变弱以后，他们可以跟自己的父母或祖父母交流。这是中国过去的家庭结构模式。

在现代社会里，大家庭越来越少，即便是有祖父母来帮助照顾孙辈，祖父母也会在孩子长大之后回故乡，所以中年夫妻从长辈那里获得的支持变少。而且，长辈跟中年人所处的社会状态及所受的教育也有很大的差别，即便老人愿意给予支持，双方做到彼此理解也是很困难的事。

社区。现在家庭规模变小，社区比以前变得更大、更密集，有些高楼层的社区可以住上万人，那是不是彼此会有更好的支持呢？并不是，刚好相反。在现代社会里，人们住的基本上是独立的公寓，每个人都处在封闭的空间里，最多在走廊里碰见，打个招呼，因而真正社交的概率其实很低。

工作单位。在过去，传统工作单位承担了心理支持的功能，领导会很细致地关心下属的生活，帮下属考虑是不是该结婚了，如果家里有困难的话，领导会主动减轻下属工作上的一些压力等。此外，单位还有很多工会组织会帮助大家做调整和安排，但是现在的工作单位更多只是安排工作，不关注私人生活，这主要源自于社会化的发展，不在工作中涉及私人生活是对人权的尊重和保护。这是一种进步，但这种进步同时也削弱了传统社会的支持部分。

社会化服务增多

为什么说社会化服务增多对中年人而言是一个挑战？比如，现在社会上有很多家政服务公司，中年人想要找人做家务、带孩子是很方便的事。这就使过去家庭内部的事开始向社会化方向转变，这是整个社会现代化进程的自然发展历程。现代的中年人是一路自力更生走过来的，他们接受社会化服务的机会非常少。而现在的年轻人大部分没有经历过商品经济自力更生、自给自足的生活，对社会化服务更为依赖。有些父母非常担忧孩子不会做饭、不想做饭、习惯叫外卖，忧心他们在将来无法独自生活。

父母无法想象现在孩子可以靠吃外卖活下来，现代的孩子也不能理解父母为什么要这么忧心忡忡，不明白每天吃外卖会有什么问题。社会化服务增多对中年人来说就是一个挑战，中年人（包括年纪更大的一代人）接受社会化服务还需要很长的时间。

举个例子，有些中年人说：“在空巢期，我们本来计划去旅行，但是最后都去不了，因为家里的猫和狗没人照顾。”这个事在年轻人看来根本不是问题，因为有专门照顾猫和狗的宠物店。中年人会说：“怎么能把自己的猫和狗交给陌生人呢，他们虐待了我的猫和狗怎么办？不能让它们过那种日子，他们不会做可口的饭给宠物……”这就需要一个接受的过程，但是对很多人来讲，这个过程其实很艰难。

另外一个例子就是家政服务。有些中年人需要去很远的地方上班，还有一些人在互联网公司工作，工作强度很大，下班回来也很辛苦了，他们要打扫卫生、洗衣服，有时候觉得洗衣机洗不干净，要手洗才能洗干净，这个观念就是比较传统的。实际上，很多年轻人都会用社会化服务，甚至不需要自己买洗衣机，而是直接交给洗衣店，这样的观念对于中年人来讲是完全不能接受的，他们并不是因为缺钱，而是认为衣服怎么可以交给别人洗呢，担心洗不干净。

青少年面对的挑战

孩子在青少年阶段面临的一个很大挑战是缺少榜样，因为父母是在传统社会里成长起来的，大部分父母接受的是按部就班的教育，然后有了一个稳定的工作。现在的生活对于孩子来讲有非常多新的可能性，很多新行业、新工作、新的生活方式都是父母所不了解的，因此现在的青少年在离家的时候缺少榜样。找一个稳定的工作可能是选择之一，有些人想自己创业，这也是一个很不错的选择，但是父母可能就会很紧张地问：“有稳定的工作为什么不做呢？”

另外，青少年接触网络虚拟社会的机会很多，夸张一点来说就是：这一代青少年是一个很新鲜的物种，每天吃外卖，足不出户可以交友，在网络上可以实现一切生活基本需求。所以这代年轻人有着前所未有的一种生存方式，他们自己也并不清楚未来是怎样的，虽然他们可以很好地适应网络世界，在网络世界里有很高的成就感，比如打游戏很厉害、可以在网上通过某种方式赚到钱。但是当他们回到现实社会时，可能会遇到很多困难与挑战，无法跟人更好地相处，这也会让他们有很大的挫败感。

生活在经济发达的时代里，年轻人消费选择和生活选择的自由度远比以前高，比如，我们从小听到南极时，会认为南极是离我们无限遥远的地方，但是现在的一些中学生在假期就可以去南极学习科学课，这是经济发展带来的巨大变化。现在的年轻人可以在世界的任何地方过跟以往不同的生活，这些经验也许不被父母和其他人理解，因此会造成沟通困难。因为在现实生活里，特别是独生子女的一代一般很不容易跟人顺畅交流，其中一个比较主要的特点是现在的年轻人常常会在生活中作出一些高风险的行为，这也是令人难以理解的事。比如世界各地的年轻人都喜欢自拍，有一些人还因为自拍失去了生命，因为他们无法预料背后的风险，这也是成年人担忧的地方，这些都导致成年人与年轻人的沟通变得非常困难。

研究者对近三十年来青少年的价值观变迁进行了调查，结果显示：1987—2015年，涉及个人和家庭的价值观逐渐被青少年所重视，尤其是涉及家庭的价值观被重视的程度变化幅度非常大；涉及人际和国家的价值观逐渐被青少年所忽视，尤其是涉及国家的价值观被忽视的程度变化幅度非常大。

具体而言，1987年，青少年对目标状态和终极追求的价值观重要性排序，前三位分别是："有所作为""真挚的友谊""自尊"；到2015年则变为："舒适的生活""合家安宁""自由"。

1987、1998、2004、2015 年青少年对目标状态和终极追求的价值观等级

终级性价值观	1987	1998	2004	2015
舒适的生活	16	15	13	1
振奋的生活	17	17	17	8
有所作为	1	9	8	5
和平的世界	8	6	9	7
美丽的世界	9	13	14	9
平等	11	10	10	6
合家安宁	10	1	1	2
自由	6	2	2	3
幸福	14	5	3	4
内心和谐	15	12	12	11
成熟的爱	13	14	15	13
国家安全	4	4	7	16
快乐	12	8	4	10
拯救灵魂	18	18	18	18
自尊	3	3	5	12
社会承认	5	11	11	15
真挚的友谊	2	7	6	14
睿智	7	16	16	17

（数据来自：沈潘艳、辛勇、高靖等：《中国青少年价值观的变迁（1987—2015）》，《青年研究》2017年第4期。）

孩子离家与成家家庭出现的现象

这个阶段有三个现象：第一个现象是孩子延迟离家，比如不离家、离家比较晚或离家过程遇到困难；第二个现象是孩子在离家过程中跟父母有很多冲突；第三个现象是中年危机，留在家里的父母因难以适应孩子离家的过程而产生心理不适感。

孩子离家阶段的现象——中年危机

我们用个案谈一谈中年危机，这跟上一章的中年危机是有密切联系的，也就是说在孩子离家阶段，父母也面临着适应困难。

有一对夫妻，丈夫在年轻的时候有很多理想，但是各种原因导致理想没有实现。慢慢地，他对工作的要求越来越低，也没有太多想法，在交流中，他常常谈到自己曾经有过的远大志向。在过了20年的婚姻生活后，再回头看这个男人，发现他只是好高骛远，几乎没有为家庭做过什么贡献。妻子一个人承担抚养儿女的责任，丈夫事业没有成功，有的时候妻子也要承担起养丈夫的责任，家庭的经济来源主要靠妻子。

现在儿女都长大成人离家了，这对儿女从小到大一直看到母亲很努力地为家庭奋斗，还要容忍一个不成器的丈夫，子女明确地向母亲表示这样的生活该结束了，如果母亲愿意，儿女可以轮流奉养她，希望母亲离开父亲，重新开始自己的美好生活。让儿女不解的是，母亲并不领情，母亲责怪儿女为什么会出这样的主意，子女很感慨，不知道母亲到底图什么。在儿女的眼中，婚姻对母亲百害而无一利。

母亲说："你们的爸爸虽然各种不好，但他起码是个男人啊，家里有个男人很重要。"20多岁的子女无法理解母亲为什么要承受那么多，为什么在经历那么多的失望和痛苦后，还要留在婚姻里，仅仅因为家里需要有个男人，这样的说法实在太让人无法理解。

如果要跟这样的夫妻或家族工作，有哪些方面是可以去讨论的呢？

我们需要了解生活是有惯性的。这就好比让一列高速行驶的火车停下来需要滑行很长一段时间一样，这对夫妻一起生活了二三十年，他们的生活模式是：男人曾经有很多理想，但在现实中没有那么多作为，他是依赖妻子生存的，只会在家里高谈阔论，没有贡献，这样的生活维持了很久。

长期的生活模式会塑造人的惯性，无论是快乐还是痛苦，都有惯性，想要一下子改变生活的惯性只是理想的想法。这对夫妻共同生活了那么多年，他们在方方面面形成了巨大的惯性，无论这样的生活给他们带来了多少烦恼，他们日常生活的行为模式是非常稳固和难以改变的。

因此，无论是儿女希望母亲能够过不同的生活，还是咨询师面对这个对丈夫不满的女性，都要理解她每迈出一步，走向不同的生活道路都是非常艰难的。因此在咨询中，咨询师不能理想化地设定人可以一下子改变。

了解生命的长度和人生的长度。对于母亲来讲，当儿女长大成人之后，她在生理和精神上进入生命晚期，这是一个无意识的状态。其实随着社会的变迁，人们面临的处境是不同的。有的人到45岁，孩子离家后依旧很年轻，假设这个人有85岁的寿命，她还可以活40年，像在北、上、广健康活到90岁也是常见的，因此当她45岁左右，她的孩子离开家的时候，她的人生才走完一半，她的体力、智力、社会能力还很好。如果能看到生命的长度和时间线的话，人的想法可能会有所不同。

我曾经请一对夫妻站在时间线上看一下当他们47岁、且他们的孩子离开家的时候，自己还可以活多久？妻子想一想说："我父母现在70多岁，我祖父母那一辈活到90多岁，按照现在的标准来看，我估计自己能活到90岁，因为双方家族都没有遗传疾病。"当妻子将90岁作为人生可能的终点时，她突然说："天呐，我还可以活那么久，好像人生还有一半的时间。"她安静下来，想了想说："那我还是要好好想一想应该怎么度过后半生。"

咨询师通过这个视角切入个案的咨询工作，并不意味着咨询师要建议她过什么样的生活，而是基于家庭生命周期背景，陪着她一起去看看她的未来会是怎么样的，原来她觉得孩子长大后，自己只能帮忙照顾孙辈，没有别的事情可做了。那是因为她没有从全景的角度去思考自己的生命，也没有新的想法产生。当站在时间线上进行全景扫描时，她会有许多不同的想法，也会有改变目前生活的强烈动力。

看清变化、关注变化、聚焦变化。我们往往是生活在惯性里，完全意识不到自己的生活已经发生了巨大的变化。当我请这对夫妻站在时间线上想象：10年后，孩子都结婚生子了，那时自己的生活会是怎样的时候，她陷入了沉思。

“10年后，想到自己，我觉得很不乐观，因为孩子在国外读书、工作，很可能不需要我的照顾，孩子有自己的想法，他们像西方人那样独立，我不会像我父母那样生活，也许我需要为自己重新安排。”这代表她看到了一些变化、想到了一些变化，或者有的时候她想不到，但我们可以通过提问帮助她思考。

我们可以说：“你的孩子现在有新工作，你将来打算怎样去应对这种变化？”有的家长会说：“我等她结婚生孩子后就过去帮着照顾她。”这是很常见的一种思考，接下来我会问她：“那你这个想法有没有跟孩子交流过？”有一些家长说：“我和孩子交流过，可是孩子叫我最好别这样打算，因为她不一定会生孩子。”还有的家长说：“女儿跟我说，她生了孩子可以自己带，老人带孩子有弊端，我担心她带孩子辛苦，女儿说没关系，她可以申请每天只工作半天，等孩子大了再全职工作。”

我问家长：“当你听到孩子有这样的反馈时，你有什么想法？”家长表现出无奈说：“我本来打算得很好的，可是我很怀疑将来她是不是真的会让我去帮她，也许我确实是没有机会去帮她带孩子的，虽然我很愿意这样，看来我可能需要重新调整我未来的安排。”

回到刚刚提到的个案。在孩子长大离家后，妻子虽然不满意这种生活，但是觉得家里有个男人就很好了。当请她想象未来10年可能会过什么样的生活时，她突然有了不一样的想法，她说：“天啊，过10年后，我们家里就没有孩子需要照顾了，就只剩下我跟他爸爸两个人生活了，我大概会忍受不了，我现在能够忍受他是因为我一直忙于照顾孩子。”

刚刚说的就是看清变化，每个人都处在变化中，但我们常常是按惯性来行事，对变化却缺乏思考意识。

需要接受社会的变化。我们需要接受的最主要的一个社会变化就是社会化生活。以前家庭的大部分功能都是由家庭成员来承担的，比如妻子在家做饭，丈夫在家换煤气罐，老人去接孩子放学，这些内容都是由家庭成员分工协作完成的。但是现在的大中城市生活变得更加社会化，很多家庭的生活任务外包给社会了，比如清洁工作、做饭工作、旅行设计、孩子教育等。这种趋势带给家庭很大的冲击，也帮助家庭进入与以往不同的社会发展阶段，从而使家庭成员有更多的自由时间来安排自己的生活，但中年人对这种变化的接受需要一个过程。

现在旅行可以直接打电话或者在网上让旅行助理帮忙设计、安排路线。家里请客也不需要像以前那样提前好几天准备食材，花一整天时间做饭，请客后要吃一周剩饭，现在打一个电话就能请厨师来家里做饭，或者采取自助餐形式，让亲戚朋友每人带一道菜过来，大家一起来合作完成这顿晚餐的制作，这都是社会化的不同体现形式。慢慢地，人们开始接受这种新生活，也会安排不同的生活内容。

重新设计生活。孩子离家比传统社会早，离家过程也比传统社会长。孩子离家后，夫妻还有很漫长的生活需要重新设计，这个设计本身需要夫妻对生活有个清醒的认识。否则就会出现这样的情况：孩子离开家，妻子还是每天很认真地做饭，但是丈夫不回来吃饭了，因为他处在事业的上升阶段，经常有社会应酬。孩子上大学之前还有借口说孩子要高考，孩子离家上大学或工作后，单位的同事领导会要求他参加更多社交活动，因此丈夫可能一个星期在家才吃两顿饭。妻子独自做了很多饭菜，却变成了孤独面对、无人喝彩的状况。如果以家庭为重心并按惯性来生活，人们可能会失落，这是空巢期的特点。如果人们没有及早为家庭状况的转换做准备，就会有一段难以适应的时期。重新设计后半生的内容，要包括四个方面。

设计生活内容。做饭这件事就要重新安排，比如一周可以做两顿丰富的饭菜，其他时间可以做些简单的或去外面吃，总之要作出一些调整使得自己的生活变得简单而充实，而不是像以前那样用了很大的力气却没能得到回应。生活中别的方面也可以调整，我有个朋友在孩子离家后，把大房子换成小房子，因为孩子在家的时候需要大的空间，孩子离开家后家里变得空旷，打扫起来很麻烦，所以换成比较小的房子。虽然房子变小了，可是居住的品质提高了，这也是生活上的一种安排和调整。

设计工作。以前，人们会在退休后享受儿孙绕膝的晚年生活，现在儿孙的数量减少了，有的儿孙远在异国他乡，想要看一眼都难，网络的发展能够让他们每天通过视频通话见面，但仍然无法享受儿孙绕膝的乐趣。面对生活的巨大变化，我们需要重新安排自己，也许在退休之后可以重新开始事业的第二次冲锋。哪怕新学一些东西也是来得及的，甚至上大学读个硕士都是有可能的。

设计爱好。北京秋天最美的时候，我看到很多中年妇女背着摄影器材拍摄变红的树叶和湛蓝的天空。看到这个场景，我觉得很开心，我知道那些摄影装备是很费钱的，她们拿着这些器材兴致勃勃地拍照，然后互相分享。有些人还组织摄影展，可见她们的生活非常充实。这个既是爱好，也可以是工作，也有些人在退休以后开始拿起相机，用拍照的方式开启自己的第二份职业。有的人专门给别人拍户外纪念照，帮小孩子拍生日照，这既可以作为谋生手段，也可以发展自己的能力。当然很多人并不需要额外的谋生手段赚钱，却很需要一些精神追求来弥补儿女离家之后的空虚。有一个老师年轻的时候很喜欢打扮，退休之后开始学习设计服装，帮助自己年轻一辈的朋友开网店，帮助朋友设计一些服装搭配，以提高销量，对他自己来讲，这些都是自身能力的大大提升。

设计人际关系。在很多人的人生阶段里，他们常常以孩子父母的角色出现，比如谁的父亲、谁的母亲，人们在一起交流的都是育儿方面的经验。孩子离家之后，他们重新回归自我，重新变成老张、老王、老李。他们的人际关系不再以孩子为焦点，可以重新找回自己，跟好朋友有共同的交流，或者建立新的圈子，比如因为爱好摄影，大家可以有新的朋友圈。

总的来说，我们可以从了解自己的惯性、纵观人生的阶段、看清变化、接受社会的变化、重新设计生活这几个方面来应对人到中年面临的挑战。我们咨询师也可以从这几个方面跟家庭一起探讨，以帮助家庭更好地适应孩子离家到成家这一阶段面临的挑战。

第2节　孩子离家与成家（2）

孩子延迟离家（啃老）现象

在上一章，我们从父母的角度出发，希望帮助父母在孩子离家这个阶段看清整个家庭生命周期面临的各种变化和挑战，及早做好准备，本章更多的是从孩子的角度看延迟离家（啃老）的问题。

近些年，社会上有一个比较时髦的词叫“啃老族”，指的是有一些人成年之后迟迟不肯离家，依然跟父母同吃同住、花父母的钱、让父母操心的现象。与“啃老族”这个词相比，我觉得“延迟离家”这个中性的词更能表达这种现象。因为我们并不确定年轻人是为了啃老年人而留在家里，还是有其他因素。当用“啃老族”这个名词的时候，我们就好像把一个人放在了批判或批评的位置。

现在延迟离家现象比以前更多且更明显，很多人觉得年纪大一些的孩子（比如大学毕业、研究生毕业）还不肯离家是很奇怪的现象，奇怪的原因是这些孩子身体很好，智力正常，受过良好的教育，想找份工作谋生是很容易的。但他们经常工作一段时间就放弃，甚至有的人一直待在家里，压根儿没有找过工作。

我在咨询工作中经常会接触到这样的父母，他们是为孩子来做咨询的，说孩子在各方面都挺好，不明白孩子为什么非要赖在家里不工作。在这种状态下，我也会问父母："为什么你会觉得孩子留在家里是很奇怪的事？"父母经常会用很奇怪的眼光看着我，说："这难道还用说吗？这难道不是所有人都认为很奇怪的事吗？"

我的工作常常充满了对来访者的挑战，我还是会问他："我觉得很奇怪，为什么孩子一定要去工作？"也许你们也会觉得很奇怪，担心要是这样跟家庭沟通，会被打死的。是的，这个就是系统式家庭治疗不同的地方，它确实有很多不同的思维特色。我会坚持问家庭："为什么你觉得孩子身体好、智力正常，有工作能力就一定要工作？请一定要好好想一想，再回答我的这个问题。"家庭被逼无奈，想了想后回答说："大家都是这样的啊，这是每个人都要过的一种生活啊。"

家长的回答说明了他们把周围人当成参照物：大家怎么样，我们也应该怎么样，这是一种生存的基本理念——我们要跟别人一样。实际上，这种理念是有时代背景的。在经济比较落后的时候，别人怎么样，我们也怎么样，这能保证我们活下去。大家穿一样的衣服，吃一样的东西，住一样的房子，这是贫穷时代的特色。我在肯尼亚见过游牧民族，他们住的房子是一模一样的，和养的羊住在同一个房子里，甚至人们穿得也很相似。

在过去经济比较不发达的时代，人们穿衣服比较接近，住的房子也比较接近。如果现在我们分的房子是一样的精装修房子，大部分人都会选择拆掉这样的装修，重新装成自己想要的样子。整个社会在发展，当我们不再那么贫穷的时候，我们就开始追求差异化。相似的生活方式可能更代表着经济比较落后的生活状态，所以人们在慢慢富足起来之后，就会追求多样化而不是同质化。

有的家长被问多了就会说："当然要上班工作呀，当然要离开家呀，因为孩子要自己去赚钱买房子，将来要养自己的孩子。"得到这样的回答时，我会问："那他现在有房子住吗？"家长就会说："他没有自己的房子，他赖在我们这里。"那我会继续问道："那他为什么可以住在你的房子里呢？"家长表示奇怪地说："那他没有房子住啊，当然会让他住在我这里了。"

听起来，家长的逻辑很合理，但是在我听来，其实有漏洞。这个逻辑的漏洞就是，一方面，家长指责孩子赖在家里啃老，不去工作、赚钱；另一方面，家长却允许孩子留在家里，还完全意识不到这有什么问题。有的家长也说："你是什么意思，难道他没有房子，我还不允许他在家里住吗？我是他的父母，我怎么忍心把他赶出去呢？他现在又没有钱。"因为孩子没有钱，所以要留在家里，这样孩子有地方住，不需要去赚钱，不工作也有饭吃，这样家庭就陷入一个死循环里。我会跟这样的家长说："我有一个想法，我觉得你的孩子不去工作也并不奇怪。"家长此时都会瞪大眼睛看着我说："这么大的人不去工作，怎么能不奇怪呢？"我有时候会跟他们分享中国的那句老话"穷人的孩子早当家"，大部分父母都颇有同感地点头，有的父亲会立刻跳出来说："我就是不到20岁就出来闯荡了，我一边打工一边自学，最后拿到了大学文凭，现在成了一个小公司的老板。"这位父亲开始回忆自己的过去，分享自己的故事。

接下来话锋一转，这位父亲就会说："我当年不到20岁就出来工作，养家糊口了，可是你看他现在30多岁了还不想工作，还待在家里，他完全不觉得这有什么问题，而且还理直气壮。”

我会继续好奇地问这位父亲：“你那么早离开家去谋生活，容易吗？你一直打拼到现在很不容易吧？”父亲说：“当然不容易，非常辛苦，不过我会努力赚钱让自己受到更好的教育，让家人过上更好的生活。”我问他：“请问，你所说的更好的生活指的是什么呢？”父亲会说：“我当年无依无靠，哪怕生病了还要坚持工作，拼命打拼。我希望我的孩子和妻子过得更好，不要像我当年那么辛苦拼搏。”那我接下来就会带一点儿挑战地说：“好像你的孩子已经满足了你当年的愿望，不需要小小的年纪就出去打拼，不用过那么辛苦的生活，他好像正在过你期待的生活。”父亲从自己的沉思和回忆当中跳出来说：“不，不，我并没有想到会这样，可是我好像又无意中把孩子培养成了自己期待的那样，因为他不再是穷人的孩子，家庭生活条件变得更好了，没有经历过必须拼搏的窘迫生活。”

孩子延迟离家（啃老）的原因

孩子延迟离家（啃老）的原因可能有哪些呢？让我们脑洞大开，多从不同的角度来看一看这样的现象。

原因一：生理成熟晚

现在孩子的成熟期比以前延长，以前社会的年轻人到十五六岁就结婚生子，现代社会的年轻人在30岁结婚也是非常常见的现象，所以从整体上看，人们的成熟期逐渐延长，生理发育比以前更充分，有更长的时间去逐渐成熟起来，而不是像以前那样一下子就成熟了。

原因二：抚养期延长

从前，在家庭有多个孩子的情况下，在第一个孩子刚刚长大后，父母就要赶快抚养下一个孩子，大的孩子也需要帮助照顾小的孩子。在这个过程里，孩子要快速长大，他们被迫早早断奶，且要做家务或出去打工。现在家庭里孩子的数量比以前少，大部分都只有一两个孩子。他们得到更多的关注和更精细的照顾，所以离家的时间延长。以前的孩子18岁就离家，现在可能要到28岁才离家，因而抚养期延长。

原因三：教育期延长

以前的大多数孩子在十五六岁完成中学教育后就走上社会了，现在的孩子不仅要读初中、高中，还要读大学，有些还会继续接受进一步的高等教育，读研究生和博士生。整个社会的教育期要比以前延长很多。这也是孩子延迟离家的一个原因。

原因四：社会要求变高

以前，很多中学没毕业的年轻人可以到社会上打工，他们凭体力就可以做很多事情。现在的很多行业要求入职前训练，要具备计算机等级才能或其他高科技才能，甚至技术工人也需要接受训练，比如修车行业、修电脑行业。社会对职业的要求变高，使得整个社会需要更多高教育水平的年轻人，这也可能是孩子延迟离家的一个原因。

原因五：社会经济发展

整个社会的经济发展迅速，人们的生活变得更加富裕，因此个体就会缺少出去工作的动力，而只剩下花钱的动力。尤其是富裕家庭的孩子离家更晚，因为家庭不需要他们负担经济压力。

原因六：派遣

一对父母打拼到三四十岁时基本上已经积累了一定的财富，他们辛苦打拼是为了让孩子能够过上更富裕的生活。从派遣的角度来讲，有些孩子不离开家是因为父母觉得自己很辛苦，想要孩子过好日子，父母在无意识中希望孩子过跟他们不一样的生活，希望孩子不要做辛苦的事情，只要享受生活就好。

原因七：家庭关系的纠缠

有些夫妻有很多冲突，或者即使表面上没有冲突但关系很疏离，他们的关系不稳定、关系质量不高，孩子会成为调整父母关系的重要人物。家庭理论中有一个三角化理论，指当夫妻俩吵架谁也说不赢对方的时候，他们就会让孩子当裁判，来判定二人谁对谁错，这就把孩子卷入了夫妻的冲突中。

有了孩子以后，夫妻的冲突可能容易解决。可是时间久了，孩子就会成为夫妻冲突的调停人，这是孩子的一个重要功能。也就是说，孩子留在家里以某种方式或程度来缓和父母的冲突。有的夫妻没有共同语言，当孩子在家的时候，他们会因为孩子而有共同话题，这样的孩子会有意无意地留在家里制造活跃的气氛来缓和父母关系，使家庭生活看起来更温暖、和谐。从某种意义上来讲，孩子的行为也是对父母婚姻的一种保护或守护。

所以，有些孩子留在家里看起来是在玩游戏或乱花钱，实际上如果仔细观察的话，我们可以注意到孩子对父母关系是非常敏感的，普通事情不会影响孩子的反应，但父母一吵架或冷战，孩子就会有很强烈的反应，这种三角关系在家庭咨询里是常见的。

如何理解延迟离家（啃老）现象

我们接触延迟离家的个案时要全面思考问题的影响因素，不要只强调孩子不离家的个人原因。有些家庭希望咨询师认同孩子不离家是孩子个人的原因，比如，因为孩子懒、贪玩或喜欢打游戏，这个角度可能是对的，但是我们要训练自己用更广阔的思路和眼光来看待这个问题，而不是跟家庭一样盯在某个点上。

有的人会问："那万一就是因为孩子懒呢？万一就是因为孩子喜欢打游戏呢？"如果这个孩子因为懒和打游戏而不离家的话，事情就变得很简单了，那就想办法让他不懒，或者让他不打游戏就好了。这样事情是不是就能解决了呢？希望你运气很好，遇到因为孩子懒而不离家的个案，你通过一些方法使他不懒了，问题就解决了。但是在我的咨询工作里，问题通常没有这么简单，我遇到的都是很复杂的情况，甚至有的时候孩子不打游戏、也不懒，可是仍然不离开家。

我经常跟大家分享复杂的个案，我期待大家能够在生活里遇到简单的个案，能够通过简单思考就能解决问题，我也希望自己能够遇到这样的情况。但是在我的工作经验里，大部分用简单方式能解决的个案都不会来找我，需要花时间、花金钱来解决的问题一定是比较复杂的，所以我们要练习应对复杂情况的技能。

来访者F，男，55岁，司机，结婚30年，妻子55岁，是个家庭主妇。F的家在近郊农村，他们育有一个29岁的独生儿子（因为计划生育政策，在农村，如果头胎生了儿子，国家就不允许夫妻再生了，所以很多农村家庭只生一个孩子），F的家庭经济状况在农村属于中上。他们给儿子准备了婚房，与很多人发愁的原因不一样的是，F不是买不起儿子的婚房，而是儿子不找对象。

F收入比较稳定，儿子需要什么，F都会给他买。儿子很调皮，但不爱说话，在学校跟同学的交流还可以。他大学学的是电子维修专业，毕业后想学装潢，F便出学费让他去学了，但他学了几天又要改学动漫，家里又拿出9000多块钱学费来供他。几个月后，儿子感觉交了钱还要免费给别人干活，就辞职不干了。一段时间后，F托亲戚把安排儿子到电厂上班，每个月工资4000多元，可是F觉得工资太少、工作辛苦，就让儿子辞职。儿子辞职后去深圳做房产中介，很快又辞职去北京做医药销售，做了几天觉得不合适又回家了。

儿子谈过一个女朋友，F觉得她不漂亮，就阻止了他们的交往。F心想：“儿子找女朋友应该是很容易的事啊，我们家里条件不错，还准备了婚房，儿子也上过大学。”可是儿子不想找女朋友，他每天在家里什么都不干，只是玩电脑、玩手机。儿子不仅不干活，也不跟F交流，已经几年都不叫爸爸了。为此，父母整天发愁。

看到这样的个案，你们有什么想法吗？首先，这个男孩的身体是健康的，虽然不是特别爱讲话，但是能跟人正常交流。他读完了大学，说明智力也是正常的。他有过学装潢的想法，但几天就不学了，说明他不是没有兴趣，而是没有长久的动力。他交了9000多元学动漫，发现交了钱还要给别人打工，认为不划算就不做了，从这点上看，他内心是有计算成本和代价意识的。他的头脑是没有问题的，能够理解经济上的支出和收入。

对于这个个案，不知道大家的第一印象是什么？F家里比较有钱（这个有钱是说家里比较富裕，在满足基本生活之外还可以支出一些钱给孩子），可以拿很多钱让孩子在大学毕业后继续学习，孩子想学动漫的时候，F可以拿出9000多元钱来，看得出F并不心疼钱。可是当儿子去电厂上班，做着三班倒的工作，拿着一个月4000多的工资时，父亲觉得工资太少而让孩子辞职，这一定不是一个贫穷家庭里父母的决定。看到这里，我们可以发现这个个案延迟离家的一个原因是家庭经济富裕。

当一个家庭比较富裕的时候，孩子是没有强烈外出打拼的想法的。在改革开放之初，很多贫困家庭里有好几个孩子，家里供不起所有孩子上学，就会安排一两个有出息的孩子上学，然后让其他的孩子赶快外出打工挣钱。在外打工的孩子每个月要寄钱回家，寄给在省城里读大学的兄弟姐妹。当这个读大学的孩子毕业出来工作之后，他再把赚到的钱回馈给打工的兄弟姐妹。在那样的经济条件下，很多家庭的兄弟姐妹要合力支持某个人在外面学习，虽然很多人没有机会学习，但是家庭也没有延迟离家的事情发生，或者说延迟离家的概率是非常低的。大家的想法是能早一天工作就早一天工作，因为家里需要钱，而且很多时候，家里已经揭不开锅了，必须出门做点事、赚点钱。所以孩子延迟离家在贫穷的年代是非常少见的。

作为父亲，F不仅给孩子准备了房子，还在孩子有需要的时候直接出钱资助。从派遣的理论来看，F可能在无意中派遣儿子去过他以前无法过的那种生活，儿子在履行父亲的使命。F出身农村，只有一个孩子，他一直打拼攒钱，为孩子买婚房。F和妻子都没有受过好的教育，他们都是小学毕业后便走上社会，儿子能够在省城上大学，这在F看来是家族里的荣耀，也是他们非常期待的一个变化。请注意，F担心儿子找不到合适的工作，当儿子有一个三班倒、每月4000多元的工作时，他会主动让孩子辞职，觉得这个工作实在是太辛苦了。他自己的工作很辛苦，所以内心并不希望自己的孩子也像自己那么辛苦。这就是派遣，也就是说，我们辛苦打拼是希望孩子过上跟我们不一样的更好的生活。在某种意义上，F的孩子待在家里不去工作，过的就是跟父亲完全不一样的生活。

除了希望儿子能工作赚钱，F曾经让儿子跟女朋友分手，他认为那个女孩子不漂亮，他希望儿子找一个更好的女孩子。我们看到，F实际上一直把儿子当成一个小孩子，尽管儿子已经快30岁了，这就是抚养期延长。当家庭只有一个孩子的时候，父母的身心都处在要持续哺育孩子的阶段，所以会无意识延长对唯一孩子的照顾，也就是说父母虽然知道孩子年龄大了，但潜意识中还把孩子当小孩子养（我并不是在责怪父母）。

在我们常识性的概念里，孩子大学毕业后要工作赚钱，还要孝敬父母，为父母买礼物，为父母的养老做储备等，但是在这个个案里，我们看到这个孩子大学毕业之后，没有用自己工作赚的钱去继续学习，而是有父亲给他出学费。这个教育期的延长不是社会要求的，是儿子自己要求的。很多人在工作一段时间后会自己攒钱学习，但个案中的儿子完全依赖于父亲。F 也确实把儿子当成一个仍在学龄期的孩子。

在这个个案里，我们注意到这个孩子不是主动愿意啃老的。从 F 整天发愁的情况来看，我们开始会以为这个孩子完全是因为懒、喜欢打游戏、不成熟等。但我们还需要注意一些端倪：儿子不和爸爸交流，甚至有几年不叫爸爸了，请注意这是一个信号。如果这对父母把孩子当成小孩子，那孩子不叫父母就是一个信号，一个直接的解释就是我不想再做你们的孩子了，他的潜台词是：“我是一个独立的人，我是一个成熟的人，我渴望自己有独立的部分。”但是他要怎么样做呢？也许他在意识层面并没有找到合适的方式和路径。

与延迟离家（啃老）个案工作的思路

详细了解细节

家长常常会跟我们说：“事情很简单，他就是大学毕业以后不想去工作，他总是这样。”家长常会一言以蔽之，用一句话给这个事情盖棺定论。因为家长并不希望咨询师问更多的细节，只是希望把问题抛给咨询师，让咨询师给出一个答案。但是，在系统式家庭咨询里，答案并非来自咨询师，咨询师不是解决来访者问题的专家，解决方案就藏在家庭关系和对所要解决的问题的探讨中。所以跟这样的家庭工作时，咨询师需要非常仔细地了解家庭的情况，而不是完整地接受家庭所讲述的故事。咨询师要带着怀疑的眼光重新探索家庭到底是怎样的。所以，工作思路的第一点是要详细了解细节。

有时候，家长的描述和事实之间的出入是非常大的。就经济问题来说，家长一般会说“孩子从来不工作”“孩子一分钱都没赚到”。咨询师的提问到这儿就停止了，但是家庭咨询师应该继续问：“这个29岁的孩子，他一分钱都没有赚过，那他是怎么活下来的？”这就需要我们训练不同的思想维度，所有的人都会想说：“他当然有地方吃饭，他父母养着他呀。”恰恰就是这样一个点——“他没有去工作，但是有人养他”蕴含了解决问题的途径。大家有没有想过，假如没有人养这个29岁的成年人，他会做什么？

我们知道在欧美国家，有的人会选择接受救济、做流浪汉。在我们国家这个情况会少一些，但假如没人养你，你必须出去打工赚钱。因此在详细了解细节的这个部分，我们要问家庭的经济状况是怎么样的。比如F说：“我的儿子大学毕业之后想去学装潢。”那这个时候我们可以问他：“他想学装潢，学了吗？花钱了吗？花谁的钱？”F当然会说：“他又没有工作，肯定是我出的钱呀。”那接下来我们可以问他：“如果你不出钱呢？”“也许不出钱，他就不学了。”“那还有别的可能吗？假如他没有钱但又很想学，他有可能会做什么呢？”F说：“也许他只能自己赚钱，然后再去学。”这一句话就变得很关键了，“如果你不给他钱，他又很想学的时候，他也许自己赚钱去学”。这时我们就寻到了一个孩子自己赚钱的可能性。所以，解决问题的方法就蕴含在我们对问题的探讨中，这就是系统咨询。

除了经济状况，我们还要跟家庭探讨文化、家庭习惯、家庭结构和个人爱好等，这些都有助于我们了解家庭的关系并找到可能解决问题的资源。

比如关于家庭的文化，我们可以问这个父亲：“你那么早就离开家了，那你们的家族是不是都希望孩子离家要早一点儿呢？”这个父亲说：“其实我们家有一部分人是离家特别早的，有的15岁就外出打工了，但也有一些到了28岁才离开，当然了，最晚不能超过30岁。”请注意，F 的儿子现在是29岁，F 来咨询代表着这个家庭正面临着儿子可能到30岁还没有独立的挑战，这有可能是 F 思考的问题：等儿子到30岁时，我一定要跟他谈清楚，我不可能再养着他了。这也蕴含着解决问题的一个资源。

要归类

当我们看到一个个案或者听到一个故事之后，可以尝试归类，试图理解问题到底是由哪些原因造成的。你可能会发现同样是延迟离家这个现象，有的人确实是因生理发育比较晚；有的人是由于教育本身的问题，一直攻读到博士；有的人是由社会要求造成的——有些工作对技能的要求比较高；有的人是因为家庭的经济状况，比如 F 的家庭比较富裕，父亲没有让孩子更早离开家独立赚钱。而上文所提到前来咨询的父亲，因为家族现象而焦虑于29岁的儿子不够独立，这个原因跟前面的原因（生理、教育、社会、经济）一样，都不是个人化的原因，这些问题不用非常着急，他父母可能很着急，但这些原因是可以接受的。当我们对具体情况进行分类后，就可以给家庭反馈：这是很正常的情况，不需要着急。

归类中有两种是需要特别注意的。第一种是养育方面，父母只有一个孩子，因此会把孩子养育得特别精细，孩子离家会引起他们的空巢反应，他们不愿意孩子特别早离家。也有的父母会过度把孩子低龄化。我之前遇到过一个母亲，带着25岁的儿子来做咨询，她每次对孩子讲话都称呼他为宝宝，孩子也会有一种襁褓中的感觉。这位母亲对待25岁的儿子像对待一个小宝宝一样，母亲的养育需求特别强烈。这个时候，咨询师需要做的处理就跟前面的不一样，养个宠物可能会满足母亲希望持续抚养孩子的需求，这是替代的方法，当然咨询师只是建议，而不是强硬要求，要经过一些探讨之后再给出建议。

第二种是派遣，有些父母会派遣孩子去完成自己未完成的使命，孩子在背负使命中动弹不得。对这种情况，我们接下来可以工作的一个方向是促进父母去完成自己未完成的心愿，当父母开始学会自我满足的时候，孩子就能从这样的关系里摆脱出来去发展自己。这样孩子离开家也会变得更容易，因为孩子的本性都是愿意长大离开家的，孩子之所以会延迟离家，很多时候是觉得自己对父母要忠诚、有责任和义务。

设立界限、妥善处理家庭关系

父母要跟孩子设立界限，一个具体的操作方式是给孩子设立边界。无论夫妻有怎样的冲突，要明确地告诉孩子："等你到了22岁，我们的养育任务就结束了，我们不再负责你的生活。如果你一开始需要我们帮助的话，我们会给你一定的帮助，也许在你买房子的时候出一点钱，但是我们不会再管你的基本生活了。我们的确有一些钱，但是要养老用。我们活着的时候，这个钱是我们的，也许等我们死了，你才可能有机会用到这个钱。"这就是设立界限。大家知道美国很多富翁经常会把大部分的钱捐给社会福利事业或者各种研究等，而不会给自己的孩子留很多钱。这样的话，孩子就会更早开始过自己的生活，而不是依赖父母。

另外，如果父母有很多冲突的话，孩子可能会被卷入其中。处理的方式是协助父母划清界限，让孩子从解决父母冲突的位置上离开，父母要独自处理自己的问题。父母有冲突，可以关起门来解决，或者在孩子不在家的时候谈论，也可以让专业人员（比如家庭咨询的工作人员等）帮助解决冲突，而不是在家里当着孩子的面发生冲突。

在家庭关系纠缠里，如果孩子发现父母关系很冷淡，甚至可能想离婚的话，有些孩子会更愿意留在家里，甚至有的孩子会发展出一些心理疾病，以便把父母集中在自己身边而达到父母不离婚的目的。针对这样的情况，咨询师要探讨的就是夫妻怎样解决问题，而不是用孩子来拴住他们。从孩子的角度来说，孩子害怕父母离婚后没有人爱自己，所以解决这个问题的办法是父母要反复跟孩子交流，如可以这样说："我们将来可能不是夫妻，但我们仍然愿意共同努力做你的好父母。"

咨询师要带领父母和孩子一起更积极地看待问题，并且保证彼此沟通顺畅。有些咨询师会批评父母："你这样做是不对的，你不应该把孩子拴在身边。"或者是批评孩子："你这样做是不对的，你要有自己独立的生活。"这种方法不是我们系统式家庭咨询里惯用的方法，我们要采用中立的态度，从多角度去思考每个人的行为，然后更多地考虑来访者的问题可能存在的原因，学会用广阔的视角看问题，而不是局限在非常个人化的某一点上。

第3节　孩子离家与成家（3）

家庭收缩阶段的特点

家庭生命周期的第五个阶段是孩子离家与成家的阶段，也是家庭收缩的阶段。这一阶段，家庭的人口数越来越少，最后只剩夫妻二人。

孩子离开家后，夫妻重新回到二人世界，家庭成员最后收缩为两个人，家庭周期从扩展到收缩的阶段也称为空巢阶段。空巢这个词形象地概括了家庭收缩阶段的特点。夫妻俩先要找来建筑材料，筑成一个窝，然后在窝里生子，把孩子们养大，最后孩子们会离开巢穴，剩下夫妻两个人，他们重新回到最初刚成婚的阶段。这样，家庭完成了周期性变化，最后的规模跟最初是相似的，中间却经历了很长时间的生命经验。

刚组建家庭的两个人对对方的家庭文化、习惯等都不熟悉，夫妻两个人都很年轻，互相有着强烈了解对方的愿望，但也会因为对方跟自己差别太大而难以适应对方，生活中会有很多的冲突。因此在最初的适应阶段，夫妻面临很多矛盾、困难和挑战。

空巢家庭的夫妻大概经历了20多年共同经营、不断发展的家庭变化，家庭成员从两个人变到多个人，家庭规模不断扩大，老人会在孩子长大后离开，孩子再大一些也开始离家。在这个过程中，夫妻双方越来越了解彼此，生活内容也越来越固定和规范，就像火车在轨道上周而复始地运行。与此同时，这也造成夫妻彼此新鲜感的下降和生活枯燥感的增加。

在新婚初期和孩子离家阶段，家庭成员同样是两个人，家庭规模的大小是一样的，但是夫妻的心理状态完全不同。新婚阶段，夫妻充满着激情和好奇，彼此会更努力地适应对方，更努力地面对挑战和解决问题。而空巢阶段，由于夫妻生活了多年，彼此已经非常熟悉了。俗话说："摸着老婆的手，就像左手摸右手。"空巢阶段的夫妻一方面彼此熟悉和信任，另一方面彼此不再有新鲜感和好奇感，对对方的生活失去了探索的兴趣。

夫妻的特点

身体不适的可能性增加。在孩子离家的阶段，夫妻二人的身心状况都会发生变化，特别是身体慢慢在走下坡路。身体状态的巅峰时期不复存在，多年辛苦的工作和生活带来一些疾病，甚至会有慢性疼痛等。孩子离开家后，夫妻会把更多注意力转回到自己身上，因此对自己的身体更敏感，身体不适的可能性会增加（也就是说，身体本身在走下坡路，而因注意力又转回到自己的身体上，于是感觉到身体不适的可能性增加）。

学习新知识的可能性降低。50岁的个体在传统意义上到了知天命的年纪，也就是更容易接受现状和命运的安排。年轻的时候，当人们不愿意接受命运的安排时，会与命运抗争，会更加努力改变命运。另外，从心理的基础和大脑神经发育角度来讲，到了40~50岁后，个体脑神经的发展明显停滞，人们学习新东西的可能性大大降低[①]。

经济储蓄增加。人到中年，家庭收入比较稳定，甚至还会有一些提升。总体上来说，家庭支出逐渐减少，因为孩子是家庭里最大的支出部分，当孩子完成学业离开家准备结婚的时候，家里只剩下夫妻二人，家庭支出大大减少，储蓄大大增加。

注意力会转移到隔代上。到了这个阶段，夫妻的注意力会转移到帮助子女抚养下一代上。从进化论的角度来讲，人类的寿命之所以有现在这么长，最主要的是因为父母辈要帮助孩子抚养下一代，这增加了自己基因能够遗传下去的可能性，进而解释了为什么人们到了空巢阶段会把注意力转移到隔代的身上这一现象。

孩子的特点

独立性增强。孩子离家后进入成年期，独立性大大增强，不再对父母有太多的依赖，有了更多的见解。

身体状态好。孩子在二三十岁的时候，身体状况是非常好的，他们不容易疲倦，很少发生疾病。相对于父母来讲，子女在这个阶段身体状态是最好的。

---

① 流体智力（应对新问题和新情况的能力）随着年龄的增加而有所下降，可能影响学习新技术的能力。参见 N.Charness, W. R. Boot, “Aging and Information Technology Use: Potential and Barriers” ,*Current Directions in Psychological Science*, Vol.18,No.5 (2009),pp.253-258.R. L.Ownby, S. J.Czaja, D.Loewenstein & M.Rubert, “Cognitive Abilities That Predict Success in a Computer-based Training Program”, *The Gerontologist*,Vol.48,No.2 (2008), pp.170-180.

心灵更开放。孩子刚进入社会，需要不断学习新东西，包括新的知识技术、人际关系和适应社会的能力，这是孩子工作和生活的主要内容。

经济能力有待提高。孩子在这个阶段的收入水平并不高，但是随着工作年限和经验的积累，他们的收入会逐渐增加。当然如果将来有了孩子，他们的家庭开销也会越来越大。

将注意力放在社交上。孩子会把更多的时间放在社会交往中，从同伴和工作环境中学习更多新知识和新经验，这是他们最重要的生活内容。

空巢家庭面临的挑战

通过分析父母和子女的不同特点，我们不难看出父母与子女之间存在不少突出的问题，从而引发矛盾。

经济与时间的挑战

夫妻处于空巢阶段，他们时间比较充裕，经济也很充足；而孩子的时间比较少，他们急于走向社会学习、积累经验，但因为刚刚开始赚钱，金钱的积累比较少。

客观上，我们会看到年纪大的夫妻有钱有闲，年纪轻的孩子没钱没闲，所以他们之间就会有非常多难以协调的地方。比如，夫妻希望孩子多回家，可是孩子没有那么多的时间；夫妻觉得在经济上可以支持一下孩子，孩子更希望培养自己的赚钱能力，独立谋生。这些都可能是他们需要面对的挑战。

平稳与探索的挑战

夫妻到了50岁左右开始趋于保守，在生活中不会像年轻人那样开疆扩土，而是注重过平稳的日子，他们更关注自己的下一代，而不是社会。孩子在这个阶段则会更激进，他们对新鲜事物非常感兴趣，乐于在学业和事业上冒险，比如开公司、学习新项目、到新的地方生活等，他们的向外探索欲很强。一个保守，一个激进，彼此在沟通上会有很大的困难。

依赖与独立的挑战

在这个阶段，夫妻的身心状况都在走下坡路，因为彼此相对熟悉，更需要相互依赖。孩子处于生命最初的探索阶段，他们更强调独立向外扩展。所以夫妻会表现出更多的依赖性，而孩子更多表现出独立性，这也会使得他们在交流的时候很不适应。

空巢阶段的文化与社会背景

在空巢阶段，我们需要回望更大的系统，看看在文化与社会背景上，有哪些特点是值得我们关注的。

寿命增长的转变

以前，人们到了空巢阶段就离生命终点不远了，在帮忙照看孩子几年或十几年后，人的生命就会走到终点。现在人们的平均寿命是80岁左右，寿命的增长意味着空巢阶段的人们还有30~40年的生命。这一重大变化，也会带给人们有关生命理解、生命规划和生命时间等方面的启发。

在传统文化里，有一个词叫“老不死”。“老不死”这个词很难听，有些老人会说：“我是个老不死的。”这个意思好像是说生命中该完成的任务都已经做完了，可我怎么还活着。比如，大象觉得自己的寿命快到了，就会离开象群找一个地方消失。[①] 也许有些人会有类似的感受，那就是：我的人生使命好像已经完成了，可是为什么我还活着？

现代经济和文化的发展促进了人类后半生高质量生活的延续，但是很多人并没有做好准备，或者说我们的社会也没有做好准备去帮助空巢老人。社会上的人也不能理解空巢期的人，有相当一部分人的空巢期很长，怎样度过剩下的生命需要个人及早做好准备，这也是需要整个社会思考的一件事。

最近有一些朋友提到相约集体养老的事，如以后共同住在一个小社区或院落里，彼此可以相互照应，不用麻烦年轻人，这种做法就是空巢老人的一种探索式养老。

但是我们的养老准备工作做得并不好，一个原因是我们没有经验，另一个原因是老龄化进程加快。所以个人没有准备好，社会也没有做好充分的准备。

在美国，有一位82岁的老人还在做志愿者，中国的学者去美国访问的时候，这位老人会以志愿者的身份协助安排食宿、安排交通、义务当司机，有的时候还帮忙做一些翻译工作。这位老人从50岁开始做志愿者，也就是

① 参见李孟杰：《神秘的大象墓地》，《青少年科苑》2014年第12期。

说，她已经过了32年这样的独立生活了，对她来讲，这样的生活是非常自然的。子女有子女的生活，她有自己的安排，除了自己的专业在不断拓展之外，她也会做更多的公益事业，把自己的空巢期填满。她说，当她的孩子去度假的时候，会问她愿不愿意帮忙照看一下孙子。她说当然可以帮忙，不过需要子女提前半年跟她打招呼，这样她才可以把时间安排出来。她说："我当然愿意帮子女的忙，但是更多的时候，我会有自己的生活。"

这样的情况跟我们社会的情况刚好是相反的，我们社会中的大部分老人都是全天待命，等待被孩子需要。当孩子没有什么事情需要老人做的时候，老人会觉得生活里缺点什么，他们会更主动地打电话给孩子。在我们的文化和观念里，如果老人到了六七十岁还在社会上做事，不跟自己的子女有太多交流，周围的人都会觉得这个老人很奇怪。我们希望家族里人和人之间的关系特别紧密。一旦进入现代化社会，人的寿命变得更长时，对于如何过好自己的后半生，我们是没有经验的，大家也都在摸索应对的方式。

从储蓄型社会向消费型社会转变

过去，人们抑制消费，认为勤俭持家是美德，现在整个社会已经转向了消费型社会。大家都知道，中国人假期的消费在全世界引起了非常大的影响，一般情况下，中国人走出国门会买很多东西，这就是我们整个社会生活形态的转变——从储蓄型社会转向消费型社会。父母那一代在年轻的时候秉持着"新三年旧三年、缝缝补补又三年"的消费理念，一条裤子穿破了就缝缝补补再继续穿，哥哥穿完了弟弟穿，甚至孩子长大了还会穿父母过去的衣服，这都是很正常的现象。现代社会却是一个消费型社会，年轻人常常在一件东西还没坏时就把它扔了，甚至买回来的东西一直放着不用，这是消费型社会的重要特点。

不同的消费观使得家庭两代人之间存在一个巨大的矛盾，这个矛盾就是父母觉得孩子花钱大手大脚，甚至是奢侈浪费，而孩子觉得父母过于勤俭，生活质量太低。我们要看到这种冲突的社会根源和受经济发展的影响，个人的因素在其中的影响力是很小的。

有些父母在咨询的时候会声讨他们的孩子过于浪费，实际上父母并没有意识到他们积攒了很多钱，却没有花钱的习惯，或者说他们在消费时有很强的内疚感。仔细观察父母的生活，你会发现，他们给孩子花钱的时候是没有内疚感的，甚至是过分大手大脚。比如，有一位父亲把抽屉打开说："这全是我给儿子买的玩具，我希望我能够对他好。"抽屉里的玩具非常多，有很多还没有拆封就一直扔在那里，这里就有一个非常大的落差。

父母对自己没有花钱的愿望或习惯，但是会在下一代身上花很多钱。子女一代的过度消费可能是父母无意识鼓励的结果。有一位来访者在咨询室里说："我赚钱的时候会觉得有很多乐趣，但是我为自己花一分钱我都会心疼。不过给孩子花的时候却毫不眨眼，他跟我要1000块，我就给他3000块，我不想让儿子亏着自己。"像这样能够认识到为自己和为子女花钱有非常大差别的家长其实并不多见。因此，不要把过度消费这件事只定义为孩子独立的一个特点，其实它很可能是孩子跟父母互动产生的结果。

从养儿防老的传统观念到养老的社会化转变

传统社会常说的养儿防老，指的是家庭除了养育孩子，还有照顾老人的功能。到了现代社会，照顾老人的功能变得越来越社会化了，所以养儿防老的概念跟现在的生活难以接轨了。

大城市里有一个常见的现象，很多孩子已经出国定居，父母有健康问题的时候，孩子很难及时回家照顾，甚至过年过节的时候，孩子也没机会回家照顾老人，也有一部分年轻人会把老人接到国外。在这种情况下，多数父母待一段时间就会离开孩子的家，回到国内，因为人们年纪大的时候会非常难以适应国外的生活，回家成了他们的首要选择。

在国内同样有这样的情况。很多来自中小城市的年轻人的父母在帮助他们带孩子的阶段，可以忍受大城市的生活，可是当孩子长大了，他们的任务就完成了，他们再也难以忍受他乡的生活了。其实很多老人在城市里的生活跟空巢差不多，孩子忙于工作很少回家，老人把饭做好，孩子也很少回家吃，这样的生活使得很多老人决定离开城市回到老家去。

如今，养老问题已经变成一个非常普遍的社会现象。有些年轻人没有经济能力照顾老人；有些年轻人虽然有经济能力，但他们忙于自己的事业，无法让老人得到很好的心理关照。这是整个社会发展所呈现出的社会化问题。

于是，一些养老院会给老人提供很好的生活支持。对处于空巢期的中年人来说，社会也提供了能提高他们生活质量的内容，使同龄人之间能有更多的交流，而不只是局限于跟子女分享生活。

家族使命的派遣转变

在传统社会里，每个家庭会将自己的任务或主要使命派遣给孩子，也就是说，靠一代人完成家族使命是很困难的，需要家庭成员合力去完成一些家族使命。但是在现代社会，人们通过孩子实现整个家族使命的概率逐渐降低，很多未完成的愿望会透过社会高度频繁的合作关系来实现，也就是外化。

比如，过去的医生会派遣从医使命给自己适合从医的孩子，父亲会教这个孩子从医的秘诀（或开店的秘诀或经商的秘诀），这是一种家族制的职业。但是在现代社会，医生有可能把医术传给素质非常好的学生。相比以前家庭范围里的传承，这种传承变得更加社会化。一位教授的孩子发出一番感慨："在我爸爸眼里，他最看重的是他的学生，而不是我。他用很多时间跟学生交流，学生可以跟他一起做研究，得到一些很好的数据支持，实现他的设计理念。我跟我爸爸的工作领域非常不同，所以他基本上对我没有抱太多的期待。"

寿命增长的转变、从储蓄性社会到消费型社会转变、从养儿防老的传统观念到养老的社会化转变、家族使命的派遣转变，这四个方面代表着社会的巨大变迁，因此，我们在面对家庭咨询的时候，要更多地思考社会变迁带给家庭的巨大影响和难以适应的心理挑战。

如何适应空巢阶段

空巢阶段的人们应该怎样更好地适应生活、提升生活质量呢？我们通过个案来探讨怎样应对空巢期人们的心理困难和挑战。

何女士，56岁，医生，丈夫在事业单位工作，他们有一个已经30岁的儿子。儿子结婚以后育有一个2岁的女儿，后来儿子离婚了，独自一人居住。

儿子在金融行业工作，压力非常大，离婚以后独自生活。何女士对儿子有一些担心，就常常去儿子的家里帮他打扫卫生，也常常会问他需不需要钱。何女士发现儿子的消费非常高，经常叫外卖，雇钟点工打扫卫生，把一些工作外包给其他人。儿子每个星期要见自己的女儿（离婚后，女儿跟着母亲生活），他会雇一个年轻的女孩子去陪伴自己的女儿，这些都需要花钱。何女士对儿子的消费方式感到担忧，所以时常会给儿子一些钱，也会让儿子少在外吃饭，这样既吃得健康，又节省开销。

有一段时间，儿子因为公司状况不好而离职，何女士担心儿子生活水平下降，又给了儿子一些钱。何女士发现儿子拿了钱后并没有改变消费习惯，依然保持高消费的习惯。何女士认为儿子是在啃老，但又觉得如果不帮他，将来儿子会不关心自己，这是她非常担心的事情。

何女士面临的突出问题就是父母与孩子之间的冲突。何女士接近退休的年纪，工作压力不大，收入比较稳定，还有很多积蓄；儿子在创业阶段，工作挑战大，没有什么积蓄，也没有时间跟家庭有更多的交流，甚至有的时候也没空见自己的女儿。儿子的离职让何女士有非常大的担忧，所以何女士在这个阶段不断地照顾儿子，也给儿子金钱上的支持，同时何女士完全不能理解和接受儿子的高消费生活，也向儿子提出了她的期待。可是儿子在国外留学多年，学的又是金融专业，在工作环境里接触到的都是同样生活方式的人，儿子认为他的生活方式是正常的。

何女士无法理解和接受儿子的生活状态，但是又想用自己的方式帮助儿子。何女士的生活比较稳定，没有经济上的担忧，过几年就退休了。目前何女士所做的工作是她比较擅长和喜欢的，她也没想着要去改变工作或者环境，因此她的生活挑战是很小的，整个生活的重心就是儿子，她想给儿子更多的帮助。儿子离婚后把孩子留给了女方，把专注力放在事业上，不需要母亲更多的照顾，但是作为母亲，何女士觉得她得为儿子担忧，得去照顾儿子。这是人们在空巢阶段的一个重要特点：父母有钱又闲、没有事业的追求；孩子处在打拼阶段，要么生活不规律，要么工作压力大，要么夫妻关系紧张。父母很希望自己能够把注意力转移到孩子的生活当中，但孩子似乎并没有这样的强烈需求。

何女士的儿子在咨询室里说：“虽然我有一段时间离职了，但我经济上还是有保障的，我买了一些保险，自己也做了规划，我并不需要妈妈的钱，但是妈妈也是好意，她担心我，所以我会接受她的钱。我觉得这样做会让妈妈更安心一点儿。”请注意，何女士的儿子并不见得是需要妈妈的经济支持，金钱只是他们互相支持与连接的一种方式。何女士的儿子虽然受过西方的教育，但是他用了一种传统的方式来跟母亲保持连接，这个连接方式被何女士定义为啃老，也被同伴、同事和朋友们解读为儿子不争气，大家觉得这是令人担忧的事情。

学习新技能

我们要从个人因素转向大的社会文化因素来考量这件事。也许何女士的儿子有一点儿自私，花钱有一点儿大手大脚，但是双方冲突的主要原因是何女士那一代和儿子这一代有消费观念上的差异，他们在东西方文化背景下对于关系的处理方式也不一样。适应这种挑战的第一步就是空巢期家庭成员需要学习新技能，比如微信。新技术推动了整个社会的飞速发展，而这些新技术对于50岁左右空巢期的人们来说很有挑战性，可是如果不学习的话，就很难适应现代生活。

比如，现在的出租车司机大部分都用打车软件接单，中年人使用起来比较困难，尤其是还要绑定银行卡，所以他们仍然用传统方式在街上接单。一段时间下来，他们发现生意并不好做。而其他用了打车软件的人生意变得非常容易，空驶的概率下降，也有了休息时间。对于新技术带来的这种便利和行业的优势，这一小部分人就享受不到了，这是一个非常无奈的事实。新技术的应用大大改变了社会生活的方方面面，如果你不去学习，就很难面对新型的社会形态。没有掌握好这些新技术，这一小部分人的生活就会遇到更多困难，适应起来更困难。因此对处于空巢期的中年人来说，如何让自己适应或跟上新技术的脚步，是他们面临的一个难题。

空巢家庭的父母跟孩子交流变少的另一个原因是，虽然祖父母很多还健在，但已经进入晚年阶段，甚至有的常年生病，所以空巢家庭的夫妻既要承担很多责任，也要花很多精力照顾老人，所以没有那么多空余时间。很多朋友说，我们现在处于空巢阶段，本可以随意安排假期去旅行，不过因为家里有老人生病，我们很不放心，所以很难安排自己的行程。有一对夫妻在照顾老人时就很好地利用了新的技术工具，他们在家里装了监控摄像头，然后给老人找了有经验的保姆。他们选择老人身体状况相对好一些的时候去旅行，会通过手机软件了解老人的生活状况，这样就会比较安心，生活也得到了调剂。这就反映了学习新技术的重要性。

作为空巢阶段的夫妻，学习新技术是个人可以发展的一个方向。从社会化的角度来讲，社会上有很多为年轻人开设的培训班，社会也可以为中年人提供学习新技术的方式，以方便中年人更好地使用现代新科技、新工具。

学习新内容

学习新内容就是要为自己的后半生做好规划。比如，有的人以前因为忙于工作和家庭，没有时间和精力学习摄影，在规划空巢期和后半生生活的时候，他们就可以规划这个内容——学习摄影，购买高端摄影器材，然后去旅行、拍照片。这就是对空巢阶段开始更长规划的一种思考。比如，有的人开始学拉丁舞、练瑜伽、画画、写作等，学习这些新内容对空巢阶段的人来说非常有益处。

学习新视角

传统视角看待问题的时候更容易从个人角度出发，我一直强调要用更广阔的视角了解社会、了解文化、了解经济、了解家族和了解个人。这些新的视角会帮助空巢期父母更好地理解自己和孩子，从而调整关系，适应新生活。空巢期的父母本应该像小学生一样对年轻人的生活充满好奇，然而他们却经常对孩子的生活指手画脚，说你应该干这个干那个，其实年轻人讨厌这样被指指点点，他们会说“你根本就不懂我们这一代”。对于空巢期的夫妻来讲，理解年轻人的生活是需要花一些功夫的，因为社会的快速变化带来的代沟是需要花很多时间才有可能跨越的。因此，空巢期的父母需要花时间努力形成新的视角来看待自己的孩子。

个案里何女士的儿子受过很多年的西方教育，儿子的生活方式跟自己的传统生活方式有很大不同。所以何女士在儿子独立生活以后如果有时间的话，是可以更多了解儿子的生活习惯和理念的。她需要将此作为一个开放的系统去学习，把交流放在第一位，而不是让儿子遵循自己的生活理念。

形成新型的关系

年轻人常常不太愿意跟父母有更多沟通，他们常常会说："哎呀，你们这个话已经说过100遍了。"实际上，空巢夫妻的生活没有太多新鲜内容，但是年轻人已经在日新月异的社会发展中变成不大容易沟通的一代人。那么怎样建立新型关系呢？一个简单的办法就是，各自从这个代沟的两端向中间跨一步。怎么样跨一步？举个简单的例子，儿子天天点外卖或在外面吃饭，父母天天在家里吃饭，他们各自向前迈一步就是，要求儿子一个星期回家吃一顿晚饭，或者自己跟儿子点一次外卖或去外面吃一顿饭。这样做能促使双方多体会、多理解对方的生活形态，进而更好地适应对方。

总结一下适应空巢阶段的四个方面：第一是学习使用新技能；第二是学习新内容；第三是学习新视角；第四是形成新型的关系。这些方面能够帮助空巢家庭的夫妻更加适应社会、适应家庭、适应新关系，更好地适应空巢时期这一人生的重要转折阶段。

07

生命晚期的家庭

第1节　生命晚期的家庭（1）

家庭生命周期的第六阶段是生命晚期。在生命晚期，我们可探讨两个相关的话题，那就是死亡焦虑和生前预嘱。

生命晚期的意义

首先我们来看一下生命晚期的意义。我想到了一句诗：“落红不是无情物，化作春泥更护花。”古往今来，人们看到落叶、落红时都会有一些感慨，甚至有一些悲伤。人跟落叶、落红一样，当进入生命晚期的时候，我们看着生命逐渐走向衰亡会有很多悲伤，甚至是忧郁的感觉。

从个体的角度来讲，每一片落叶和每一片落红都意味着一个生命走到了尽头，是结束，是我们都不愿意讲的那两个字——死亡。几乎所有的人都不愿意接受死亡。在死亡的时候，周围的人都会发出哭声，我们会苦苦挽留这一切，但生命终究还是不可避免地走向死亡。死亡，确实会勾起个体很多悲伤和忧郁的情绪。在死亡出现的时候，我们要学会从系统的角度来思考和面对生命晚期的意义。

生命晚期到底可能具有什么样的意义呢？我们可以从三个方面来看。

对个人的意义：是生命赠予的礼物

从进化的角度来讲，生命晚期是没有意义的，因为人从出生到生育，再到把孩子养大成人，直到孩子有自己独立的生活能力并生养后代，长辈存在的意义就已经结束了。每一个物种都不能单靠一代来维持整个物种的发展，而是像接力一样来传承基因。

当人们进入生命晚期的时候，孙辈也长大了，自己还剩下二三十年的时间，这些时间对于自己的儿女和孙辈来讲，意义并没有那么大，也显得没有那么重要。其实对于人类来讲，生命晚期恰恰给个体提供了一个自我发展的好机会。以前人们把孩子养大后，自己也老了。现在是把孩子养大后，不再需要为孩子操心，孩子完全可以靠自己或者社会服务帮忙，自己还没有老，一般还可以活很长时间。所以人们会有二三十年的时间使自己重新归属于个人或者配偶，身体状态不错，经济状况也还好。很多人会在这时重新规划自己的生活，有的人开始学画画，有的人开始学跳舞，有的人开始学摄影，有的人甚至做起了生意，踏入自己从未涉足的领域。这是生命的一个馈赠。

有些昆虫排完卵后就死掉了，留下孩子们独自长大，还有一些动物在孩子长大后就消亡了，只有人类有这么长的寿命可以自己发展。所以生命晚期的意义是人类为自己争取的，这是一种生命的礼物。

对家庭的意义：给子孙带来精神上的收获

从家庭的角度来讲，生命晚期的人们不再需要照顾子孙，但是在关系层面上，孩子可以从老人的身上学到很多东西。老人经历了生命的绝大部分过程，当生命走到最后的时候，他们对生命的理解更多。因此在与子孙后代相处的时候，老人会有很多经验可以分享，这等于是对子孙精神上的关照，对于子孙的成长具有非常重要的意义。

有一些人在做咨询的时候说："我希望我能够快速长大，在我的爷爷奶奶、外公外婆还健在的时候，可以赚钱给他们买礼物，照顾他们，回报他们，他们为家庭做了多年的贡献。"显然，祖父母的存在为年轻人的发展提供了一个内在的动机。

老年人走向死亡的过程是孩子面对人生的一种重要阶段。实际上，老人在照顾子孙生活和身体的同时，又给孩子带来了精神上的收获。

对社会的意义：帮助人类的精神文明更好发展

人类文明之所以能够生生不息、绵延不断，知识财富与智慧越来越多，发展越来越快，正是因为人类精神文化积累得很快。从个体的角度来讲，正是由于进入生命晚期的这群人不断回顾生命，对生命的历程进行总结，分享经验，才能给社会的精神文化带来一些重要的保障。[①] 从心理治疗领域来看，无论是当年的弗洛伊德，还是晚年还在写书的欧文·亚隆，他们的

---

① 智慧被视为对知识、经验和思想的积累的反映，因此成为老年人可能是必须的，或者至少是有用的。参见 U. M. Staudinger, "A Psychology of Wisdom: History and Recent Developments" ,*Research in Human Development*,Vol.5,No.2 (2008), pp.107-120.

很多晚期作品都在回顾自己的一生，并对死亡进行思考，这些都会帮助我们更快地掌握人类的智慧和文化，更好地传承人类精神，帮助我们的后代站在更高的基础上发展，这是生命晚期的重要意义。

生命晚期的困难与挑战

身体健康水平下降

进入生命晚期的人最直观的特点就是身体会越来越差，当然和之前相比，现在老年人的身体状态是前所未有的好。比如杨振宁教授90多岁还在大学里授课，精神非常好，头脑也非常清醒；许又新教授也是90岁的高龄仍然站在讲台上。但是从总体上来讲，进入生命晚期的人们的健康状态会逐渐下降，比如视觉下降、听力下降、运动能力下降等，这些都是生命晚期的人们要面对的挑战。

孤独和自卑感增加

除了身体的变化外，老年人的心理上也有变化。由于处在生命晚期阶段，子女离家，家庭中两个老人或一个老人独自生活，孤独感会比以前增加很多。而且，由于社会功能的降低，很多老人会感觉到自卑，认为自己没有用。

人际交往减少

老人进入到生命晚期的时候，大多数都已从工作岗位上退了下来，人际交往的机会大幅度减少，因此会产生退休综合征。其实老年人很渴望社会交往，我们经常看到很多退休老人在跳广场舞。跳广场舞既能锻炼身体，又促进了社会交往，还能使老年人适应退休后的生活。我们也经常看到很多老年人在早晨遛鸟，或者是在街边围坐在一起下象棋、下军棋。这些活动促进了他们退休后的生活交流。

社会也一直倡导为老年人规划更好的退休生活，以防老年人卷入诈骗等活动。现在在金融界的行骗案件中，受骗的人以老年人居多，其中的一个原因就是老年人减少了社会交往，精神空虚，更容易听信骗子的话。

这个挑战跟我们现在整个社会的发展变化有密切关系。在传统社会中，大多数家庭是多代同堂，亲戚们住的很近，街坊邻居的交流也非常多。现在人们聚集在城市生活，彼此交往很少，尤其是住在楼房里的人们交流的机会就更少了。

与子孙的关系变化

老人与子女的代沟还是非常明显的，老年人进入到生命晚期时大概60~80岁，而自己的子女大概三四十岁，或者四五十岁。改革开放40多年来，他们接受的教育和经历不同，导致两代人在很多方面的意见非常不一致，所以在生命晚期的时候，老人与子女的代沟是非常明显的。对于老人与孙辈的关系，俗话说“隔辈亲，亲在心；隔辈亲，连着筋”，这是我们文化中常见的现象，但是隔辈亲恰恰会形成溺爱，就像《红楼梦》中的贾母对贾宝玉那样，这是作为中间一代人很不希望发生又觉得无可奈何的事。老年人很享受儿孙绕膝的感觉，很希望能够更多地介入年轻人的生活，然而年轻人很有可能把更多时间放在了电子游戏或者是同伴交往上，而忽视了老年人对他们的关爱。

近年来，中国社会经济与精神文化飞速发展，老人跟晚辈之间在生活上存在着非常大的差距，因此老人在处理与子孙的关系上就会面临非常多的挑战。主要表现为：老人想去照顾子孙，而子孙会有很多的不适应；反过来也是一样。

死亡焦虑

对于大多数人来讲，谈死亡是很困难的话题，我们的文化也把死亡当成一个禁忌。我们要怎样迎接即将到来的生命终点，这要考虑个人和社会的习俗，的确是一个很大的挑战。

如果让儿子跟父母提及死亡的话题，儿子往往是说不出口的，即便是儿子说得出口，周围的人也会觉得这个孩子很不孝顺，认为这是对老人的不孝。在传统文化里，人们连“死”字都要避讳。当老人谈起死亡的时候，儿孙也觉得难以面对，常常会阻止家人谈论这个话题，甚至当一个老人生了病后，子孙也会用一些善意的谎言来安慰，或者根本不告诉老人得了重病。

实际上，人到了生命的晚期，离死亡的距离是非常近的，面临的压力也非常大。即便是不说话，人们也每时每刻都面临着生命即将离去的事实。尤其是年纪大一点的人，他们经常会听到同龄人逝世的消息，这些消息会给老人的生命带来冲击，有的老人就会细数自己熟悉的朋友或亲人还剩下多少人，今年又去世了多少人。所以死亡焦虑是一个重要的、无法回避的话题。

表面上看，我们在很努力地回避死亡这件事，正是由于不能够很好地面对死亡焦虑，所以我们在处理生命晚期的死亡时会特别费劲。我们常常会听到某些老人去世之后，家庭成员为了争夺遗产或为了处理好关系而出现很多冲突，甚至有一些家庭为此闹上法庭。这些事件都可能跟没有好好地面对死亡焦虑有关，或者是与人们在身体、精神状况好的时候，没有及早处理与死亡相关的事有关系。

与生命晚期个案工作的思路

在家庭咨询的工作中，有两类与生命晚期有关的个案特征是比较明显的。

第一类是家庭人口比较多、负担比较重、经济上相对困难的家庭。比如，老人年纪已经很大了（70~80岁），可是还需要照顾儿女和孙子女，并要在经济上给予一定的支持，他们在生命晚期阶段所面临的挑战是整个家庭的发展还没有进入更稳定和舒适的状况。在这样的家庭中，老年人会把自己要面对的发展和经验总结排在后面，因为老年人还要重新回到年轻人的身边，给年轻人更多的帮助与照顾。比如，在农村，青壮年都外出打工了，留守儿童常常跟祖父母生活在一起。这就使老人在生命晚期时还承担着更多的责任，这样的情况在现实中占有很大的比重，但是他们出现在咨询室的概率非常低，因为从整个生存状况来讲，他们有很多现实问题需要解决，而心理需求是排在现实需求之后的。

面对这样的家庭，咨询师应该如何工作呢？总的原则还是从大处着眼、小处着手。咨询师要跟家庭成员一起看到他们所面临的困难，而不是想当然地把自己认为合适的生活方式推销给来访者。总的来讲，这些家庭的现实状况确实有很多不尽如人意的地方，想要一下子帮助他们改变家庭的生活状况、改善家庭关系，让家庭发生巨大的变化是非常不现实的，咨询师能在这样的家庭关系里促进很小部分的改变，就已经很好了。

在西方有关家庭咨询的一些教科书里有讲到一些工作的原则。著名的家庭治疗大师米纽庆最重要的一个经验就是，在与低收入和受教育程度低的家庭工作时，建立规则是工作中很重要的一个部分。他所创建的家庭治疗流派被叫作结构式家庭治疗，也就是在家庭成员之间适当建立边界，让家庭回归序位，而不是使彼此角色混乱。这是米纽庆跟困难家庭工作的一个重要的基本原则。举个例子，在多个家庭成员一起来做咨询的时候，有些问题的探讨不可能在所有家庭成员之间进行，比如探讨老人生病甚至可能预期死亡的时候，咨询师可以把儿子、媳妇留在现场，让孙子、孙女离开，这就是在咨询室里建立了一道边界。这是因为，有些重要的议题只能在成人之间进行，孙辈不必参与进去。这就是结构式家庭治疗的一个理念，是为了更好地提升生命晚期的生命意义。有的城市会有一些专门针对贫困家庭的机构，给贫困家庭提供免费的咨询服务或者收取很低的咨询费。

第二种家庭类型发生在城市，这类家庭的经济状况比较好，家庭成员也会比较少一些。老人在进入生命晚期的时候会比较孤独，他们缺少社会关系和子女的关心，这是比较多的一类情况。还有一部分家庭的经济条件一般，家庭成员之间可能有一些联系，比如老人会帮助照顾孩子，在照顾孩子时，个人的需要与照顾孩子和家庭整体的需要可能会有冲突。那么，怎么样更好地调整这种关系，便成为家庭面临的挑战。

在这种复杂的关系里，很多子女特别想解决与父母之间的一些困扰和冲突，这也是一个常见的现象。比如有的人说："我母亲已经70岁了，可是我就是没办法跟她搞好关系，我现在想要通过咨询跟她搞好关系。"这样的状况在咨询室里非常常见，这样的母女或者母子在咨询室里也会发生强烈的冲突，令人感到非常不愉快。当然作为子女，他们并不想跟父母有这样的冲突，但常常不能避免，这也是在咨询室里常见的。

促进家庭成员彼此间的理解是生命晚期要做的事情。也就是说，我们并不把改变关系作为咨询的首要目标，如果来访者把改变对方作为咨询目标的话，我们要非常慎重，甚至要拒绝为这样的工作目标服务。我们要跟来访者一起探讨什么是可能实现的目标，我们可以告诉来访者增进对彼此的了解是可能实现的目标。比如，一对母女（女儿40多岁，母亲70岁），促进她们对彼此的理解是咨询可以实现的目标。在彼此理解之后，她们生活中的互动可能会产生一些变化，但是切记目标不能定在彼此行为的改变上，而要定在彼此可能对对方增加一些了解，也对自己增加一些了解之上，这才是咨询中可实现的目标。

如何应对生命晚期

直面死亡，探讨死亡

第一个应对生命晚期的方式是直面死亡。虽然在家庭当中谈论死亡的话题是非常不容易的，但是在现代社会，直面并且谈论死亡是具有价值的，因为我们的寿命延长了，我们需要做好准备以便更好地度过这个阶段，而做准备最重要的一个部分就是直面死亡。如果不能直面死亡，人们在潜意识里会一直担忧、紧张，不敢提及死亡，在还没有做好准备时，死亡可能就真正到来了。

在历史上，人们常常不愿意谈论死亡，但是也有一些人会早早地为死亡做准备。比如，一些有钱的人家会很早为自己买好一口好棺材，会很早地把财产分配好，会跟子女共同探讨身后事，会立下遗嘱……

关于直面死亡的一种做法就是向死而生。人生进入生命晚期的时候，死亡就站在不远的地方迎接着每一个人，我们谈论死亡是为了能够更好地活在当下。一个月前，我在石家庄参加了一个中国传统文化与心理治疗的论坛，晚间有一个对话节目，对话内容是从李子勋老师的去世谈要怎样更好地关爱生命。在这个对话节目里，主持人郭海峰向各位嘉宾提了一个问题：假如我们都是五六十岁的人，有可能会一直活到生命的终点，或者能够掌控生死这件事，你觉得你可以在多大年纪的时候、以什么方式、在什么地方离开这个世界？

这就是我们直面人生的一个状态，既包括我们要面对每时每刻的处境，也包括我们该怎样去面对生命终点的到来。当时我跟在场的各位嘉宾都分享了这个问题，我想生命会走到终点，我的脑子里会想到欧文·亚隆这样的大师，他们一直在工作，这些人让我觉得人是可以健康地活到生命很晚的阶段的，并且还能继续创造价值。我跟大家分享说："我大概可能会活到100岁吧，我想在99岁的时候，我还能站在讲台上为大家讲课，跟大家分享自己的专业知识。"

最初想到死亡的时候，我们的心情不免有些沉重，但是当大家一起公开交流后，每一个人都感到轻松，而且都会对未来有更多的真实感，同时也有了更多积极行动的意向，这就是直面死亡、谈论死亡的意义和功能。

列出生命清单

在进入生命晚期的时候，可以列清单，写出未完成的心愿。生命晚期是生命带给我们的礼物，相当于额外送给我们自己一段时间，可以用以发展自我。那么在这样一份礼物面前，我们要确定有哪些事件是生命前期没有充分完成好的，我们可以给自己一些机会再次去做。

著名的作家海伦·凯勒在她的《假如给我三天光明》里提到，如果她的生命还有三天的话，她会做些什么。我觉得我们每一个人都可以写一篇文章，题目为《假如我的生命还有10年》。在生命的晚期，我们可能还有10年的岁月，那么我们有哪些心愿需要去完成呢？我们可以做些什么事情呢？可能当我们坐下来，动笔之前还不知道可以写些什么内容，可是一旦动起笔来，我相信很多人会才思泉涌、洋洋洒洒地写出几条、十几条甚至上百条未完成的心愿。如果按照这个未完成心愿的清单去生活的话，我们晚年的生活就会变得更有效率、更有价值。

制订计划

在列出未完成的心愿清单之后，可以从清单里挑选一些作为近期的目标，然后列出计划。我见过两位老人，是一对姐妹，她们在83与85岁的时候列了一个生命的清单，然后取出所有的积蓄，开始到一直特别想去却没有机会去的地方游玩。她们去看望全国各地的亲人，还准备了一些礼物或者钱送给亲人。这样的一次旅行长达半年，她们完成了清单上列出来的很多心愿。

重新确定家庭角色

在生命晚期的时候，人们的社会角色逐渐淡化，渐渐退出社会舞台。孩子们也会因为各种原因更多地照顾老人，不允许老人做这做那，这使得老人的家庭角色被剥夺了。举个例子，大家一起吃饭的时候，年轻人会帮老人盛饭，老人虽然还有行动能力，但常常不用自己动手。从儿孙辈的角度来看，这是孝顺的行为；从生命晚期老人的角度来看，他们却失去了很多的家庭功能和角色。这就会出现一个问题：当家庭任务不再分配给老人的时候，家庭的角色也在老年人的身上逐渐淡化，老人会面临生理上更加退化、心理上更加孤独的状态。

无论是处于生命晚期的人，还是作为儿孙辈，都要重视家庭角色的这一部分，要给老人一些确定的家庭任务和家庭角色。有的老人想要做饭，但可能手脚已经不太利索了，可能做的饭菜不太好吃了，但是这些和老人失去家庭角色产生的失落感、机能下降相比，还是更重要的。

因此，我们要给老人安排一些固定的生活内容，比如养植物或宠物。研究表明，养宠物对人的健康有好处。因为宠物要按时吃饭、按时清理卫生、按时出去遛弯，这些事情需要体力和脑力去完成，会使老年人的生活更加规律。有的年轻人说："我不能让他养花，花会被他养死的。"但是把花养死与养花过程给老年人带来的积极作用相比，是非常小的一个代价，只需要再买一盆就好了。

加强社会角色

老人会有死亡焦虑，所以我们要增强老人的生命活力。增强活力的一个方式是加强其社会角色，可以让老人从家庭中走出来，比如参与志愿活动等。在美国，就有80多岁的老人做志愿者，他们开车接送访问学者，照顾一些来旅行的人等，而我们的社会志愿服务者更多局限在年轻人群体中。社会机构可以促进老年人重新获得社会角色，比如让他们去图书馆帮忙整理书籍，或者在旅游接待处给游客做一些指导等。这样的一些工作都会帮助老年人重新实现社会价值，而且很多年轻人并不见得有耐心做这样的志愿工作。所以社会可以考虑让老年人进入更多的服务行业参与活动，当然前提是老年人的身体状况良好。

互助型养老

老年人居住在一起，或者搬到同一个社区、同一个养老院，不仅可以相互照应，关系也会因为交流的增加而变得更密切，有助于他们身心的健康发展。要知道，虽然有些老年人的生活自理能力还可以，却长期独自一人在家，精神上的孤独让他们不堪重负，有些老年人甚至产生了抑郁状态。除了抑郁症之外，社交的缺乏也是老年人自杀的重要原因之一。

第2节　生命晚期的家庭（2）

跟生命的其他阶段相比，人们在生命晚期遇到的困难和挑战也许看起来并没有那么多、那么复杂。但是生命晚期有一个最重要的挑战，那就是生命的丧失。

生命晚期的重要特征

我最喜欢读的一本书是《必要的丧失》[①]。在人生的所有阶段中，人们不断面临着丧失，但是生命最后阶段的丧失与其他阶段的丧失有所不同。生命最初阶段的丧失是胎儿从母体中分娩出来，婴儿丧失了母体的温暖和安全的环境，到了一个充满风险的外部世界。虽然这一阶段婴儿有着巨大的丧失，但是也得到了很多资源，比如母亲的奶水、母亲的拥抱、很多人的笑脸、玩具等。他们生命中出现的丧失是小部分的，而获得的资源是大部分的。

虽然我们从出生到18岁的成长过程中会不断遭遇丧失，但是这个过程

① 推荐阅读美国作者朱迪恩·维奥斯特于2012年出版的《必要的丧失》。

里，人们获得的资源是非常多且非常快的。当人们到了生命的晚期，丧失成了生命的主题，能获得的资源却非常少。比如，孩子在刚出生的时候是没有牙齿的，他们的牙齿是慢慢长出来的。生命晚期的人们，牙齿逐渐掉落，这代表着咀嚼能力的丧失。小孩子会在5~6岁的时候开始换牙，他们都知道这颗牙掉了，将来会长出一颗新的，所以丧失后会再获得，这一阶段丧失对孩子而言是一个小的威胁，而获得是值得期待的，且会超过丧失感。

在生命晚期，人们身体各个器官的功能会逐渐丧失，甚至丧失生命的意义。

身体能力的丧失

视力丧失。人们在四五十岁后，开始出现视力老化，俗称“老花眼”。实际上，这就是视力逐渐丧失。①

咀嚼功能丧失。老年人牙齿松动，咀嚼功能也慢慢丧失；胃口也会变得不好，不像年轻的时候有那么大的胃口。

睡眠长度丧失。人们在年轻的时候怎么睡都睡不够，可是没有时间睡懒觉，必须要去上学、上班。当人们到了晚年阶段，有很多时间可以睡觉，却发现睡眠长度丧失了。很多老年人会很早醒来，年轻时可以睡到上午九十点钟，现在只能睡到六七点，有的人可能5点钟就醒了，还有一些人在早晨4点钟的时候醒来便难以再入睡，睡眠减少也是身体机能丧失的一个重要表现。

运动能力丧失。我们常常会听到一些老人说本来想去某某地方、做某某

① 随着老龄化的到来，眼睛的组织发生了变化，例如晶状体变得浑浊。一名健康的60岁老人视网膜的光线量只有年轻人的1/3。参见[美]罗伯特·费尔德曼：《发展心理学：人的毕生发展》，苏彦捷等译，世界图书出版公司2013年版，第639页。

事情的，但是身体不行了，这是运动机能的丧失。

呼吸能力丧失。有一些年纪大的人呼吸时会感觉到困难，这也代表了原来所拥有的呼吸能力逐渐丧失。

心理能力的丧失

记忆力丧失。很多事情就在嘴边，老人却怎么也说不出来或者想了很久却记不起来。

学习新东西的能力丧失。老人的学习变得很困难，可能最终便会选择放弃学习，觉得自己根本没有办法获得新的技能。比如，有的老年人不会用手机，有的会用但还不会用微信，这代表了学习新东西的能力在逐渐丧失。跟小孩子相比，他们学习新东西的能力显得很弱，比如一个10岁的儿童学习这些东西非常快，甚至一两岁的小孩子在拿到一个 iPad 后就可以很快学会怎样滑动屏幕。[①]

好奇心丧失。好奇心是心理的基本能力，生命晚期时，人们的好奇心也逐渐丧失。原来人们可能对很多新鲜事物有非常强烈的好奇心和兴趣，但随着年龄增长，这种好奇慢慢不复存在了。

---

① 除智力因素外，老年人外周神经系统的整体加工速度变慢，即信息从外部传递到大脑时需要更长的反应时间，也会导致学习新事物困难。参见 T. A.Salthouse, “Mental Exercise and Mental Aging: Evaluating the Validity of the ‘Use It or Lose It’ Hypothesis” ,*Perspectives on Psychological Science,* Vol.1,No.1 (2006),pp.68-87.

关系的丧失

生命晚期最重要的丧失是关系的丧失。

与人的关系在丧失。生命晚期的人们已经丧失了大部分同龄人，而且这个趋势在不断地上升。他们跟街坊邻居的来往也可能越来越少，尤其是在现代的都市生活中，孩子有非常繁忙的工作和生活要去应对，他们跟老人交流的时间也会越来越少。还有一部分老人，他们的子孙住在非常远的城市或者在国外生活。他们的关系也只能通过电话或者视频维持着。

与事的关系在丧失。由于身体机能和心理机能的退化，老人跟工作的关系与事务的关系也变得越来越少，很多时候，单位不再给老人分配工作，家庭也不再给老人分配任务，尊老爱幼的传统习俗使得人们更多愿意去帮助生命晚期的老人做事，而很少允许或邀请他们做事。

因此，在生命晚期阶段，人们的身体能力、心理能力，以及与人和事的关系都在不断地丧失。

如何应对生命晚期的挑战

生命晚期的一个重要特征是丧失，这是我们容易理解，也更容易看到的。此外，生命晚期的人的内心世界还有一个重要的感受常常被忽略，这个感受就是空虚。他们整个心灵世界和现实生活越来越空虚，这是生命晚期的人要面对的议题，也是咨询师在咨询室里要面对的一个重大课题。

我们知道五六岁的孩子会换牙，掉了一颗牙的孩子不会有空虚的感觉，因为很快又会长出新牙，虽然在长牙的过程中可能会有一些麻烦，有些不舒服，但是孩子对新牙充满期待，这个过程会让孩子的生活变得很充实。因此，他们不会有空虚的感觉。可是在生命晚期阶段，老年人的空虚不仅存在，而且会逐渐扩大，最后也许会吞噬掉整个人。那么，要如何应对这种空虚呢？基本方式是填充。填充空虚，直面丧失，并且作出积极的应对，而不是只接受丧失，任其空虚下去。

身体方面

视力和听力的填充。如果老人出现视力减弱的情况，要立刻就医配眼镜，以恢复清晰的视力。有些人的听力也会丧失，逐渐听不清楚声音，这就需要佩戴助听器，帮助老人重新回到容易交流的世界里。有的老人会说："哎呀，我不需要听得那么清楚，我把电视声开得再大一点就好了。"实际上，这里会有很多细微的影响，比如，孩子发现跟老人说话时必须要大声，可能经过几次努力之后，他们就会缩减跟老人说话的频率，或者简化说话的语句，也就是减低跟老人交流的总体概率和频率。这样的话，老人听力的丧失会使得与家人的交流也逐渐丧失，从而形成连锁反应。因此，我们要及时地帮老人处理视力和听力功能的丧失问题，这是增强其生活能力、提高其生活质量的重要保障。

咀嚼功能的填充。当牙齿脱落的时候，有些人会说："我老了，真是老掉牙了，那就这样吧，装上假牙会不舒服，也没几年活头了，不装假牙吧，我的口腔里会有一小块儿空虚。"如果不装假牙，口腔里的空虚就会越来越大。从客观功能来讲，咀嚼功能的丧失会使老人吃饭失去乐趣且充满痛苦；从主观心理角度来讲，老人觉得掉牙后就离死亡不远了。应对的办法就是及时补牙。很多年轻人在牙齿出现问题的时候会及时去补牙，但是老年人通常会将就，认为没有那么大的影响。从心理角度看这个问题，如果保持老人牙齿和咀嚼功能的完整，那么老人会受到积极的心理暗示，从而更好地享受晚年的生活，减少空虚对心灵的吞噬。

运动能力的填充。有些老人在运动能力逐渐丧失的过程里，会降低出门的欲望和概率。应对的方式可以是让其使用轮椅或其他代步工具，以方便出行，从而保持原来的生活内容和生活质量。

心理方面

记忆力的填充。我们可以让老年人看一些比较简单的、过去比较熟悉的内容，比如《三国志》《水浒传》。当这些熟悉的东西被重新翻出来的时候，他们可能会恢复比较久远的记忆，也许对老人来讲，这些书会让他们重新记住过去事情中快乐的一面。现在很多节目的内容太现代化了，很多老人听了之后很难记得，他们更喜欢听很多年前的相声或者评书。过去的这些知识储备很容易被唤起，而不需要占用太多新的记忆容量。所以对老人来讲，保持记忆力的一个办法是帮助他接触过去生活的熟悉内容，而不是把全新的内容塞给老人。

学习能力衰退的填充。老年人学习新东西会比较困难，有的人会责怪老人为什么不努力学习，实际上，由于受身体的限制，即便老人再努力，也会有很多不如意的地方。举个例子，现在手机有比较多的功能是老人无法掌握的，我们要理解老人，可以专门买一些功能比较简化、声音比较大、字体比较大、按键也比较大的手机，帮助老人学习简单的知识。

好奇心丧失的填充。我们可以给老人的生活里增加一些简单又新鲜的东西，比如可以养小鸡、小鸭、小猫、小狗等老人比较喜欢的小动物。对老人来讲，这些小动物的生长过程既有变化，变化又不是太复杂，可以激起他们的好奇心。

举个例子，有一位老人去女儿的别墅待了两天就想回家，别墅里里外外装修得非常漂亮，但是没有任何他可以参与的地方。家里大小事情都有小时工帮助，孙子有保姆照顾，女儿和女婿每天上班，老人感到非常无聊，想在花园里种点东西，女儿却说有专门的园丁来种。

有一天，老人在女儿下班后跟女儿说："我今天买了一些菜籽儿，我在院子里找了一小块地方，我把菜籽儿种下去了，也许过两周，我们就可以看到青菜长出来，说不定过三四周后，我们就可以吃青菜了。"女儿听到这些话的第一个反应就是跑到院子里，她看到漂亮的院子里有一块地被翻过了，女儿想跟老人吵，想责怪父亲为什么破坏了她的花园，但是她忍住了，问："您为什么要种这个？"老人说："我想让你们吃一点新鲜的蔬菜啊，长出来的新鲜蔬菜又营养，口感又好。"说这个话的时候，女儿注意到父亲非常喜悦，女儿心想父亲开心比花园重要。

丈夫和孩子回家之后，她向家人宣布家里将有新鲜的蔬菜吃了，孩子也非常兴奋地跟外公去院子里研究了半天。虽然看不到任何小苗长出来，但是他们却有了非常真切的期待，那是孩子的期待，也是老人的期待，更是对未来长出绿油油青菜的期待。

其实，老人不是没有好奇心的。老人对于环境的适应跟我们年轻一代的人相比有很大的不同，年轻人生活在电子科技时代、互联网时代、全球化时代和地球村时代，年长的父母更多是活在过去的时代，年轻人离父母的心灵世界越来越远，而现代的生活令很多父母找不到他们能够好奇和探索的事物了。

比如，有一对老夫妻的儿女们将种在阳台上的花儿全改为辣椒、西红柿，种出来的蔬菜会分给邻居吃，这对老夫妻对这件事就保有好奇心。对父母来讲，好奇心其实是比较简单的，但他们的好奇心可能离年轻人的认识会比较远，所以我们要帮助父母找到他们好奇的世界。

关系层面

在生命晚期，人们逐渐丧失了对人和对事的关系，时间越来越多，事情、新的人物却越来越少。怎么样去填补这部分的空虚呢？其实只要我们动脑筋想一想，就会发现有很多填充的可能性。

与人的关系。很多老人想跟孩子有所交流，但是孩子因为忙于学习或工作疏于与老人交流。实际上，老人可以去照看一下孩子，比如种了青菜籽儿的老人可以跟孩子一起在花园里做一些农活儿，这些既能填充老人的生活，也能让孩子了解更加丰富的生活，这是一举两得的事情。

在有青少年的家庭里，青少年的学习会占据父母很多时间，加上父母本身工作压力大且工作很忙，通常家庭的生活会比较忙乱。如果让孩子跟老人待在一起，父母就可以腾出时间做其他的事情，偶尔也可以过过二人世界，这种偶尔的安排也足以调整关系，为家庭的整个功能作贡献。

其次，可以丰富老人的人际关系。有些老人会花很多钱买保健品，或者去听养生讲座，很容易上当受骗，也会花不少冤枉钱，子女怎么劝也劝不了。这种现象的一个主要原因是老人在关系上的空虚。因为老人丧失了很多关系，所以保健品推销人员利用了老人的空虚给予他们很多精神上的支持和关怀。老人享受的并不见得是那些保健品和药品，而是背后所带来的关系补充，这可能会使得他们的生活不再那么空虚。

所以，填充生命晚期老人空虚的一个方法就是促进和丰富他的人际关系，让老人有机会接触更多人，包括经常去看望老人，把孙辈的孩子带到老人身边，经常跟老人通电话或视频沟通，带老人去一些活动场所等。

与事的关系。我们可以给老人安排一些事去做，让老人可以发挥自己的能力，目的是填补他们的空虚，而不是为了完成事情本身。比如，有时候老人希望家人在家里一起吃饭，年轻人却担心老人在家做饭会很累而坚持出去吃。做饭可能会累，可是在做饭的过程中，老人的生活变得更丰富、更充实，他的生命状态不是空虚的，而是被需要的，而且还有人和自己共享一段时光，这是生命质量的一种提升。直接去饭店吃饭的话，当然会省下很多事，可是对老人来说，填补空虚的时间会很短，吃完饭，老人会重新回到空虚的生活里。

现代生活中有很多家务工作可以由社会化服务来代替，如果我们从生命晚期老人的生活质量角度考虑的话，把一些家务工作交给老人来完成，不仅能提升老人的生命质量，形式上又是老人比较容易接受的。举个例子，也许有的家庭有一些旧书、旧报，很多年轻人会直接找人清理掉，其实这件事情可以让老人来做，请老人收集整理一下家里的旧书、旧报，分门别类，编上号码。年轻人一般不需要这些，他们可以直接上网看电子的信息，但是书报是更适合老年人的一种媒介，老人更适合阅读纸质版，而不是电子版。整理书报有助于老人运用精力和能力，所以这是一个帮助老人找回过去生活状态的一种方法。

此外，我们还可以安排老人去做一些跟他们的能力和智力更匹配的内容，以填充老人生命中空虚的部分，让老人感受到生命的意义。我们也可以帮老人找一些社会工作，这能让老人体会到自己的价值，对老人整个身体和心理的健康维护有很大的好处。另外还有一种方式，就是让老人对自己走过的人生道路做一个回顾总结和加工，这会使得他们的生活更充实，减少空虚感。如果老人曾是一个教师的话，他可以做教学的经验总结；如果是一个家庭主妇的话，她也可以把养育孩子、做家务的一些重要内容做一个总结。这些都会使老人现在的生活变得更充实。

如何与生命晚期的个案工作

刘老师，70岁，女，小学教师，结婚多年，现在被诊断为抑郁症，主要的特点是：过度关注自己的身体健康、不愿意跟别人交流、每天抱着各种药品，希望能够治好身体不舒服的地方。刘老师从前积极好学、乐观开朗、乐于助人。刘老师的老伴曾经也是某中学的语文老师，为人比较霸道，家中各种事情都是他在拿主意，凡事都有主见，刘老师只能听从于他。二人育有一儿一女，儿女比较优秀，都已经结婚生子了。对于刘老师来讲，孙子和外孙都是她退休以后帮忙照顾大的。

刘老师多年前就容易失眠，但一直没当回事，直到2017年9月，最小的外孙去上技术学校后，她的失眠问题开始严重，家人带她去中医院检查，中医说她的健康状况不好。女儿又陪着她去了医院，精神科大夫诊断刘老师为抑郁症，刘老师住院1个月，出院后仍然在服药。

咨询师想要解决和讨论的主要问题是刘老师抑郁症的原因和解决方案。首先我想说，我们家庭咨询主要是解决心理问题的，抑郁症之类的精神疾病的首要解决方案是服从医嘱进行治疗。目前，抑郁症和其他精神疾病在全世界范围内都没有找到特别确定的原因，所以抑郁症主要是根据个体表现来确诊的，首要的解决方案是服药。我是心理学工作者，所以在这里我想说，所有关于精神科的疾病请务必严格按照医生的诊断和处方去处理，不要擅自作决定。如果有什么想法，首先要跟医生交流，心理咨询或者家庭咨询只是辅助手段，而非主要的解决手段。

刘老师从前积极好学、乐观开朗，照顾完自己的一对儿女，也照顾了孙子和外孙，她一生的功能都是比较好的，当然多年前就有些失眠，但这个失眠并不严重。直到她最小的外孙去上技术学校后，失眠就成了她生活的困扰，这其中有一个关系上的丧失。孩子长大有了自己的工作，然后孙子和外孙也长大离家，刘老师的生活出现了巨大的空洞，生活内容不再充实。

那么如何应对这样一种状况呢？刘老师的女儿带她去了医院，医生给出了诊断并让刘老师住院治疗。如果刘老师的状况恢复到可以进行心理咨询的程度的话，就可以做心理咨询或者是家庭辅导了。

刘老师处于关系的丧失中。她的老伴是一个比较强势的人，她与老伴的关系并不太好。多年来，刘女士作为一名教师，有自己的工作；作为一个母亲，有自己的孩子要照顾；作为一个奶奶或外婆，有自己的孙辈要照顾。再加上儿女工作好，孙辈健康成长，所以刘老师的生活一直非常充实，而且很有价值感。但是现在刘老师的生活里只剩下她和老伴了，她和老伴的关系又不好，所以刘老师的生活充满了很大的空虚感，同时也失去了价值感。

对于一个一生都很有价值感的人来说，生命晚期价值感的丧失对她而言是很大的打击。作为一个心理学工作者，我并不想跟大家谈论如何处理抑郁症的问题，而是想跟大家分享怎么样帮助刘老师填充生活、解决空虚感。我们可以看出刘老师的一生为学生和子孙做了很多事。当她到了70岁，开始有了空闲的生活时间和空间，反而不适应这种空闲了。因为以前她获得成就感的方式是照顾别人，所以对她来讲，她现在的生命处在转折阶段，她要重建生活方式，以自己的生活为主。如果她在医生的诊断治疗下能够拥有良好的交流状态的话，她可以开始做一些心理的调整。

比如，刘老师可以养一些小动物，在家里种一些蔬菜，或者跟周围的邻居建立一些关系，参加一些老年人的社区活动等。刘老师也可以做以前擅长的事，总结自己以前的教学经验或整理自己教育子女过程中的点点滴滴，这是作为一个教师可以做的有益的事情。具体的形式为：可以把孩子成长过程中经历的一些事情写成文章整理出来，变成孩子的成长史；可以整理孩子的照片，记录孩子成长的轨迹，把儿女和孙子两代人的成长作一个对比，列出一些变化，把整理出来的这些资料变成育儿理念、经验总结，供其他老师学习借鉴；还可以在社区里跟其他老年人一起交流，帮助他们解决一些知识上的困难。

以上就是结合一个个案探讨在生命晚期面临巨大丧失的时候，该如何应对因丧失带来的空虚感。还有一种方式就是列清单。她终于可以不再为别人服务了，那么有没有哪些东西是自己一直想要去做却因为没有时间、没有精力做的呢？刘老师可以从现在就开始列计划，这些计划也会填充她生命中巨大的空虚感。

后记一

基于家庭生命周期的家庭咨询最重要的两个特点是大处着眼和小处着手。

大处着眼的两个步骤

大处着眼的第一个步骤是共情并建立关系。当来访者带着痛苦、矛盾和冲突来到咨询室的时候，咨询师要跟家庭一起共同认真、仔细地探讨他们的痛苦、麻烦或症状；在情绪上跟他们保持接触、共鸣和支持的姿态。这个大处指的是咨询师要和来访者共同建立起一个工作平台，保持关系的稳定，在此基础上再继续开展工作。

咨询师跟来访者建立关系是大处着手的重点，不要一听到症状就立刻想把症状消除。当来访者说"我很痛苦"的时候，咨询师要跟他们共同地、深入地了解痛苦本身，要跟来访者和来访者的家庭一起通过对症状的探讨建立良好的关系。大处着眼的第一点就是认同共情、共同探讨症状、建立关系。

大处着眼的第二个步骤是带着对症状的探讨，用系统的角度去看待家庭所面临的困难问题或痛苦症状。咨询师在探讨的过程中需要关注两个方面。

第一个方面是在家庭生命周期中关注问题或症状可能具有怎样的功能和意义。比如上面提到的刘老师，刘老师最小的外孙去了技术学校后，她开始严重失眠，开始关注自己的健康，觉得自己很糟糕，需要依赖自己的孩子等，这种症状的出现是具有功能的。过去刘老师一直在关注、支持和照顾别人，这样的生活变化使她把注意力转移到了自己的身体上，这样就获得了一种平衡。否则外孙离开她的生活后，刘老师便失去了主要的生活内容，出现很大的空洞，生活会出现严重失衡的状态。

第二个方面是关注家庭或个人是如何应对自身痛苦、问题或困扰的。每个人、每个家庭在出现问题的时候，都会立刻以各种各样的方式去应对问题。比如，刘老师出现失眠痛苦的时候，女儿就带她去看了医生，医生为刘老师作出了诊断，并且住院治疗。之后她们又见了家庭咨询师，这也是一种应对方式。

大处着眼包括两个部分，第一是认同共情，建立良好的咨询关系，接纳来访者和来访家庭的情绪并进行探索；第二是回到系统当中，共同关注家庭生命周期中出现的问题或症状的功能和意义，以及家庭是如何应对的。

小处着手的步骤

小处着手的第一个步骤是邀请家庭成员反馈。无论是跟家庭的情绪联结，跟家庭建立好咨询关系，还是跟家庭共同探讨生命周期里的疾病或者症状的功能以及应对的方法，在这个过程当中，家庭成员都会有很多不同的感受和想法，所以，小处着眼的第一个步骤就是请来访者谈谈在整个交流过程中他们有哪些新的感受、新的想法和新的行动倾向。

比如跟刘老师谈话的时候，可以说 ：“回顾你的整个生命，你以前也出现过失眠的症状，但是你没有把它当回事，你以前失眠的时候一直是照顾自己的儿子、女儿，后来又照顾孙子、外孙，现在当所有人长大之后，你开始有了身体上的不舒服。”这就是对整个生命过程的一个回顾，可以请刘老师谈一谈她在听到这样的回溯之后有什么感受。刘老师听到了自己生命的一个历程之后，流下了眼泪，她说 ：“这么多年，我一直都在为别人忙，现在终于有时间了，我却有点不适应。”得到这个反馈之后，可以再问刘老师 ：“现在有什么想法呢？”刘老师很可能会说 ：“我终于有时间为自己服务了，那我要好好想一想从前没能实现的那些梦想了。”这就是小处着手，这样的问题激发了刘老师开始愿意为自己做些事情的内在动力。

小处着手的第二个步骤是促进具体的、小的改变发生。接下来跟刘老师继续谈话，可以问刘老师 ：“那你会怎样去实现你过去没完成的那些心愿呢？哪个心愿是排在最前面的？你可以写出三个以前非常想实现却没有机会实现的愿望吗？”在刘老师写出三个心愿后，可以问她 ：“你打算什么时候去做这件事？用什么方式去做？”这样的问话，就是聚焦在小的、非常具体的改变上，以此来帮助来访者制订行动计划。小处着手促进行为发生改变的几个重要要素是 ：

第一，要给来访者时间。改变来访者过去的生活模式是需要时间的，因为过去的习惯很强大，建立新的行为反应模式需要时间。

第二，需要空间。来访者回去后，他要更多地跟其他人交流，要有更多的思考空间。

第三，需要不断重复。年纪大的人是不容易有新想法的，当有了新的想法后，再要将新想法变成实际行动需要反反复复的动力提醒，因此在咨询当中咨询师可以反复去询问，从不同的角度对同一个问题进行重复说明。比如跟刘老师工作时，可以再次提出：“刚才你谈到特别想出去旅行，或者你特别想写一本关于自己的书，现在你还有没有什么不同的想法？你有没有更想去实现的愿望？”在同一次咨询里，咨询师如果能带着来访者将问题重复谈三次的话，这个小的改变发生的概率就会增加。

综上所述，基于家庭生命周期的家庭咨询的工作方法分为两个重要的部分：一是大处着眼，二是小处着手。

大处着眼包括跟来访者的家庭建立稳固的关系，带领家庭从问题或症状回到家庭生命周期里去看待问题或症状的功能和意义、看待家庭应对的方式；小处着手包括邀请家庭反馈对大处着眼带来的信息，以及反馈之后所产生的行动方案和行动愿望。

后记二

我很喜欢这么一句祈祷文：

上帝啊，请赐予我平静去接受我无法改变的，赐予我勇气去改变我能够改变的，赐予我智慧去分辨这两者的区别。

在创作这本书的某天，我知道有一件事是我永远都无法改变的，我也知道有一件事是我可以去做、去改变的。因为我的好朋友李子勋去世了，这是一件我无法改变的事情，我很难过。想到这句祈祷文，我知道有一件事情是我可以改变的。

换作从前，我不会谈这件事，而现在我决定和大家分享。李子勋是一个对我很重要的人。我想谈的内容也跟本书的内容有关，我会分享自己的一些经历和体验，以及我与李子勋的相处和合作，借此悼念李子勋先生。

1997年，我和李子勋一起参加了中德班，我们在同一个家庭治疗组里学习（我在这本书中讲的所有内容，都源于我在系统家庭治疗班中所学到的东西）。那个时候，我和李子勋是学习系统家庭治疗的同学，他既是我的朋友，也像是我的老师，我们是亦师亦友的关系。

听到他去世的消息，我非常难过。在最初的几个小时里，我没有办法让自己接受这件事，直到傍晚太阳西落，我看到太阳照在金黄的银杏树叶上，那灿烂的银杏树在阳光下是那么优雅，是那么有魅力，犹如李子勋，他那么成功，那么有成就。我的脚下有很多飘落下来的落叶，我看着天空，再转而看向地面的那些落叶，我的泪水流了下来。我慢慢地接受他离开了的事实。

我在一开始提到的“赐予我勇气去改变我能够改变的”，以及我能够勇敢地讲出自己内心的情感，其实也跟李子勋有关。我曾是一个非常内向的人，不太会去分享自己内心的感受，即便有心事也不会说，而会假装没有事发生。我最初遇见李子勋的时候，发现他是一个擅长交流的人，我们在中德班学习很积极，课下会交流、探讨和争论。我们会抓紧课间的每一分钟互相分享上课时德国老师所讲的理论概念、技术和干预策略，常常是李老师启动，我跟随他认真学习。他积极交流的态度对我有深深的影响。从那时开始，我知道学习可以一个人学，也可以在交流中学，而后者会带来更多的收获。1997年的中国，在中德班学习家庭治疗（尤其是系统论）的人很少，应用在临床工作中的人更少。中德班的教学模式和知识对于咨询师、来访者都是很新鲜的，这种学习带给我们的冲击很大，幸而有这样积极频繁的交流，使我在中德班收获颇多。课上有老师的解答，课下有与李子勋老师的交流、讨论，帮我解决了很多疑惑。

我们还和家庭治疗组的其他几位老师在北京组成了地面小组，我们定期在北大六院唐登华老师那里做个案。做前我们积极讨论，做后积极反馈。在做个案的时候，我们小组的其他大部分人会在单向玻璃后面看，我有时候跟李子勋一起见个案，有时候跟唐登华老师一起见个案。我们这个小组的成员会有不同的组合，这些组合开启了我跟别人合作的历程。我从他们那里学到了很多，也得到了很大的自我提升。

后来，我们有了更多的学习和实践机会，也积累了更多的经验。多年来，李子勋老师给不同的媒体写了很多文章，我跟他一样对写文章有兴趣，我们共同为《父母必读》《心理月刊》这两本杂志写过文章。我常常阅读他的文章，他的想法对我有很大的启发。我们一起做培训，一起讲课，一起分享经验，在这个过程里，我明显感觉到了自己的成长，我相信，我对李老师也起到了一定的启发作用。

我在读博准备毕业论文的痛苦日子里，认真阅读了《复杂》（*CompLexity*）这本书，也深受这本书的启发，于是我把书送给了一些朋友。这本书阅读起来很艰辛，但李老师认真阅读并深入思考了很多，我们就这本书和背后的理念涉及的不同学科知识进行了深入探讨。他开启了我更广泛阅读的一个历程，也使得我更愿意在学习、教学、训练中跟更多的人交流。

《心理月刊》在采访李子勋老师并谈到"哪些书对你有影响"的时候，他提到三本书，其中一本就是我送给他的《复杂》。对于我们来说，那时是我们开始学习系统论、系统治疗的兴奋阶段，我们在这条道路上兴奋地向前奔跑。那段日子给我留下了很深的印象，现在我每每想起系统治疗的时候，那段日子会不断重现在我的脑海里。李老师讲过的很多话，我也会在教学里不断地应用。李老师对我的影响之深，我相信他是知道的。

再后来，李子勋老师在中央电视台担任《心理访谈》节目的常驻嘉宾，他扎实的理论和丰富的技巧让很多人着迷。很多人从小受影响于他的电视节目，长大后选择学心理学，做了心理咨询师。他的影响可以说非常广泛，甚至是影响了几代人。

虽然李子勋老师有众多的粉丝、有非常多的工作要做，但是每当我邀请他到高校做讲座、做培训或做督导的时候，他总是欣然答应。他会到大学里给学生们做义务讲座，学生们通常会把教室围得水泄不通，虽然我跟他很熟悉，但是每次的接触，我都能从他身上学习到新的东西，包括后来他在培训中用的后现代取向。我每每跟他见面时，都会听到他又有了新的思考，有了新的自我成长。李子勋老师对我来说，亦师亦友。我们会充分交流学习心得，我会在工作上遇到困难时向他请教，有时候他会告诉我理念，有时候会直接教我技巧。当我悲伤难过的时候，他也会快速有效地安慰我，让我重新鼓起勇气。所以，我深深地感激他，也常常在我的教学里提到他对我的影响。

除此之外，我想说的是，李子勋老师对推动中国心理咨询与治疗事业的发展作出了非常巨大的贡献。我们家庭治疗小组的组长陈向一老师在参加2018年亚洲家庭治疗大会时在会上分享了李子勋老师在家庭治疗领域所作出的突出贡献。在此，借助这本书，我也想说：

感谢你，李子勋，感谢你对我的支持，感谢你对我的帮助，感谢你对我的引领，感谢你和我分享人生、事业的经验，也感谢你对我国心理咨询和治疗行业作出的推动。谢谢你，希望你一路走好。

致谢

在《家庭的伤痛与疗愈》这本书中，我分享了自己多年学习、思考、实践中总结出来的与家庭工作的经验，相信会带给读者一些启发。同时，作为专业书籍，这本书并不完善。我特别希望亲爱的读者能够不吝赐教，提出宝贵意见，你们的反馈会帮助我不断改进、提升我的工作及写作水平。

这本书的出版，对我具有重要的意义。它是我生命历程和事业发展过程中一个重要的标志。我想借此书出版之际，表达对于我生命和事业中一些很重要的人的诚挚感谢！

首先，我要感谢我亲爱的妈妈王淑荣：

感谢您给予我美好的生命，并教给我如何积极而乐观地关爱他人，享受生活。

我要感谢我亲爱的爸爸刘玉植：

感谢您给予我无限的宠爱和欣赏，并教给我如何坚定而智慧地应对伤痛，创造幸福。

我要感谢我亲爱的弟弟刘刚：

感谢你给予我永远的信任和默契的支持，你总能让我感受到温暖和力量。你的淡定为人和从容做事，总能让我体验到轻松和自在。

我要感谢我非常钦佩的前夫黄鹤：

感谢你用坚定的理想主义和执着的现实主义这双重力量，陪伴、支持、引领我度过身心俱创的至暗时刻。感谢你与我一起享受生活，激情工作的美好时光消融了我与生俱来的忧郁，唤醒了我潜抑的生命力量。

我要感谢我最最亲爱的女儿黄钧陶：

感谢你让我有机会看清自己，并开心地跟你一起重新成长一次，成为幸福而完整的自己。感谢你在18岁的时候，决绝地独立，并在遥远的异国跟我深入地分享你的人生思考和专业成长。感谢你让我在人生的崭新阶段有机会享受遥远的亲密。

我要感谢我敬爱的老师们——张厚粲、沈德灿、陈仲庚、弗里茨·西蒙（Fritz Simon）、萨尔瓦多·米纽庆（Salvador Minuchin）、李维榕、贺琳·安德森（Harlene Anderson）、肯尼斯·格根（Kenneth Gergen）、安德雷亚斯·弗利斯泽尔（Andreas Fryszer）等：

感谢你们在我专业学习和专业实践的历程中给我的历久弥新的影响，你们的教学塑造了我专注开放的学习态度、科学严谨的实践风格，你们展示出来的人格魅力和工作智慧让我明确了终生学习和实践的方向。

我要感谢我引以为傲的学生们——赵丽珠、王倩倩、肖凌、陆良、刘宇、王郢等：

感谢你们在求学过程中展现出来的对学习的热情、对专业的执着、对工作的认真，让我享受到作为教师的快乐。而你们对我教学和实践的无数积极反馈，帮助我成为更好的教师，也让我一直可以沉浸在“教学相长”的喜悦里。

我要感谢我非常钦佩的治疗师们——多瑞斯·彼得曼（Doris Biedermann）、

西丽·居勒斯塔（Siri Gullestad）、赫尔曼·舒尔茨（Hermann Schultz）、薇薇安·格林（Vivian Green）：

感谢你们跨越时空的温暖陪伴和精湛卓越的专业工作，让我可以安全自在地接近自我、探索自我、欣赏自我、突破自我，让我成为有能力悦纳自我、有能力更好地帮助来访者的咨询师。

我要感谢我亲爱的朋友们——李子勋、赵旭东、赖杞丰、曾奇峰、施琪嘉、陈向一、孟馥、李松蔚等：

感谢此生中我与你们有缘相遇、相知、相伴、相携、相容、相悦，你们的欣赏、支持和关爱，助我成为更具专业自信的自己，蜕变为更和谐快乐的自己。

最后，我要感谢我幼年时的伤和成年后的痛：

感谢你们让我看清了生命的本质，品味了人生的全貌，也让我在伤痛中磨砺了自我，浇筑了对人信任的基石，提升了创造性应对困难的能力，增长了智慧，浇灌了友谊，开拓了属于我的独特人生之路，创造了属于我的人生意义。

最后的最后，我要感谢未来：

感谢你，让我有更多的机会，以更成熟的心灵、更智慧的方式，做更好的自己，做更专业的工作，为社会作出更大的贡献。

深深地感谢你们！